Bausteine für Familiengottesdienste
Lesejahr B

Für alle, die schon jahrelang mit den Praxisbüchern von Willi Hoffsümmer arbeiten, aber auch für diejenigen, die mit dem vorliegenden Band zum ersten Mal ein Buch des bekannten Autors zur Hand nehmen, wird diese Sammlung bald zu einem unentbehrlichen Hilfsmittel und Nachschlagewerk werden: Willi Hoffsümmer stellt Symbole und Kurzgeschichten, Bilder und Spiele aus nahezu 40 Büchern zusammen und ordnet sie den Sonn- und Feiertagen des Lesejahrs mit den entsprechenden Evangeliumsinhalten zu.
Die Symbolpredigten werden kurz skizziert, so daß sie ohne Mühe phantasievoll umgesetzt werden können. Vor allem aber gibt es – für all diejenigen, die schon einige der bewährten Praxisbücher im Regal haben – unzählige Hinweise auf passende Kurzgeschichten sowie vielfältige Ideen in den diversen Büchern des Autors und anderer Literatur der letzten Jahre. Auch die Hinweise auf gut einsetzbare Postkarten, Bilder, Dias und Plakate wird der Praktiker zu schätzen wissen.
Ein Buch, das den Benutzerinnen und Benutzern von rund 700 000 Hoffsümmer-Bänden – und einer ganzen Reihe hilfreicher Bücher anderer Autorinnen und Autoren – einen praktischen Schlüssel zur Hand gibt, noch gezielter und zeitsparender die richtige Anregung zu finden.
Evangelische Leserinnen und Leser finden im Anhang ein Register, das die Evangelien der Lesejahre A-C den sechs Lesejahren der evangelischen Kirche zuordnet.

Willi Hoffsümmer, geb. 1941, Pfarrer in Bergheim-Paffendorf. Veröffentlichungen im gleichen Verlag: Anschauliche Predigten für Kinder-, Jugend- und Familiengottesdienste ([5]1993); Bausteine für Familiengottesdienste – Lesejahr A. Die Evangelien der Sonn- und Feiertage in Symbolen, Geschichten, Spielen und Bildern ([2]1993); Bußgeschichten. TOPOS 99 ([6]1993); 3 x 7 Bußfeiern mit Gegenständen aus dem Alltag (1991); 33 Gruppenstunden für Ministranten ([4]1991); Firmgeschichten. Hinführung zur Firmung für Jugendliche und Gruppenleiter. TOPOS 126 ([6]1991); Geschichten als Predigten ([2]1990); Geschichten für Kranke. TOPOS 188 ([2]1990); Geschichten wie Brücken zum Leben ([2]1993); Geschichten wie kostbare Perlen ([5]1993); Geschichten wie offene Türen ([2]1993); Geschichten wie Spiegel des Herzens ([3]1993); Geschichten wie Wegweiser ([2]1993); Geschichten zum Sakrament der Ehe. TOPOS 166 ([3]1991); Geschichten zur Taufe. TOPOS 210 ([2]1993); Glaube trägt ([7]1992); Gottes Spur in der Schöpfung. 200 Ideen für Feriengottesdienste und Freizeiten (1993); 133 Kinderpredigten. Mit Gegenständen aus dem Alltag ([8]1992); 111 Bausteine für Gottesdienste mit 3-7jährigen und religiöse Feiern im Kindergarten ([4]1992); 144 Zeichenpredigten durch das Kirchenjahr. Mit Gegenständen aus dem Alltag ([5]1991); 122 Symbolpredigten durch das Kirchenjahr. Für Kinder, Jugendliche und Erwachsene ([2]1992); Kommuniongeschichten. Brot fürs Leben. TOPOS 79 ([15]1993); Kurzgeschichten 1. 255 Kurzgeschichten für Gottesdienst, Schule und Gruppe ([13]1992); Kurzgeschichten 2. 222 Kurzgeschichten für Gottesdienst, Schule und Gruppe ([8]1992); Kurzgeschichten 3. 244 Kurzgeschichten für Gottesdienst, Schule und Gruppe ([6]1993); Kurzgeschichten 4. 233 Kurzgeschichten für Gottesdienst, Schule und Gruppe ([3]1993); 99 Kinderpredigten. Mit Gegenständen aus dem Alltag ([3]1992); Religiöse Spiele für Gottesdienst und Gruppen 1 ([5]1990); Religiöse Spiele für Gottesdienst und Gruppen 2 ([4]1993); Seniorengottesdienste 1. 177 Gottesdienste für ältere Menschen und andere Altersgruppen ([2]1991); 77 religiöse Spielszenen für Gottesdienst, Schule und Gruppen ([2]1989); Wir wagen den Glauben ([3]1987); 2 x 11 Bußfeiern mit Gegenständen aus dem Alltag ([3]1990).

Gesamtauflage 700 000.

Willi Hoffsümmer

Bausteine für Familiengottesdienste

Lesejahr B

Die Evangelien der Sonn- und Feiertage in Symbolen, Geschichten, Spielen und Bildern

Matthias-Grünewald-Verlag · Mainz

Den Benediktiner-Mönchen in Maria Laach, bei denen ich oft Gastfreundschaft, Gebet, Stille und eine schöne Natur erfahren darf.
1993 feierten sie 900 Jahre Abtei Maria Laach.

Zeichnungen von Karl Heinz Hamacher, Bergheim-Paffendorf

Die Deutsche Bibliothek – CIP-Einheitsaufnahme
Hoffsümmer, Willi:
Bausteine für Familiengottesdienste : die Evangelien der Sonn- und Feiertage in Symbolen, Geschichten, Spielen und Bildern / Willi Hoffsümmer. – Mainz : Matthias-Grünewald-Verl.
Lesejahr B. – 1993
ISBN 3-7867-1710-9

Umschlag: Harald Schneider-Reckels und Iris Momtahen unter Verwendung der Zeichnungen von Karl Heinz Hamacher
Satz: Studio für Fotosatz und DTP, Ingelheim
Druck und Bindung: Wagner, Nördlingen
ISBN 3-7867-1710-9

Inhalt

Advents- und Weihnachtszeit

Fasten- und Osterzeit

Sonntage im Jahreskreis

Weitere Hochfeste

Hinführung

Dieses arbeitsaufwendige Buch durfte ich in der Abtei Maria Laach in dem Zimmer beginnen, in dem Dr. Konrad Adenauer, der spätere Bundeskanzler, sich von 1933-1934 vor den Nazis schützte, die ihn als Oberbürgermeister von Köln abgesetzt hatten.

Der Leseordnung verpflichtet. Dieses Buch schrieb ich nicht in erster Linie, um den Benutzerinnen und Benutzern eine bessere Aufteilung meiner nun schon fast tausend herausgegebenen Kurzgeschichten und der vielen Symbolpredigten an die Hand zu geben, es reizte mich vielmehr, so viele anschauliche Versuche einmal auf die festgeschriebene Ordnung der Sonntagsevangelien zu übertragen. Viele Vorbereitungsteams werden von ihrem Seelsorger auf die Leseordnung verpflichtend festgelegt. Manchmal wird auch vorschnell auf eine gute Idee ausgewichen, ohne mit der Auslegung des Evangeliums genug gerungen zu haben.

Rezeptbuch? Um dem Vorwurf eines Rezeptbuches zu entgehen, habe ich die Gedanken in der Regel so kurz skizziert, daß sich jeder einzelne und jedes Team die Mühe machen muß, dem Vorschlag die Seele einzuhauchen und die eigenen Glaubenserfahrungen einzubringen. Nur so kann der Funke zünden! Eine Gefahr des Mißbrauchs ist es, solch eine Anschauung nur als „Aufhänger“ oder gar schon bei der Einleitung verpuffen zu lassen. Sie soll vielmehr der „rote Faden“ in der Verkündigung sein.

*Anschaulichkeit für die **ganze** Gemeinde.* Wir meinen oft, wir müßten nur den Kindern die Botschaft des Evangeliums in Bildern und Gleichnissen verkünden, damit etwas „hinüberkommt“. Tatsache ist aber, daß auch Erwachsene immer weniger zuhören können. Es ist ein Gebot der konkreten Nächstenliebe, auch der Erwachsenengemeinde, die ja in der Regel sonntags die überwiegende Mehrheit darstellt, die gute Nachricht so zu vermitteln, daß sie „Brot für die Woche“ hat und sich an die Aussage der anschaulichen Verkündigung werktags gut erinnern kann. Wenn das gelingen soll, ist aber Vorbedingung, daß möglichst viele Sinne angesprochen wurden. Haben Sie zum Beispiel den Mut, Symbole bei der Predigt in die Hand zu nehmen!

Ich würde mich freuen, wenn dieses Buch Ihnen eine zeitsparende und phantasieanregende Hilfe wird. Herzlichen Dank an alle, die mir immer wieder Vorschläge zuschicken. Danke auch denen, die dieses Manuskript wieder kritisch und überprüfend begleiteten: Gerhard Dane, Köln-Worringen; Ursula Möltner, Langwaden, und Hildegard Görke, die auch wieder die Schreibarbeiten übernahm.

Willi Hoffsümmer

Hinweise

Familiengottesdienste. Darunter verstehe ich TeilnehmerInnen *jeden* Alters. Machen wir es uns zum Grundsatz: Selbst wenn nur wenige Kinder anwesend sind, sollten wir sie wenigstens an einer Stelle im Gottesdienst gewinnend ansprechen. Und wenn wir uns nur bei ihnen bedanken für ihr Stillhalten bei einer Predigt, mit der sie wirklich nichts anfangen konnten.

Auf drei Bände ist dieses Werk angelegt, entsprechend der Lesejahre A bis C. Wenn Sie in diesem Band schon Hinweise auf das Lesejahr C finden, dann werden Sie bitte nicht ungeduldig: Er soll rechtzeitig im nächsten Herbst erscheinen. Der Band für das Lesejahr A ist bereits seit einem Jahr auf dem Markt.

Entschuldigen Sie, daß die erwähnten *Kurzgeschichten* nicht ausgedruckt sind. Aber alle, die diese vier Bände besitzen, wären erbost, wenn sie die Geschichten hier noch einmal vorfänden, da sie dieses Buch erheblich dicker und damit teurer machen würden. Entschuldigen Sie auch, daß ich unter der Überfülle der *Bilder*, die es gibt, nur auswählen konnte und hier selbst mit dem Überblick ringe. Ich wählte oft Postkarten, die zwar etwas kosten, aber „bleibenden Wert" haben, weil sie jeder mitnehmen kann, um sich zu erinnern oder sie weiterzuschicken.

Und jetzt gutes Gelingen!

Bücher und Zeitschriften, die häufig zitiert werden:

„Behnke 1"	=	Behnke/ Bruns/ Lorentz/ Ludwig, Kinder feiern mit, Lesejahr A, Bernward-Verlag, Hildesheim 1983;
„Behnke 2"	=	wie oben, Lesejahr B, Bernward-Verlag, Hildesheim 1984;
„Behnke 3"	=	wie oben, Lesejahr C, Bernward-Verlag, Hildesheim 1982;
„Behnke E"	=	wie oben, Ergänzungsband, Bernward-Verlag, Hildesheim 1984;
„Höntges"	=	Hans Albert Höntges, Freude an Gott, Predigten, Spielszenen und Gebete für Gottesdienste mit Kindern, Herder Verlag, Freiburg 1992;
„Hoffsümmer"	=	Meine Bücher finden Sie unter ihrem Titel hinter „Stendebach";
„Laarmann"	=	Heriburg Laarmann, Bilder erzählen von Gott, Neue Gottesdienstmodelle, Herder 1990;
„Laubi/Dirnbeck"	=	Werner Laubi/Josef Dirnbeck, Lese- u. Spielszenen zur Bibel, Patmos Verlag, Düsseldorf und Verlag Ernst Kaufmann, Lahr 1990;
„PuK"	=	Der Prediger und Katechet, Erich Wewel Verlag, München;
„Roos"	=	Klaus Roos, Habt ihr keine Ohren, um zu hören?, Matthias-Grünewald-Verlag, Mainz 1990;
„Schnegg 1"	=	Matthias Schnegg, Damit es Freude macht, 68 Spielmodelle, Herder Verlag, Freiburg 1980;
„Schnegg 2"	=	Matthias Schnegg, Wir spielen und feiern, 83 neue Spielmodelle, Herder Verlag, Freiburg 1984;
„Schnegg 3"	=	Matthias Schnegg, Spiele im Hause des Herrn, Herder Verlag, Freiburg 1991;
„Spendel 1"	=	Stefanie Spendel, Der Vater liebt uns alle, Gottesdienste für Familien, Lesejahr A, Pustet Verlag, Regensburg 1983;
„Spendel 2"	=	Stefanie Spendel, Leben und Freude durch Gottes Wort, Gottesdienste für Familien, Lesejahr B, Pustet Verlag, Regensburg 1984;
„Spendel 3"	=	Stefanie Spendel, Der Geist läßt uns leben, Gottesdienste für Familien, Lesejahr C, Pustet Verlag, Regensburg 1985;
„Stendebach 1"	=	Franz Josef Stendebach/ Klaus Roos (Hg.), Predigthilfen für alle Sonntage und Hochfeste, Lesejahr A, Matthias-Grünewald-Verlag, Mainz 1989;
„Stendebach 2"	=	wie oben, Lesejahr B, Matthias-Grünewald-Verlag, Mainz 1990;
„Stendebach 3"	=	wie oben, Lesejahr C, Matthias-Grünewald-Verlag, Mainz 1991;

Hoffsümmer, Willi, Matthias-Grünewald-Verlag, Mainz:

„Kurzg. 1“	=	Kurzgeschichten 1, 255 Kurzgeschichten für Gottesdienst, Schule und Gruppe;
„Kurzg. 2“	=	Kurzgeschichten 2, 222 Kurzgeschichten ...
„Kurzg. 3“	=	Kurzgeschichten 3, 244 Kurzgeschichten ...
„Kurzg. 4“	=	Kurzgeschichten 4, 233 Kurzgeschichten ...
„Geschichten als Predigten“	=	Geschichten als Predigten. Für Gottesdienst, Schule und Gruppe;
„Anschauliche“	=	Anschauliche Predigten für Kinder-, Jugend- und Familiengottesdienste;
„133“	=	133 Kinderpredigten. Mit Gegenständen aus dem Alltag;
„144“	=	144 Zeichenpredigten durch das Kirchenjahr. Mit Gegenständen aus dem Alltag;
„99“	=	99 Kinderpredigten. Mit Gegenständen aus dem Alltag;
„122“	=	122 Symbolpredigten durch das Kirchenjahr. Mit Gegenständen aus dem Alltag für Kinder, Jugendliche und Erwachsene;
„177“	=	Seniorengottesdienste 1, 177 Gottesdienste für ältere Menschen und andere Altersgruppen;
„77“	=	77 religiöse Spielszenen für Gottesdienst, Schule und Gruppen;
„Spiele 1“	=	Religiöse Spiele 1 für Gottesdienst und Gruppen;
„Spiele 2“	=	Religiöse Spiele 2 für Gottesdienst und Gruppen;
„2 x 11“	=	2 x 11 Bußfeiern. Mit Gegenständen aus dem Alltag;
„3 x 7“	=	3 x 7 Bußfeiern. Mit Gegenständen aus dem Alltag;
„Bausteine A“	=	Bausteine für Familiengottesdienste. Die Evangelien der Sonn- und Feiertage in Symbolen, Geschichten, Spielen und Bildern, Lesejahr A.
„Bausteine C“	=	wie oben; erscheint Herbst 1994.
„KiBö“	=	Kindermessbörse; Redaktion Willi Hoffsümmer; erscheint vierteljährlich beim Verlag Kindermeßbörse GbR, Hildesheim.
„FaJu“ (vor 1989: „KiJu“)	=	Familien + Jugend-Gottesdienste; Redaktion Willi Hoffsümmer; monatliche Mappe beim Bergmoser + Höller Verlag GmbH, Karl-Friedrich-Str. 76, D-52072 Aachen.

Ausführliche Texte aus der „KiBö“ können Sie mit genauen Angaben bestellen beim Verlag Kindermessbörse, Hoher Turm 5, D-31137 Hildesheim. Sie erhalten eine Rechnung.

Zusendung von Kopien aus „KiJu“ bzw. „FaJu“ sowie „PuK“ ist möglich über meine Adresse: Pfr. Willi Hoffsümmer, Glescher Str. 54, D-50126 Bergheim-Paffendorf. Bitte entsprechend der Anzahl der gewünschten Kopien und für das Briefporto Briefmarken beilegen.

ADVENTS- UND WEIHNACHTSZEIT

Bilderzyklen zur Adventszeit

(In den Lesejahren A bis C möglich)

Vorbemerkung: Die Adventskalender machen für Kinder sicher einen Teil des Reizes aus, den die Adventszeit ausübt. Dieser Brauch kann in die Kirche getragen werden: Jeden Sonntag wird auf ein großes Grundmotiv ein Bild geheftet, das in der Regel das Sonntagsevangelium illustrieren soll. Da aber von den zwölf möglichen Sonntagen der Adventszeit in den drei Lesejahren alleine sechsmal(!) Johannes d. T. Thema ist, darf hierbei ausnahmsweise das Bindende des Sonntagsevangeliums etwas in den Hintergrund treten! Die Bilderfolgen prägen sich ein und können leicht wiederholt werden. Mit ihnen läßt sich auch in den wöchentlichen Schulmessen gut arbeiten.

Hinweise: 1. Siehe auch die Bilderzyklen zum Advent in „Bausteine A" und „C". 2. Im folgenden mehr thematische Reihen.

I. Grundmotiv: Ein Komet mit großem Schweif

Die unten genannten Heiligen füllen den Schweif des Kometen von Sonntag zu Sonntag immer mehr aus. Vielleicht kann der transparente Komet so konstruiert werden, daß er nach und nach heller wird.

1. *Erster Advent: Die heilige Barbara* stand treu zu ihrem Glauben und machte so die Welt heller. *Evangelium:* Mt 10,37-39: Jesus mehr lieben als alle anderen.
   Oder: Der hl. Nikolaus teilte und macht durch sein Vorbild heute noch die Welt heller. *Evangelium:* Joh 15,12-17: Liebt einander.
2. *Zweiter Advent: Die hl. Luzia* lebte wie ein Kind des Lichtes und machte so die Welt heller. *Evangelium:* Mt 25,1-13: Fünf Mädchen waren klug.
3. *Dritter Advent: Johannes d. T.* legte Zeugnis ab für das Licht. *Evangelium:* Joh 1,6-8 (19-28).
4. *Vierter Advent: Maria* sagte JA. *Evangelium:* Lk 1,26-38: Ich bin die Magd des Herrn.
5. *Weihnachten:* Der „Kopf" des leuchtenden Kometen zeigt das *Jesuskind* : Jesus ist das Licht der Welt, von dem alle erleuchtet wurden. Wir sind aufgerufen, uns in den Schweif des Kometen einfügen zu lassen.

II. Grundmotiv: Ein Adventskranz, zu dem vier Wege führen

Die Wege werden mit Seilen gelegt und nach und nach mit verschiedenfarbigen Tüchern, einmal auch mit Steinen, ausgefüllt.

1. *Erster Advent:* Die Kinder legen mit grünen Tannenzweigen einen Kreis = den Adventskranz. Die vielen Zweige des Kreises sind Zeichen der

Gemeinschaft. (Der Kranz kann mit Zapfen und violetten Bändern verziert werden.) In den Kreis werden vier Kerzen gestellt. Die erste wird vom Ewigen Licht her entzündet. Der erste Weg wird mit braunen Tüchern ausgelegt: Unser Leben ist oft wie eine Wüste trocken und leer. Wir machen uns auf den Weg zur „Mitte", in der ich Gott und den Menschen begegnen kann. *Evangelium:* Lk 21,25-28: Eure Erlösung ist nahe.

2. *Zweiter Advent:* Der zweite Weg wird mit „Stolpersteinen" ausgelegt (= Krankheit, Arbeitslosigkeit, Abhängigkeit, Einsamkeit, keine Zeit zum Zuhören, Lieblosigkeit). *Evangelium:* Mk 1,1-8: Bereitet dem Herrn den Weg! – Die Steine werden in den positiven Fürbitten an den „Wegrand" gelegt. Die zweite Kerze wird entzündet.
3. *Dritter Advent:* Der dritte Weg wird mit schwarzen Tüchern ausgelegt (= Hunger, Krieg, Ungerechtigkeit, Unterdrückung, Umweltzerstörung ...) *Lesung:* Jes 61,1-2a (1. Lesung vom 3. Advent, Lesejahr B). Bei den positiven Fürbitten werden kleine brennende Lichter auf den Weg gestellt und die dritte Kerze entzündet.
4. *Vierter Advent:* Der vierte Weg wird mit gelben Tüchern ausgelegt und darauf die Krippenfigur „Maria" gestellt. Ihr Hinhören und ihr Ja haben uns das Licht der Welt geschenkt. *Evangelium:* Lk 1,26-38: Ich bin die Magd des Herrn. Die vierte Kerze wird entzündet.
5. *Weihnachten:* In die Mitte des „Kreises" (Mitte der Welt) wird nach dem Evangelium die Krippe gestellt: Maria (vom Weg) und Josef dazu. Bei den Fürbitten werden kleine Lichter rund um den Kreis und auf allen Wegen entzündet.
   (Nach Ludwig Wöß, Liturgiekreis in A-4111 Walding.)

III. Grundmotiv: Eine Brücke

1. *Erster Advent:* Bretter liegen chaotisch durcheinander, dazwischen Taue und Balken = Manches in der Welt kann uns Angst machen. Menschen (= die späteren Hirten an der Krippe) stehen gebeugt darüber. *Evangelium:* Mk 13,24-37: Seid wachsam in der großen Not; oder Lk 21,25-28: Mitten im Chaos hebt eure Häupter ...
2. *Zweiter Advent:* Im Chaos der Bretter stehen jetzt zwei Pfeiler, die eine Rampe (= zwei Bretter) tragen. Die Menschen stehen aufgerichteter. *Evangelium:* Mk 1,1-8: Johannes d.T. verkündet Umkehr und Taufe und weist auf den, der kommen wird. – Er wird Schwache und Sünder aufrichten.
3. *Dritter Advent:* Die Brücke ist fast fertig. Johannes d. T. steht mit einer Laterne vor dem Brückenaufgang und zeigt den Weg über die Brücke. *Evangelium:* Joh 1,6-8 (19-28): Johannes legt Zeugnis ab für das Licht, das kommt. – Menschen zeigen Wege der Rettung.
4. *Vierter Advent:* Auf der fertigen Brücke stehen jetzt Maria und Josef. Johannes d. T. zeigt von unten auf sie. *Evangelium:* Lk 1,26-38: Maria und Josef (Mt 1,18-25) haben zu Gottes Plan „Ja" gesagt.

5. *Weihnachten:* Die Krippe steht auf der Brücke.
(Ulrich Hinzen; dazu ein ausformulierter Zyklus von Ulrich Hinzen in „KiJu", Nov. + Dez. 80 „Brücken bauen".)

IV: Grundmotiv: Eine aus vielen Wachsresten gegossene ganz dicke Kerze (oder ein weißer Sieben-Tage-Brenner, der sonntags feierlich erneuert und vom Adventskranz her entzündet wird). Sie steht inmitten eines Vierfelder-Bildes.

1. *Erster Advent:* Jona, der vor Gottes Auftrag fliehen will, wird vom Wal an Land gespuckt. *Lesung:* Jona 1-2 erzählen. Auch wir haben genug Ausreden, meiden die Stille und das Hören auf Gott ... – Die Welt wird heller, wenn wir uns dem Anspruch Gottes stellen.
2. *Zweiter Advent:* Die jungen Männer im Feuerofen (der Zeit). *Lesung:* Dan 3 erzählen. Die Männer halten auch in der Bedrängnis an Gott fest ... – Die Welt wird heller, wenn wir den Mut haben, uns zu Christus zu bekennen.
3. *Dritter Advent:* David besiegt Goliat. *Lesung:* 1 Sam 17 erzählen. Weil David sich auf Gottes Nähe verließ, konnte er ohne Angst in der Bedrohung kämpfen. – Die Welt wird heller, wenn wir uns mit Gott dem Bösen entgegenstellen. *Oder:* Johannes d. T. predigt in der Wüste von der Gerechtigkeit. *Evangelium:* Lk 3,10-15: Die Mäntel teilen. – Die Welt wird heller, wenn wir anderen Gutes tun.
4. *Vierter Advent:* Maria sagt ja zum Auftrag Gottes. *Evangelium:* Lk 1,26-38: Ich bin die Magd des Herrn. – Die Welt wird heller, wenn wir auf Gott hören und ihm gehorchen.
5. *Weihnachten:* Vor der brennenden großen Kerze und den Bildern steht die Krippe mit dem Kind – *das* Licht der Welt.

(Nach einer Idee in meinem Buch „Wir freuen uns auf die Predigt", S. 72f, vergriffen.)

V. Grundmotiv: Eine Art Siegertreppe
(die leere Krippe steht ganz oben)

Der Ausspruch Johannes d. T. soll verdeutlicht werden: „Er muß wachsen, ich aber muß kleiner werden" (Joh 3,30). – Die vier Personen (= Figuren), die dem Anruf Gottes folgten, werden nach und nach um die Krippe gestellt.

1. *Erster Advent:* Prophetenschicksale. *Lesung:* Jer 38,1-13: Jeremia in der Zisterne. Wer sich auf Gott einläßt, darf keine Angst vor dem „unteren Weg" haben.
2. *Zweiter Advent:* Die Enthauptung des Täufers. *Evangelium:* Mt 14,3-12: Johannes d. T. löst sein Wort ein: „Er muß wachsen, ich aber muß kleiner werden." – Verfolgte Christen aufzeigen, die heutzutage in der Nachfolge treu bleiben.
3. *Dritter Advent:* Eine aktuelle Person, die sich beispielhaft engagiert im Dienst an den Mitmenschen. *Evangelium:* Lk 3,10-18: „Was sollen wir tun?" fragten die Leute den Täufer.

4. *Vierter Advent:* Maria stellt ihre eigenen Pläne zurück und folgt dem Anruf Gottes. *Evangelium:* Lk 1,26-38: Ich bin die Magd des Herrn. – Wären auch wir bereit, bedingungslos zum Willen Gottes „Ja“ zu sagen?
5. *Weihnachten:* In der Krippe liegt das Jesuskind. Die Treppe ist mit Tannengrün und brennenden Kerzen geschmückt.

VI. Grundmotiv: Ein abgeschlagener Stamm, aus dem ein neues Reis ausschlägt (Jes 11,1.10)

Um dieses gemalte Motiv gruppieren sich folgende Zeichen der Hoffnung:

1. *Erster Advent:* Noach mit der Friedenstaube und dem Regenbogen. *Lesung:* Gen 8-9 erzählen. „Sintfluten“ der Bedrohung, der Katastrophen, der Krankheiten und der Not decken uns auch heute zu. Überall, wo Menschen umkehren oder bei der Umkehr helfen, wächst neues Leben aus dem totgeglaubten Stamm.
2. *Zweiter Advent:* Die Kundschafter bringen aus dem Gelobten Land eine Riesentraube, wobei Tragholz und Traubenansatz ein Kreuz ergeben. *Lesung:* Num 13-14 erzählen. Wer sich in der Kraft Jesu Christi für das Kommen des Reiches Gottes einsetzt, kann große Früchte der Liebe und des Friedens bringen. *Evangelium:* Lk 3,10-15: Mehr teilen – wie Johannes d. T. verlangt.
3. *Dritter Advent:* Der Messias, der „Sohn Davids“, will ein Reich des Friedens: Löwe und Lamm liegen einträchtig beisammen. *Lesung:* Jes 11,1-10: Ankündigung des messianischen Reiches. *Evangelium:* Mk 1,1-8: Ebnet diesem Friedensfürst den Weg!
4. *Vierter Advent:* Aus Maria wächst ein Dornstrauch. *Evangelium:* Lk 1,26-38: Maria sagt „Ja“ zu ihrer Aufgabe bei der Erlösung der Menschen. – Durch unser Ja zur Berufung als Christ können auch wir zum Zeichen der Hoffnung werden.
5. *Weihnachten:* In der großen Blüte, die aus dem „Rosenstrauch Maria“ gewachsen ist (GL 132: Es ist ein Ros entsprungen ...), liegt das Jesuskind.

   (Nach „Anschauliche Predigten“, S. 110-113.)

   Zum gesamten Zyklus siehe die Kunstkarte SK 206 „Stumpf Isais“ © Sieger Köder. Bestelladressen: Schwabenverlag AG, Senefelderstr. 12, D-73760 Ostfildern; Rottenburger Kunstverlag VER SACRUM, Reiserstr. 2, D-72108

Rottenburg a.N., auch als Andachtsbild 854D im Kunstverlag VER SACRUM.
Zum Bild: Siehe in diesem Buch: 1. Weihnachtstag, Bilder, 2.

VII. Grundmotiv: Ein Würfel mit den „vier Welten“ unserer Erde

Ein übergroßer Würfel wurde als Opferkästchen gestaltet: Oben wird durch einen Schlitz jeden Sonntag das eingeworfen, was die Kinder an Geld mitgebracht haben. Wir arbeiten an „einer“ Welt, die an den Sonntagen des Advents in die vier Welten aufgeteilt wird – wie sie uns geläufig sind. Der Geldschlitz befindet sich oben in der fünften Fläche (die Zahl Fünf ist die Zahl des Lebens, die aus der Zahl des Mannes = 3 und der der Frau = 2 zusammengesetzt ist). Wir tragen zu einer menschenwürdigeren Welt bei, für die Jesus an Weihnachten geboren wurde und die nach Erlösung ruft.

1. *Erster Advent:* Die erste Fläche des Würfels zeigt Bilder der „1. Welt“, also der westlichen, die bei allen Vorteilen am Wohlstand und falsch verstandener Freiheit zu ersticken droht. *Evangelium:* Mk 13,33-37: Seid wachsam.
2. *Zweiter Advent:* Die zweite Fläche des Würfels zeigt Bilder der „2. Welt“, der mehr kommunistischen, zum Teil freien Welt, aber auch der Länder, die weithin das Christentum behindern. *Evangelium:* Mk 1,1-8: Bereitet dem Herrn den Weg.
3. *Dritter Advent:* Die dritte Fläche des Würfels zeigt Bilder der Not in der „3. Welt“. *Evangelium:* Lk 3,10-18: Mehr teilen mit den Ärmsten der Armen.
4. *Vierter Advent:* Die vierte Fläche des Würfels zeigt Bilder der Not in der „4. Welt“, das heißt die Probleme in *unseren* „Hinterhöfen“: Zunahme der sozial Schwachen, Ausländer-Verachtung, Asylanten-Problem ... *Evangelium:* Lk 1,39-45: Wie Maria Jesus zu den Menschen tragen.

1. Advent

Ihr wißt nicht, wann der Herr kommt

Evangelium: Mk 13,33-37: Seid wachsam! Ihr wißt nicht, wann der Hausherr kommt. *Oder* länger: Mk 13,24-37: Man wird den Menschensohn auf den Wolken kommen sehen.

(*L 1:* Jes 63,16b-17.19b; 64,3-7: Reiß doch den Himmel auf, und komm herab; *L 2:* 1 Kor 1,3-9: Wir warten auf die Offenbarung Christi.)

Vorüberlegung: Keiner weiß, wann unsere eigentliche Zukunft beginnt. Bis „der Hausherr" kommt, ist eine Zeit des Wachens angesagt = Verantwortlich die Gegenwart leben *und* nach dem Ausschau halten, der kommen will.

Hinweis: Der Gedanke des Wachens findet sich auch am 1. Advent der „Bausteine A" und „C" sowie am 32. Sonntag i.J., „Bausteine A".

Symbolpredigten

1. Beim ersten Hahnenschrei kann der Herr kommen. Der *Hahn* (vielleicht der ausgediente Kirchturmhahn) auf dem Kirchturm kann uns an das Wort des Herrn erinnern: „Ihr wißt nicht, ob der Hausherr beim Hahnenschrei oder ... kommt" (Mk 13,35): Der Hahn ist ein hervorragender Wächter, der beim allerersten Tageslicht die ganze Umgebung aufweckt. Früher wurde die Zeit zwischen zwei und sechs Uhr, die dritte Nachtwache, „Hahnenschrei" genannt. So wie dieser Vogel also den neuen Tag ankündigt, so erwarten wir mit wachsamen Herzen den Tag, an dem Christus wiederkommt. Wird er uns beim Verleugnen überraschen wie damals den Petrus? (Mt 26,34.74b-75). Oder drehen wir uns wie ein Wetterhahn nach jeder modernen Windströmung und haben die Botschaft Jesu vom Wind verwehen lassen? Seid wachsam!
2. Seid wachsam! Während ein *Metronom* in der Nähe des Mikrofons sein durchdringendes Taktmessergeräusch ertönen läßt, werden meditative Sätze gesprochen, die immer wieder vom „Seid wachsam!" unterbrochen werden: Heute ist der erste Tag vom Rest unseres Lebens. – Jede Sekunde bringt uns der Ewigkeit näher. – Wenn du das Ende kennst, setz alles auf *eine* Karte. – Tausend Jahre sind vor Gott wie ein Tag, der gestern vergangen ist, und wie eine Nachtwache. – Es bleibt noch genug Zeit für die Liebe, die am Ende nur zählt ...
3. Was am Ende zählt. *Ein Tannenzapfen* für jeden. Er erinnert uns an den Weihnachtsbaum, der nun wieder Hochsaison hat. Er kann uns aber auch etwas vom heutigen Evangelium einprägen: Wir wissen nicht, wann wir vom Baum des Lebens abgeschüttelt werden. Aber noch haben wir die Chance, den Samen der Liebe heranwachsen zu lassen – so wie er sich hier, behütet zwischen den einzelnen Rippen des Zapfens, gebildet hat. Wenn der „Tag der großen Not" kommt (Mk 13,24) und wir in den Tod

fallen, dann verstreut sich dieser Samen beim Aufprall auf den Boden und gibt neues Leben frei: An diesem fruchtbaren Samen unseres Lebens, dem auch der Tod nichts anhaben kann, möge der Gott des Lebens eines seiner unzähligen Wunder wirken! Legt den Tannenzapfen in den Adventskranz und hängt ihn Weihnachten in den Christbaum – um euch zu erinnern!

4. Der wachsame Türhüter. Vor einem vom Schreiner ausgeliehenen *Türstock* steht der Türhüter. Von der unsichtbaren Seite der Tür *klopft* einer: Ein unerwarteter Besuch? Ein Durchreisender, ein Ausländer? Ist es nicht der Hausherr selbst, der da anklopft? Öffne ich, oder ist er mir unerwünscht? – Die Tür wird geöffnet und (öfter) laut wieder *zugeknallt:* Wo war ich rücksichtslos, stolz, unversöhnlich, hartherzig? – Noch ist Zeit, *„vor der eigenen Tür zu kehren"* (= ein Besen wird gegen die Tür gestellt): Kehren wir bei uns selbst alles unter den Teppich? (Sehen wir den Splitter im Auge des Bruders, aber den Balken im eigenen Auge übersehen wir?) Wenn jeder vor *seiner* Tür fegt, wird es überall sauber! – Die *geöffnete* Tür: Bin ich ein offener Mensch? Habe ich eine offene Tür, auch für die Unangenehmen, nicht Standesgemäßen, nicht so Erfolgreichen? Bin ich zum Frieden bereit? – Jesus hat die Tür zum Leben mit Gott geöffnet (Offb 1,18b): Ich muß nur eintreten *wollen:* Das muß *ich* leisten! Dann darf ich in die offenen Arme Gottes laufen. (Zum Symbol „Tür" siehe auch „Bausteine A", Adventszyklus Nr. VI.)

Kurzgeschichten

A: Wachsam sein!
Siehe „Bausteine A", 1. Advent, Kurzgeschichten A.

B: Die Tür offenhalten

1. Die Alte, die auf Gott wartete: Bd. 1, Nr. 8;
2. Schuster Konrad hält die Tür offen: Bd. 2, Nr. 6;
3. Die Tür offenhalten: Bd. 2, Nr. 216;
4. Die Türen des Friedens haben die Klinken innen: Bd. 3, Nr. 147;
5. Erinnere mich, wem ich diene: Bd. 3, Nr. 4;
6. Der Mann vor der Haustür: Bd. 3, Nr. 5;
7. Warten auf die Botschaft: Bd. 4, Nr. 4;
8. Gott kann in jedem Menschen kommen: Bd. 4, Nr. 6;
9. Auf den Brief warten: Bd. 4, Nr. 27;
10. Der Brief des alten Vaters: „Geschichten als Predigten", S. 17ff;
11. Sich Zeit nehmen fürs Gebet und auch so die „Tür zu Gott" offenhalten: „Geschichten als Predigten", S. 57-59: Als Gott die 25. Stunde schuf.

Spiele

1. Gott die Tür öffnen: Der Bauer Wassilij muß mit ansehen, wie sein Sohn Aljoscha in schwerer Krankheit immer schwächer wird. Da entschließt er sich, die „Tür zum Himmel" zu finden, Gott zu besuchen, und nimmt

allerlei Geschenke mit. Auf seiner Suche trifft er unterwegs auf viel Elend; schließlich hat er alles verschenkt; er sucht weinend weiter; er kommt an seinem Haus wieder an, aus dem ihm sein Söhnchen gesund entgegenspringt. Er erfährt, daß all die, denen er geholfen hat, vorbeigekommen sind und dazu beigetragen haben, Aljoscha gesund zu machen. Ausführlicher in „KiBö“ 91-3, S. 10-12;

2. Es werden Szenen gespielt: Einladung zum Sternsingen, zum Geburtstag, zur Beichte ..., aber jedesmal wird abgelehnt. Dabei wird jeweils laut die Sakristeitür zugeschlagen. Danach spielt die Orgel jeweils GL 107 „Macht hoch die Tür“ an. Anschließend werden die Kinder angeregt, positive Szenen zu spielen. Ähnlich in „Spiele 1“, S. 30f. Siehe auch „KiBö“ 91-3, S. 4f;
3. Zum Lied „Macht hoch die Tür“ eine Tanzbeschreibung in „KiBö“ 87-3, S. 3-4;
4. Spiel „Wach sein“ in „Schnegg 2“, S. 13f *oder* in „77“ Nr. 1.

Bild

Ein geöffnetes Tor (siehe Symbol 4) zeigt die Postkarte Nr. 23095168 von Fotokunst Groh, D-82237 Wörthsee. – Mit der Aufschrift „Jesus Christus spricht: Ich bin die Tür“ (Joh 10,9) ebd. als Nr. 2536153.

Weitere Anregungen

1. Singspiel: Kinder legen aus vielen Tannenzweigen einen Adventskranz zusammen: „KiBö“ Nr. 80, S. 15f.
2. Ein „Barbarazweig“ für alle Gottesdienstbesucher, der eventuell blühend zu Weihnachten wieder mitgebracht wird: Vgl. „144“, Nr. 1, und „99“, Nr. 7(5).
3. Den Advent „buchstabieren“: Siehe „KiBö“ 90-3, S. 4.
4. Ein Lichterreigen zum Lied „Wir sagen euch an“: Siehe „KiBö“ 90-3, S. 2.
5. Vor dem Altar steht in der Adventszeit die leere Krippe: Kinder nennen und nehmen sich etwas vor, was die Welt „heller“ (das wird auf Sterne geschrieben) und „wärmer“ macht: Die Sterne werden auf die Kissen gesteckt und in die Krippe gelegt (Irene Linsenmeier, D-79285 Ebringen).

2. Advent

Gott die Wege bereiten

Evangelium: Mk 1,1-8: Bereitet den Weg. / Alle lassen sich von Johannes taufen. / Ich bin nicht wert, ihm die Schuhe aufzuschnüren. / Ich taufe nur mit Wasser.

(*L 1:* Jes 40,1-5.9-11: Bahnt für den Herrn einen Weg! *L 2:* 2 Petr 3,8-14: Wir erwarten einen neuen Himmel und eine neue Erde.)

Vorüberlegung: Johannes, der Vorbote und Wegbereiter, tritt als strenger Prophet auf, der sich aber demütig vor dem verbeugt, der nach ihm kommt. In dieser Haltung erwarten auch wir den Gottessohn und Retter und hören den Ruf zur Umkehr.

Hinweise: Ähnliche Thematik am 2. Advent, „Bausteine A“, am 3. Advent in diesem Buch wie auch am 2. und 3. Advent „Bausteine C“. Zum Thema „Mit Hl. Geist taufen“ siehe auch Pfingsten der „Bausteine A“ bis „C“.

Symbolpredigten

1. „Bereitet dem Herrn den Weg.“ Ein Stück *Weg* ist im Mittelgang oder Altarraum mit Seilen gekennzeichnet. Auf ihm liegen Steine und Dornengestrüpp. Dieser „Weg“ liegt *in* uns: Zunächst beseitigen wir die *Steine* einer Prüfung oder Krankheit oder/und die „Stolpersteine“ (= Lieblosigkeit, Unversöhnlichkeit), damit Gott Platz ergreifen kann. Ebenso wird von Kindern das Dornengestrüpp entfernt: Die „Sorgen der Welt, der trügerische Reichtum und die Gier“ nach so vielen Konsumgütern (Mk 4,19). Jetzt kann gesät werden, aber hinter dem Sämann stürzen sich Vögel (= Kinder) auf die Saat und picken (= heben) sie auf: Das Laute, das Hektische, „der Satan“ (Mk 4,4.15) läßt die Saat verlorengehen. Jetzt geht der Sämann und besprengt alles mit (Weih-)Wasser. Der „Tau von oben“, die „Wasserbäche Gottes“ (Jer 17,8) lassen erst wachsen. Nach dieser „Umkehr“ kann auch Gott in uns wachsen.
2. „Nicht wert, die Schuhe aufzuschnüren.“ Dieser große *Schuh* kann uns zunächst auffordern, überhaupt aufzubrechen und den Weg zu bereiten, von dem Johannes spricht. Paulus spricht auch von den Schuhen der Bereitschaft (Eph 6,15), für das Evangelium und den Frieden zu kämpfen. Schuhe erinnern uns daran, daß wir im Leben auf der Wanderschaft sind, unterwegs zur ewigen Heimat (GL 656,1). Dabei sollen wir den Weg der Gebote gehen und den „Weg“ einhalten, der uns in Jesus vor Augen steht (Joh 14,6). Das heutige Evangelium weist uns auf die Haltung hin, in der wir das alles tun sollen: in Demut und der Bereitschaft zu dienen. – Jetzt können vom Pr einige Schuhe „geputzt“ werden.
3. „Er lebte vom wilden Honig.“ Wir greifen diese nebensächliche Angabe über den Lebensstil Johannes' d. T. auf und entschlüsseln sie.
   Ein Glas Honig. Honig erinnert daran: 40 Jahre lang zogen die Israeliten durch die

Wüste und lebten dabei von einem Brot, das süß wie Honig schmeckte (Ex 16,31). Dieses Manna will auch uns auf dem Weg durch die Wüste unseres Lebens stärken. – Das Wort Gottes als Buchrolle schmeckte dem Propheten Ezechiel süß wie Honig (Ez 2,8-10; 3,1-3): Es wird auch uns in jeder Feier hier als Nahrung für die Seele geschenkt. (Ähnlich: „Dein Wort ist süßer als Honig und tropfende Waben.“ [Psalm 19,11]) – Aus giftigen und ungiftigen Blüten sammeln die Bienen den Nektar: Wir sollen das Gute in die Waben Gottes einbringen. – Der hl. Ambrosius wird oft mit einem Bienenkorb dargestellt, weil er die Christen mit den fleißigen Bienen verglich und die Kirche mit einem Bienenkorb, in dem sie sich wohlfühlen sollen, wenn es draußen eisig wird oder hagelt. Andererseits fliegen wir als „Bienen“ nach jedem Gottesdienst hinaus, um alle Welt mit der Botschaft Jesu zu bestäuben. – Früher wurde bei der Taufe den Säuglingen etwas Honig in den Mund geträufelt: Nimm in deinem Leben das Wort und das Manna Gottes auf, dann bleibst du gesund.

Kurzgeschichten

A: Den Weg bereiten

1. Was war das für ein Fest?: Bd. 1, Nr. 9;
2. Wo der Hirt hinkommt, verändert er: Bd. 4, Nr. 148;
3. Es war keine Liebe darin: Bd. 2, Nr. 8;
4. Geteiltes Licht brennt heller: Bd. 2, Nr. 13;
5. Brief des alten Vaters: „Geschichten als Predigten“, S. 17-19;
6. Weihnachten in diesem Jahr: „Geschichten als Predigten“, S. 76-78;
7. Es gibt keine Engel: „Geschichten als Predigten“, S. 79-82;
8. Tat einer Amsel: Bd. 2, Nr. 3.

B: Umkehren

Siehe „Bausteine A“, 2. Advent, Kurzgeschichten B.

C: Aus dem Leben mancher Heiliger erzählen. Sie bahnten einen Weg in den Wüsten ihrer Zeit; z. B. der hl. Nikolaus.

Spiele

1. Jesaja träumt (vgl. auch 1. Lesung): „Schnegg 1“, S. 21-23;
2. Den Weg finden. Kinder suchen den „Weg nach Weihnachten“ durch Weihnachtsmarkt, Tannenbäume, Kaufhäuser, Spielzeugland ... Schließlich folgen sie einem Stern ... Siehe „KiBö“ 91-3, S. 18f.

Weitere Anregungen

1. Heute könnte im Gottesdienst ein Kind getauft werden.
2. Ein Interview mit einem Heiligen über die Frage „Wie haben Sie den Weg gefunden?“ Ein Gespräch mit Nikolaus z. B. in „PuK“ 1/82, S. 19ff.
3. Ähnliche Gedanken unter dem Gesichtspunkt, wie Heilige oder heiligmäßige Menschen Wege zu Gott und zu Menschen in Not bereitet haben, in

„2 x 11“, S. 107ff (Vinzenz v. Paul, Friedrich Joseph Haass, Janusz Korczak, Edith Stein, der Pfarrer von Ars, Franziska Schervier, Abbé Pierre, Franz von Assisi, P. Damian Deveuster). Die Entwürfe sind leicht in Interviews umzuwandeln.

Bilder
Siehe „Bausteine A“, 2. Advent.

3. Advent

Johannes legt Zeugnis ab für das Licht

Evangelium: Joh 1,6-8.19-28: Johannes gab Zeugnis für das Licht. / Ich bin nur die Stimme, die den Weg für den Herrn bereitet. / Ich taufe mit Wasser. / Mitten unter euch steht er. / Ich bin nicht wert, ihm die Schuhe aufzuschnüren.
(*L 1:* Jes 61,1-2a.10-11: Von Herzen will ich mich über den Herrn freuen; *L 2:* 1 Thess 5,16-24: Der Gott des Friedens heilige euch.)

Vorüberlegung: Johannes, der letzte und größte Prophet an der Schwelle des Neuen Bundes, bereitet den Weg für den Größeren. Er nimmt sich zurück, auch als die Massen ihn „hochjubeln“ wollen.

Hinweise: Ähnlich die Thematik am 2. Advent, „Bausteine A“ bis „C“; siehe auch 3. Advent „Bausteine C“.

Symbolpredigten
1. Zeugnis ablegen für das Licht – wie Johannes. Eine *Spiegelscherbe* für jeden. Jeder von uns ist ein Bruchstück aus dem Spiegel der Menschheit. Egal wie groß oder klein ich mich als Scherbe einschätze oder von anderen eingeschätzt werde: Ich sage zunächst ja zu mir, so wie ich bin. Ich bin groß genug, um die Sonne Gottes widerzuspiegeln, selbst wenn ich mich zersplittert sehe. – Als kleiner Teil des Menschheitsspiegels brauche ich die anderen, die anderen mich, um wirklich Mensch zu sein: Wir können uns ergänzen, das ist auch im Umgang mit Außenseitern oder Ausländern zu erfahren. – Mit unserer Spiegelscherbe können wir das Licht „aus der Höhe“ in manche Dunkelheiten der Welt und auf Menschen im Abseits spiegeln: Das ist Sinn unseres Christenlebens. (Über eine starke Lichtquelle kann das Spiegeln in dunkle Ecken der Kirche, z. B. unter die Bank, jetzt eine Zeitlang versucht werden.)
2. Zeugnis ablegen für das Licht. Ein *Teelicht* für jeden Teilnehmer: Es ist nur ein schwaches Licht – gemessen an der Sonne Gottes. Es kann mich an die Taufkerze erinnern: Ich bin Kind des Lichtes für diese Welt. – Dieses kleine Licht genügt, in einem dunklen Raum Orientierung zu finden. – Dieses Licht gibt Wärme und Orientierung, verzehrt sich aber

dabei und wird kleiner. Bin ich wie Johannes dazu bereit, den „unteren Weg“ zu gehen? – Es kommt nicht auf die Farbe oder Verzierung des Teelichtes an, sonderen darauf, daß es leuchtet. Es ist besser, dieses Licht hochzuhalten, als über die Finsternis zu schimpfen.

3. Zeugnis ablegen für das Licht. *Eine Kerze mit heruntergebranntem Docht.* Wer in diesen Tagen der Besinnung feststellt, daß sein Glaube „heruntergebrannt“ und sein Zeugnis für Gott erloschen ist, der muß sich für sein Suchen und Ringen Zeit lassen: Wachs entfernen und den Docht wieder freilegen! Es ist göttliches Geschenk, den freigelegten Docht wieder neu entzündet zu bekommen. Wir können durch Gespräche und Gebet dabei helfen. (Nach Helder Camara.)
4. Licht in der Finsternis. *Mit* einer *Lichterkette geschmückter Tannenbaum* – wie er draußen bereits auf Balkonen und in Straßen zu sehen ist. Wir vergessen bei seinem Lichterschein, der ja auch Zeugnis für das Licht ist, daß der Tannenbaum an sich ein „garstiger“ Baum ist, der im Wald unter sich kein Leben zuläßt, der uns empfindlich ins Gesicht schnellen kann und dem wir besser mit Handschuhen naherücken. Wir schmücken ihn sogar und rücken ihn „ins rechte Licht.“ Nach dem Glanz der Festtage bleibt er sich treu, wenn wir ihn und seine abgefallenen Nadeln mühselig beseitigen. – Übertragen: Uns umgeben viele „garstige“ Leute, die uns mit ihrem Wesen ins Gesicht schlagen können, in deren Nähe wir es nur „mit Handschuhen“ aushalten. Selbst wenn sie fort sind, ärgern wir uns noch über ihre „spitzen“ Bemerkungen. Zeugnis geben für das Licht des göttlichen Kindes heißt aber auch, sie nicht auszugrenzen, ja selbst noch die Feinde zu lieben. (Nach einer Idee von Heinz Bußmann, Lübeck.)
5. Sich tief bücken. Ein leerer *Krippenstall mit niedrigem Eingang.* Johannes fühlte sich nicht wert, dem kommenden Messias die Schuhe aufzuschnüren. Nur in dieser Haltung können auch wir das Kind in der Krippe finden. – Dann die Fabel von den „großen Tieren“ Adler, Löwe, Giraffe und Elefant erzählen, die allesamt nicht durch den engen Eingang zur Krippe gelangen, weil sie „zu hoch fliegen“, ein „zu großes Maul haben“, „die Nase zu hochgereckt halten“ oder sich „zu massiv“ Eingang verschaffen wollen. Erst den „kleinen Tieren“, wie Maus, Spatz, Maulwurf und Biber gelingt es, weil sie sich dienstbar zeigen und auf diese Weise allen Zutritt verschaffen. (Ausführlicher in „122“, Nr. 9.)

Kurzgeschichten

A: Zeugnis geben für das Licht
Siehe 5. Sonntag i. J. „Bausteine A“, Kurzgeschichten B.

B: Mitten unter euch steht er unerkannt
Siehe Christkönig, „Bausteine A“, Kurzgeschichten A;
Ich bin nicht allein: Bd. 4, Nr. 111.

C: Das Licht widerspiegeln (vgl. Symbol 1)

1. Die beiden Spiegel: Bd. 3, Nr. 82;
2. Das unbegreifliche Wunder: Bd. 1, Nr. 64 (Dritte Frage. Und wir können ihn weiterspiegeln);
3. Begebenheiten aus dem Leben eines/r Heiligen, der/die das Licht Christi ins Dunkel der Welt spiegelte. Dabei sahen Heilige sich selbst immer als Bruchstück.

D: Verschiedenes

1. „Propheten“ stehen gegen den Trend: Bd. 4, Nr. 83: Jesus als Angeklagter;
2. Der furchtlose „Prophet“: Bd. 4, Nr. 77;
3. Die Demütigen finden zur Krippe (vgl. Symbol 5): Bd. 2, Nr. 12.

Spiele

1. Zeugnis des Johannes: „Behnke 2“, S. 88f;
2. Mitten unter uns steht er unerkannt:
   a) „Behnke 2“, S. 90-92, ähnlich dem Spiel „Nele geht nach Bethlehem“;
   b) Nele will nach Bethlehem: „77“, Nr. 12;
   c) Timofeis Todfeind: „Spiele 1“, S. 46-48;
3. Johannes d. T. interviewen;
4. Eine brennende Kerze, die Zeugnis geben und sich verzehren will im Abgeben von Wärme und Licht, unterhält sich über den Sinn des Lebens mit der Kerze Nr. 5 in 2. Reihe eines Kartons, die ihre Ruhe haben will, aber ihr Dasein doch irgendwie langweilig und unausgefüllt findet.

Bild

Vielleicht finden Sie im Bekanntenkreis ein Dia vom niedrigen Eingang der Geburtskirche in Bethlehem, durch den jeder nur gebückt gehen kann. (Vgl. oben Symbol 5.)

4. Advent

Maria spricht das Ja

Evangelium: Lk 1,26-38: Gabriel zu Maria: Du wirst den Sohn Davids gebären. / Der Hl. Geist wird dich überschatten. / Bei Gott ist nichts unmöglich. / Maria: Ich bin die Magd des Herrn.

(*L 1:* 2 Sam 7,1-5.8b-12.14a.16: Dein Haus und dein Königtum sollen auf ewig bestehenbleiben; *L 2:* Röm 16,25-27: Das Geheimnis wird jetzt offenbar.)

Vorüberlegung: Gott braucht keine äußeren Machtmittel, um seine Verheißungen wahrzumachen, aber die Zustimmung einer jungen Frau: Maria spricht demütig (= dien-mutig) ihr Ja.

Symbolpredigten

1. Aufnahmebereit wie Maria. Eine *Schale voll Erde.* Maria ist mit dieser Schale vergleichbar: Sie ist offen und bereit zu empfangen. Das Entscheidende bewirkt Gott: Er senkt den neuen Anfang, den Samen, in die Erde, den wir Christus nennen. – Auch unsere Aufgabe ist es, wie Maria aufnahmebereites Erdreich zu sein: für den Anfang, den Gott wirken will, für seine Wunder. (Gerhard Dane, Köln.)
2. Maria, du bist gebenedeit unter den Frauen. Eine aussagekräftige *Marien-Statue,* die sie als Mädchen zeigt (oft in Wohnungen zu finden. Oder ein entsprechendes Dia). Die Haltung dieser Maria drückt Mut zum Dienen = De-mut aus. Obwohl Maria im Teenageralter ihr Ja spricht, ist sie ganz auf Gott ausgerichtet. Sie stellt sich als Geschöpf dem Schöpfer zur Verfügung: Sie ehrt und fürchtet (was nichts mit „Angst" zu tun hat) ihn, hat Ehr-furcht. – Maria kann zuhören und aus dem Gewirr von Stimmen die Stimme Gottes heraushören; sie ist ansprechbar. – Im Vertrauen auf Gott geht sie dann konsequent ihren Weg. – *Wir* möchten immer, bevor wir ja sagen, das genaue Wie wissen. Maria aber nimmt das Wort „Bei Gott ist nichts unmöglich" als Wagnis aus dem Vertrauen zu Gott entgegen. Darum kann Gott auch bei ihr „landen". So bringt sie uns allen die „neue Welt".
3. Wie Maria. An einem *Rosenkranz* beten wir eigentlich von Rose zu Rose und erschließen so auch das Geheimnis Mariens: Sie erblüht langsam wie eine *Knospe,* indem sie „Ja" zu Jesus sagt, ihn zu Elisabet trägt und im Stall zur Welt bringt. Sie *blüht* an diesem Kind zur Rose *auf* und verströmt ihren ganzen Duft im Begleiten und Hoffen, in den Prüfungen und im Schmerz. Im *Verwelken* setzt sie Frucht an: Jesus holt sie als Fürsprecherin für alle Menschen in sein Reich. – Maria ging als erste mit Jesus diesen Weg. Unter ihrem Schutzmantel und im Zeichen des Symbols der Liebe können auch wir mitgehen, in der Liebe wachsen, begleiten und bangen, aber auch Erlösung erfahren.
4. Bei Gott ist nichts unmöglich. Aus dem Stumpf einer *Yuccapalme* , der wie zum Wegwerfen aussah, erwächst eingepflanzt eine wunderschöne Zierpflanze. In Maria, dem einfachen Menschenkind, erwächst das größte Wunder, das Menschen sich nicht vorzustellen wagten: Gott wurde Mensch (vgl. Jes 11,1.10: Das Reis aus der Wurzel Jesse).

Kurzgeschichten

A: Wunder sind nicht möglich (Zu: Bei Gott ist nichts unmöglich)

1. Es gibt keine Engel: „Geschichten als Predigten", S. 79-82;
2. Liesel will im Gefängnis bleiben: „KiBö" 90-3, S. 14f;
3. Schenk mir Hände!: Bd. 2, Nr. 9.

B: Wunder sind möglich (Zu: Bei Gott ist nichts unmöglich)

1. Die Nacht im Hotel: „KiBö" 68, S. 14;

2. Weihnachten in Chikago: Bd. 3, Nr. 13;
3. Wunder am Wallfahrtsort: „KiBö“ 91-1, S. 12f (Als die Schranke fiel);
4. Zwischenbericht: „Geschichten als Predigten“, S. 13-17;
5. Die beiden Weihnachtsesel: Bd. 4, Nr. 13;
6. Der Wolf an der Krippe: Bd. 4, Nr. 16;
7. Der Mann mit den Bäumen: Bd. 1, Nr. 5;
8. Der Hirt mit den Krücken: Bd. 2, Nr. 14.

C: Wie war das damals? (Mit Maria, dem Engel ...)
Siehe mein Buch „Wir wagen den Glauben“, S. 97-99.

Spiele
1. Gereimtes Evangelienspiel: „Maria hat ja gesagt“: „77“, Nr. 42;
2. Singspiel auf der Melodie „Ihr Kinderlein kommet“: „Behnke E“, S. 10f oder „KiBö“ 75, S. 13f.

Bilder
1. „Herbergssuche“, Kunstkarte Nr. 5395 von Beate Heinen, 1981, auch als Dia, im Kunstverlag 56653 Maria Laach.
2. „Ankunft des Herrn“, Kunstkarte Nr. 5485 von Beate Heinen, 1992, auch als Dia erhältlich (siehe nebenstehende Abbildung): Das Schiff scheint herabzuschweben auf dieser Karte, die vom Blau geprägt ist: Die Menschen sehnen es herbei – wie die Kinder am Ufer, die meistens dem Geheimnis etwas näher sind als Erwachsene. Maria ist als Braut mit wehendem Schleier dargestellt in der Farbe der Taube, des Heiligen Geistes, von dem sie sich erfüllen ließ. Drei Flammen lodern im Segel des Schiffes auf, die Dreifaltigkeit. Hoffnungsvoll sehen die meisten vom Ufer aus dem Kind entgegen, in dem schon das Kreuz sichtbar ist; nur einer steht sich skeptisch informierend mit den Händen in den Hosentaschen da. Und am Rande sitzt eine Mutter mit einem toten oder verhungernden Kind auf den Knien, vor lauter Leid für nichts empfänglich: Ist sie die Vision der Schmerzensmutter, die einmal ihr totes Kind vom Kreuz auf den Schoß

gelegt bekommt? – Im Sand stehen vier Adventskerzen wie die Lichter der klugen Jungfrauen, die auf den Bräutigam warten. Bin ich die Gestalt, die da unten schläft? Ist es die Welt, die Kirche? Das besonders lebendige Blau des Gewandes dieser Gestalt läßt hoffen, daß die Sehnsucht sie noch rechtzeitig erwachen läßt.

Weitere Anregungen

1. Gedanken zu einer ehrlicheren Weihnacht im Zwiegespräch aus „Papa, Charly hat gesagt ...“: „KiBö“ 89-3, S. 18f.
2. Streit in der Familie darüber, wie Weihnachten richtig gefeiert werden soll (Spielszene): „77“, Nr. 15.
3. Interview „vor Ort“ (Geschäftsmann, Lehrerin, Hausfrau ...), was die Menschen von Weihnachten halten und wie sie sich vorbereitet haben. (Vgl. „Puk“ 1/85, S. 31f.)
4. GL 114 „Es kommt ein Schiff, geladen ...“ besprechen: Das Schiff brachte uns Jesus. Heute ist uns das „Schiff“ der Kirche angeboten, um hier mit dem Kapitän Jesus unterwegs zu sein zum ewigen Hafen in Gott.

1. Weihnachtstag

Geburt des Herrn

Am Heiligen Abend

Evangelium: Mt 1,1-25 (Kurzfassung möglich): Stammbaum Jesu und wie Ev. am 4. Advent in diesem Buch.

(*L 1:* Jes 62,1-5: Der Herr hat an dir seine Freude; *L 2:* Apg 13,16-17.22-25: Jesus, der Retter.)

In der Heiligen Nacht

Evangelium: Lk 2,1-14: Heute ist der Retter geboren.

(*L 1:* Jes 9,1-6: Ein Sohn ist uns geschenkt; *L 2:* Tit 2,11-14: Die Gnade Gottes ist erschienen.)

Am Morgen

Evangelium: Lk 2,15-20: Die Hirten finden das Kind.

(*L 1:* Jes 62,11-12: Die Rettung kommt; *L 2:* Tit 3,4-7: Gott hat uns gerettet.)

Am Tag

Evangelium: Joh 1,1-18 (Kurzfassung möglich): Das Licht leuchtet in der Finsternis.

(*L 1:* Jes 52,7-10: Alle sehen das Heil; *L 2:* Hebr 1,1-6: Gott hat zu uns gesprochen durch den Sohn.)

Vorüberlegung: Gott, der ganz Andere, kommt in Armut und in der Schwachheit eines Kindes. Wer das Wunder mit dem Herzen betrachtet, erkennt auch den Weg zur Rettung.

Hinweis: Siehe auch „Bausteine A“ und „C“, Weihnachten.

Symbolpredigten

1. Die Botschaft der *Christbaumkugel:*

   a) Sie hat nichts Eckiges, Eingebeultes, Spitzes, sondern die vollkommene Form, die auf Gott hinweist. – Wir dürfen mit all unseren Kanten und Ecken vor ihn hintreten (vgl. „Kurzg. 4“, Nr. 12).

   b) Die Kugel hat kein oben und unten, vorn oder hinten, kein links oder rechts, Anfang oder Ende. Es ist wie bei Gott: Ohne Anfang und Ende, ewig, unbegreiflich. Auf Abbildungen trägt daher Gottvater meist eine Weltkugel in der Hand oder sitzt auf ihr: Markenzeichen „göttlich“, was Könige und Kaiser im Reichsapfel nachzuahmen versuchten. Auf Mariendarstellungen hält das Kind Jesus manchmal einen Apfel (= Kugel) in der Hand, der aussagen soll: Dieses Kind ist *Gottes* Sohn. In Jesus wurde der ewige Gott greifbar. – Lasse ich mich auf dieses *göttliche* Kind ein, wenn ich an der Krippe stehe?

   c) Das uralte Symbol des Göttlichen haben Menschen – wenn auch aus technisch-praktischen Gründen – in Form von Kanonen- und Gewehrkugeln ins mörderische Gegenteil umfunktioniert. Kriegsspielzeug unter dem Weihnachtsbaum ist Gotteslästerung, denn Jesus kam als ein „Friedensfürst“.

   d) Weihnachten treten wir einmal ganz nahe an solch eine Weihnachtskugel heran, so daß wir uns im Spiegelbild sehen und uns sagen können: Aus dieser Kugel Gottes kommt alles Lebendige – auch mein Feind, auch der, der ganz anders ist, wird von Gott geliebt wie ich. Ich könnte schon jetzt versuchen, Frieden mit ihnen zu machen. (Geändert nach Lore Kufner in „FaJu“ Dez. 91, „Was uns die Christbaumkugel zu sagen hat“.)

2. Dein Herz als Krippe. Diese *leere Krippe* sorgte 1989 für Aufregung: Weil am 4. Advent zugleich Heiligabend war, hatte der Küster über den tausend Handgriffen das Wichtigste vergessen ... Aber die erste Krippe, die Franziskus drei Jahre vor seinem Tod im Wald von Greccio aufbaute, soll auch leer gewesen sein – wie es auch der gemauerte Krippentrog in einem Glasfenster der Kathedrale von Le Mans ist. Wahrscheinlich, damit wir uns nicht an einem möglichst niedlichen Kind erfreuen, sondern unser *eigenes* Herz zur „Krippe“ für dieses Kind werden lassen; denn „wird Christus tausendmal zu Betlehem geboren und nicht in dir, du bleibst doch ewiglich verloren!“ (Angelus Silesius). Wir sollen zum „Christophorus“ werden, der Jesus in jedem Menschen in Not erkennt und tragen will.

3. Wir brauchen mehr Esel. Der *Esel* von der Krippe. Ein Esel kann uns in seinem oft bewiesenen Starrsinn an den „alten Adam“ erinnern, den „alten Menschen“, der in uns steckt und keine Lasten tragen will. Aber dieser Esel hat Jesus dreimal getragen: Maria und in ihr das Kind nach Betlehem, beide auf der Flucht nach Ägypten, und den König der Welt nach Jerusalem zum Kreuz. Ein Christ, der seiner Kirche dient, braucht in jedem Amt sicherlich hin und wieder einen „Schlag auf den Allerwerte-

sten“, wenn sich z. B. im Pfarrgemeinderat oder sonstigen Gruppierungen kein Finger rühren will, die Lasten mitzutragen. Aber es sollte eigentlich kein größeres Amt geben, als Christus in die Welt zu tragen – unter die Menge, die auch heute genauso schnell nach dem „Hosianna“ „Kreuzige ihn!“ rufen kann. Jeder Christ und jede christliche Gemeinde ein Esel! Wer sich da drücken will: Schaut auf diesen Esel an der Krippe! (Stark gekürzt nach Peter Spangenberg/ Jörg Zink, Ein Netz von Wundern, Gemeindeträume, Patmos Verlag, Düsseldorf 1990, S. 128-130.)

4. Im Teilen finden. *Zwei Tische,* einer überquellend, voller Geschenke (darin die Krippe versteckt), einer leer. Die Geschenke betrachtend, aber auch den Unsinn der Geschenkeflut erwähnend, räumt Pr langsam die Geschenke auf den anderen Tisch: Zuletzt kommt dabei die Krippe zum Vorschein. Wer nicht teilt, wird an Weihnachten nicht auf Jesus stoßen.
5. Alternative zu 4.: Das größte Geschenk. Auf einem Tisch liegen offen *viele* begehrte *Geschenke,* dazwischen ein großes Brot. Einige Kinder dürfen unter allem wählen, was sie gerne besitzen würden: Elektrische Eisenbahn, Schlittschuhe ... Das Brot bleibt liegen. – Stellt euch vor: Eine große Not käme über uns, was könntest du dann gebrauchen? Erfahrungsgemäß legen die Kinder ihre Geschenke wieder hin und greifen nach dem Brot. Pr: Deshalb gab uns Jesus das größte Geschenk Gottes: das Brot als Zeichen seiner Nähe, damit wir in Zeiten der Not etwas zum Überleben haben. – Das Wort Betlehem kann mit „Brothausen“, Haus des Brotes, Bethlechem, übersetzt werden: „Wir haben kein Foto des Geburtstagskindes, aber er selbst wollte im Bild des Brotes sichtbar und greifbar bei uns bleiben.“ Über das Brot sagte er später: „Nehmt und eßt, das bin ich, lebensnot-wendig.“

Kurzgeschichten

A: Zum Symbol 1

1. Das Zerbrochene vor Jesus hintragen: Bd. 4, Nr. 12;
2. Drei Könige sprangen ein: Bd. 3, Nr. 15;
3. Vom Engel, der nicht mitsingen wollte: „Geschichten als Predigten“, S. 19-22;
4. Die drei Gaben: „Geschichten als Predigten“, S. 22-26.

B: Zum Symbol 3

1. Die beiden Weihnachtsesel: Bd. 4, Nr. 13;
2. Die Fabel von den großen und kleinen Tieren: Sich tief bücken: „122“, Nr. 9;
3. Wie Ochs und Esel an die Krippe kamen: Bd. 2, Nr. 12;
4. Jesus braucht auch Tölpel: Bd. 4, Nr. 14.

C: Zum Symbol 4

1. Der vierte König findet Jesus über das Teilen: Bd. 1, Nr. 12;

2. Die Sonne verschenkt Millionen Strahlen, ohne ärmer zu werden: Bd. 1, Nr. 15;
3. Die Apfelsine des Waisenknaben: Bd. 2, Nr. 10;
4. Negativgeschichte: Lieber Gott der Reichen ...: „Geschichten als Predigten“, S. 11-13.

D: Ein Zulu wollte dem Gottessohn in der Krippe etwas sehr Kostbares schenken. Aber das Kind lehnte den schönen handgeschnitzten Stock, mit dem er sich schon verteidigt und Schlangen totgeschlagen hatte, mit dem Hinweis ab: „Mein Reich ist ein Friedensreich, in dem nicht geschlagen wird.“ Auch seine bunte, warme Decke zum Wärmen in kalten Nächten nahm es nicht an: „Mein Weg in der Welt ist nur das Dienen, da hindert mich deine schöne Decke.“ Und auch als er sich in den Dienst des Kindes als Kämpfer stellen wollte, schüttelte das Kind den Kopf: „Ich bin nicht auf Kämpfer angewiesen.“ Da rief der alte Zulu entrüstet: „Etwas Besseres habe ich nicht mehr, was soll ich dir denn schenken?“ Jesus antwortete: „*Du* willst mir etwas schenken? *Ich* will dir etwas schenken. Ich bin in die Welt gekommen, damit du *mich* als Geschenk annimmst. Ich will dich mit Freude und Friede erfüllen, dann verschenkst du von selbst mit Freuden alles an die Menschen. Das kannst du aber erst, wenn du *mich* als Geschenk angenommen hast.“ (Verkürzt nach Israel Sosibo in „Stendebach 2“, S. 24f). Wir Menschen im Leistungsdenken haben auch deshalb Glaubensschwierigkeiten, weil wir zunächst gar nichts zu leisten brauchen, sondern Jesus als Geschenk annehmen dürfen.

Spiele
Flucht nach Ägypten als Schattenspiel: „77“, Nr. 18;
Es gibt unzählig viele! Siehe z. B. „Höntges“ Nr. 7-9; auch „Spiele 1“ und „77“.

Bilder
1. Erlöser des Menschen.
Serie von sieben Jesus-Bildern. Darin „Weihnachten“, Zillis, um 1150. Als Doppelkarte, Dia oder Poster preiswert beim Informationszentrum „Berufe der Kirche“, Schoferstr. 1, D-79098 Freiburg; oder als Karte, Zillis, 103/90 W bei Edition Münsterturm Freiburg, Postfach 1260, D-44502 Lünen. Ein dreifacher Blick entdeckt drei verschiedene Aussagen:
a) Jesus kam in die Welt, und die „unbelebte“ Schöpfung (= Sonne,

Pflanzen, Wasser) sowie die „unvernünftigen" Tiere (= Ochs, Esel) erkennen sofort ihren Herrn – auch ohne Botschaft des Engels.

b) Das Kind liegt in einem Sarg; in Tücher fest eingewickelt, wie früher bei Bestattungen üblich.

c) Das Kind leidet nicht: Als Auferstandener liegt es wie ein Fisch (die Leinentücher ähneln Fischschuppen) auf dem Tisch. Der Fisch ist das Geheimzeichen der Urchristen und heißt übersetzt: „Jesus Christus, Sohn Gottes, unser Retter!" – Drei Aussagen des Glaubensbekenntnisses: Menschwerdung, Tod und Auferstehung.

2. Kunstkarte Nr. SK 206: „Stumpf Isais" von Sieger Köder. Ein Lichtstrom von oben verwandelt die endlos lange Nacht in lichten Tag und bringt aus dem toten Baum wie offene Hände ein blühendes Reis, die Rose, hervor. Das „Signal für alle Völker" sagt: „Hab keine Angst, ich liebe dich mit unendlicher Liebe!" Die „Rose" ist Mensch geworden und verrät uns ihr Geheimnis: Weil Gott uns so sehr liebt, können jetzt auch wir lieben. Rottenburger Kunstverlag VER SACRUM, D-72108 Rottenburg am Neckar. Als Doppel-Andachtsbild unter Bestell-Nr. 854 D (mit Text). Abbildung in diesem Buch, Adventszyklen, 7.
3. Kunstkarte Nr. SK 208: „Der Stammbaum Jesu" von Sieger Köder. Zu bestellen wie Bild Nr. 2.
4. Siehe „Bausteine A" und „C", Weihnachten, Bilder.

2. Weihnachtstag

Steinigung des hl. Stephanus

Evangelium: Mt 10,17-22: Sie werden euch auspeitschen. / Habt keine Sorgen, was ihr reden sollt. / Kinder werden sich gegen die Eltern auflehnen. / Um meines Namens willen hassen sie euch. / Wer standhaft bleibt, wird gerettet.

(*L 1:* Apg 6,8-10; 7,54-60: Stephanus wird gesteinigt.)

Vorüberlegung: Das Glaubenszeugnis des Verfolgten kann die Verfolger anklagen, beschämen und beunruhigen (siehe Saulus-Paulus, Apg 7,58). Auch so kann das Blut der Märtyrer Same für neue Bekehrungen sein.

Hinweise: Siehe auch „Bausteine A" und „C" wie auch Karfreitag der „Bausteine A" bis „C". Grundsätzlich sind auch Themen von Weihnachten angebracht.

Symbolpredigten

1. Gottes Geist im Blut der Märtyrer. *Im Umriß einer Kirche ein großer, roter Blutstropfen.* An Pfingsten wurde der Kirche der Hl. Geist eingehaucht: Sie bekam Farbe. Auch im Rot eines Blutstropfens wirkt Gottes Geist:

Zunächst sind es teuflische Geister, die unsere Erde mit Blut tränken. Unfreiheit, Blindheit, Gleichgültigkeit, Bequemlichkeit, Haß und Machtstreben herrschen oft auch innerhalb der Kirche und lassen sie wegen dieser Ärgernisse ausbluten, d. h., viele treten aus ihr aus. Aber die Geschichte zeigt auch: Immer wieder wird das Blut der Märtyrer zum Samen für neue Christen und christliche Bewegungen. Der Hl. Geist wirkt, wenn wir ihm Platz verschaffen! (Nach Ulrike Fell; weitere Gedanken zum Rot des Hl. Geistes in „122“, Nr. 45: Eine Kirche mit Farbe!)

2. Durch Leid zum Heil. Eine *Perle* wächst in einer Muschel erst heran, wenn sie auf ein eingedrungenes Sandkorn in ihrem Fleisch reagiert und eine Perlmuttschicht um diese tödliche Bedrohung legt. Dann wächst langsam über mindestens zehn Jahre die Perle heran. So wird aus Unglück später Glück. Wir sehen es an Jesus als der kostbarsten Perle, der nach Leid und Kreuz seinen Glanz in der Auferstehung bekam. Der intensive, furchtbare Schmerz bei einem Märtyrer kürzt diesen Reifungsprozeß ab, aber die Wirkung der entstandenen „Perle“ zeigt sich auch hier: Menschen, die nicht fanatisch verblendet oder hoffnungslos gleichgültig sind, werden – wie Saulus – nachdenklich. Wir brauchen auch heute viele „Paulusse“!

Kurzgeschichten zu Symbol 1 und 2:
1. Begeisterung ist unbesiegbar: Bd. 4, Nr. 77;
2. Weizenkörner in der Erde: Bd. 4, Nr. 59;
3. Sein Leben hingeben: Bd. 4, Nr. 57;
4. Die ganze Last der Erde: Bd. 3, Nr. 53;
5. Reif werden im Leid: Bd. 3, Nr. 48;
6. P. Maximilian Kolbe: Bd. 1, Nr. 57;
7. Geschichte vom Bambus: Bd. 1, Nr. 49.

Bild

Wie dem Stephanus durchkreuzte Gott auch dem Pflegevater Josef das Leben. Darum ist es am 2. Weihnachtstag angebracht, Josef einmal in den Mittelpunkt zu stellen, der an der Krippe so leicht übersehen wird: Kunstkarte Nr. 5481 „Josef und die Menschwerdung Gottes“ von Beate Heinen, 1991, im Kunstverlag D-56653 Maria Laach, auch als Dia erhältlich.

Wir sehen Josef schlafend als Träumer mit offenen Sinnen. Ein riesiger Engel umlodert ihn wie weißes Feuer: Er zeigt auf den Stern über Betlehem und flüstert ihm ins Ohr, Maria zu sich zu nehmen (Mt 1,20). In dieser Feuerprobe sagt Josef nicht zu Maria „Laß es dir wegmachen!“ – Links oben sagt er „Ja“ zur schwangeren Maria, rechts oben beschützt er sie auf dem Weg nach Betlehem, gestützt auf den Stab (= Gott, der ihm Zuversicht gibt: Ps 23,4). Links unten die Sternstunde der Menschheit – gemalt im warmen Rot der Liebe und Geborgenheit: Maria reicht Josef ihr Kind –, wie heute viele Väter

die Erziehung ihrer Kinder mitübernehmen und zu Hause anpacken. Das Bild rechts unten zeigt kein „Happy-End“: Ohne Wenn und Aber flieht Josef im roten Mantel seiner königlichen Abstammung aus dem Geschlecht Davids. Josef läßt seine Pläne von Gott durchkreuzen, ja liegt mitten in einem erkennbaren Kreuz. Josef dürfen wir „gebenedeit unter den Männern“ nennen, weil er seinen Träumen traute, „Ja“ zum Leben sagte, es schützte und fürsorglich handelte sowie seine Familie führte. Herr, schenke uns viele solcher Männer!

Sonntag in der Weihnachtsoktav

Fest der Heiligen Familie

Evangelium: Lk 2,22-40 (oder Kurzfassung 2,22.39-40): Sie brachten das Kind, um es dem Herrn zu weihen. / Simeon nahm das Kind in seine Arme: Meine Augen haben das Licht gesehen. / Deine Seele, Maria, wird ein Schwert durchdringen. / Auch Hanna pries Gott. / Das Kind wuchs heran. / Gottes Gnade ruhte auf ihm.

(*L 1:* 1 Sir 3,2-6.12-14: Ehre den Vater und achte die Mutter *oder* Gen 15,1-6; 21,1-3: Dein leiblicher Sohn wird dein Erbe sein; *L 2:* Kol 3,12-21: Die Liebe ist das Band, das alles zusammenhält *oder* Hebr 11,8.11-12.17-19: Der Glaube Abrahams, Saras und Isaaks.)

Vorüberlegung: In der Weissagung des Simeon wird das Kreuz sichtbar, das jede Familie in irgendeiner Form zu tragen hat.

Hinweise: 1. Siehe auch Fest der Hl. Familie in „Bausteine A“ und „C“.
2. Es liegt nahe, auf die Probleme der Familien einzugehen.

Symbolpredigten

1. „Ein Licht, das alle Menschen erleuchtet.“ Verschiedene *Kerzen,* die jeweils an der Osterkerze, dem Licht für die Welt, entzündet werden. – Der greise Simeon bezeichnet das Kind auf seinen Armen als Licht für alle Völker. Auch uns begleitet es von der Geburt bis zum Tod: Hier die *Taufkerze.* Sie wurde uns bzw. den Paten überreicht mit den Worten: „Empfangt das

Licht Christi!“ Es soll nie in unseren Herzen erlöschen. – Die *Erstkommunionkerze* haben wir selbst zum Altar getragen. Der Herr kam zu uns, um uns neu zu entflammen. – Diese *Traukerze* brannte an dem Tag, an dem die Ehepartner sich die Treue versprachen. Wenn sich Enttäuschungen einstellen, kann ihr Licht uns an den erinnern, der mitgeht. (*Kerze zur Priesterweihe:* Zeichen der Bereitschaft, sich ganz für Gott und die Menschen zu verzehren.) Die *Sterbekerze* entzündet meist ein anderer. Ihr Licht soll hinüberleuchten ins Reich Gottes. Hoffentlich können wir dann mit dem greisen Simeon sprechen: „Nun läßt du mich, Herr, in Frieden scheiden. Denn meine Augen haben das Heil gesehen; ein Licht, das alle Menschen erleuchtet!“
(Zum „Licht“ siehe auch „Bausteine A“, 5. Sonntag i.J.)

2. „Ein Schwert wird deine Seele durchdringen.“ Dieses *Schwert* (oder ein Bildnis der sieben Schmerzen Mariens) erinnert an das siebenfache Leid Mariens und jeder Mutter und jeden Vaters, die „Ja“ sagen zu einem Kind: der Schmerz des langsamen Abnabelns bis zum Schnitt der Trennung; der Schmerz einer äußeren oder inneren Verwundung, der Eltern oft mehr trifft als die Kinder selbst; der Kampf „mit dem Schwert“ für das Kind, wenn ihm ungerechte Nachteile drohen; der furchtbare Schmerz über den Tod eines Kindes. Auf diesem Hintergrund werden nun die sieben Schmerzen Mariens (und Josefs) betrachtet: die Weissagung des alten Simeon (Lk 2,35), die Flucht nach Ägypten, die Suche in Jerusalem, die Begegnung am Kreuzweg, der Tod Jesu, der tote Jesus auf dem Schoß seiner Mutter, das Begräbnis Jesu (vgl. GL 783,6). (Ausführlicher in „122“, Nr. 110.)
3. „Da nahm Simeon das Kind in seine Arme.“ Was würde uns Gott heute schicken, um unsere Dunkelheiten fortzunehmen oder uns aufzurütteln: Neuen himmlischen Glanz, der die Hirten umwarf und zum Nachdenken brachte? Eine neue Sintflut mit einem furchtbaren Krieg? – Er würde uns damals wie heute ein Kind schicken! Solange wir – wie Jesus später – das Kind nicht in die Mitte stellen, befinden wir uns und die Gesellschaft auf dem falschen Weg ... (Abtreibung, mehr Parkplätze als Kinderspielplätze ...) An einer guten Zukunft für unsere Kinder sollten wir gemeinsam mit Muslimen, Buddhisten, Hindus und Juden arbeiten ... (weiter siehe „144“, Nr. 16).

Kurzgeschichten
A: Zum Symbol 2
Siehe „Bausteine A“, Fest der Hl. Familie, Kurzgeschichten B.
Oder: Weil sie eine Mutter ist: Sie brach das Brot in zwei Teile und reichte es den Kindern, die es begierig aßen. „Sie hat kein Stück für sich behalten“, brummelte der Sergeant. „Weil sie keinen Hunger hatte“, sagte der Soldat. „Nein, weil sie eine Mutter ist!“, sagte der Sergeant (Quelle unbekannt).

B: Verhältnis zu alten Menschen („Simeon", „Hanna" im Evangelium)

1. Der zittrige Großvater: Bd. 1, Nr. 32;
2. Das Weihnachtspaket der Tochter: Bd. 2, Nr. 8;
3. Danke für ein erfülltes Leben: Bd. 1, Nr. 34;
4. Die Erfahrung der Alten: Bd. 2, Nr. 26 (ab 4. Auflage);
5. Einsame alte Dame küßt abends den Fernseher: Bd. 4, Nr. 39;
6. Mütter von Töchtern – Töchter von Müttern: Bd. 3, Nr. 32;
7. Die Schlafwandler: Bd. 4, Nr. 40;
8. Brief aus dem Altersheim: „Geschichten als Predigten", S. 36-39;
9. Die Ausscheidung: „Geschichten als Predigten", S. 40-43.

C: Der „neue Mensch"

Ein Mensch bekommt von einem guten Geist eine goldene Nuß geschenkt, der er zunächst einen Ehrenplatz gibt, sie aber bald nicht mehr beachtet. Schließlich öffnet er aber doch die Nuß und entdeckt darin ein feines seidenes Gewebe, wunderschön bestickt mit Blumen und Tieren und Menschen: mit der ganzen Welt und der ganzen Menschheit. Es bedeckt seine ganze Gestalt und wandelt ihn zu einem neuen Menschen. Er ist eins mit sich und der Welt. – In Jesus erlebten Maria und Josef auch dieses kostbare Geschenk. Die Worte Simeons lassen sie ahnen, daß noch eine „harte Nuß" zu knacken ist ... Dann rückt Jesus als Heranwachsender in Nazareth lange aus unserem Blickfeld – bis im öffentlichen Leben und im Tod Jesu die Nuß geknackt wird und uns das Kostbare vor Augen steht, das immer wieder neu in unser Blickfeld treten soll: die neue Wirklichkeit in Jesus. (Ausführlicher: Katja Baur in „Stendebach 2", S. 33-36.)

Spiele

A: Verhältnis zu alten Menschen

1. Laß ihn nicht im Stich: „77", Nr. 27;
2. Abgeschoben: „77", Nr. 28;
3. Worauf es ankommt: „77", Nr. 57.

B: Jesus hat uns Licht gebracht

(in die Welt der Alten, Kranken, Behinderten, Hungernden ...): „KiBö" 89-4, S. 4.

C: Das Evangelium ist leicht spielbar.

Bilder

1. Äneas flieht aus dem brennenden Troja („Alterspyramide"): Siehe „Bausteine A", Fest der Heiligen Familie, Bild 1.
2. Walter Habdank, Simeon, 1973 (siehe Seite 37). Sehr schön das „alte" und „junge" Gesicht. Dazu siehe „PuK" 2/87, S. 224. Auch in „KiBö" 91-4, S. 3, mit einem sehr schönen Text von K. Knoke.

3. Auf der Flucht, Kunstkarte Nr. 5298, auch als Dia, von Beate Heinen 1979, Kunstverlag D-56653 Maria Laach.

Weitere Anregung
Den greisen Simeon interviewen. Gut gelungen in „PuK“ 2/90, S. 149ff.

1. Januar

Oktav von Weihnachten – Hochfest der Gottesmutter Maria – Neujahr – Welttag des Friedens

Evangelium: Lk 2,16-21: Die Hirten fanden Maria, Josef und das Kind. / Die Beschneidung.
(*L 1:* Num 6,22-27: Der Aaronitische Segen; *L 2:* Gal 4,4-7: Wir sind freigekauft.)

Vorüberlegung: Wir gehen unseren Weg ins neue Jahr mit Jesus Christus, der kam, um uns freizumachen von den Mächten des Schicksals und der Geschichte. Wir schauen auf ihn, und er schaut uns an: das Kind mit dem Herzen Gottes, das uns seinen neuen Geist geben will.

Hinweise: Siehe auch „Bausteine A“ und „C“, 1. Januar. Auch das Thema Weihnachten in „Bausteine A“ bis „C“ bietet sich an.

Symbolpredigten

1. Der feste Halt an jedem Tag. *Ein Bildkalender und ein Nagel.* (Pr blättert den Kalender auf:) Was bringt uns das neue Jahr? Schönes ... und Bitteres! Der wichtigste Tag ist der ... heutige, die wichtigste Person ist die, die uns begegnet ..., die jeweils gegenwärtige; und das wichtigste Vorhaben ist ... die Liebe. An diesem Nagel will ich den Kalender aufhängen: ein fester Halt, symbolisch für Gott, an dem unser Leben auch im Jahr 19.. hängt, wenn auch die Ereignisse sich immer verändern. Der Nagel, dieser Halt in Gott, wird oft übersehen, wenn wir weiterblättern oder die Bilder betrachten, Danke, daß wir uns auf dich verlassen können, alle Tage in 19..! (Frei nach Udo Casel, Kürten-Dürscheid.)
2. Friedenssonntag: Zäune überwinden. Mit solch einer großen *Drahtschere* wurden nach dem 9.11.89 alle Grenzzäune durchschnitten, die Ungarn von Österreich und die Bundesrepublik Deutschland von der DDR trennten. Schwieriger sind die unsichtbaren Hindernisse, die wir Jahr für Jahr vor uns hertragen: die Zäune des Wohlstandes, hinter denen unsere Seelen verhungern; die Zäune des Neides, die uns unzufrieden zurücklassen; die Zäune der Vorurteile – weltweit und hier „vor Ort“, die Zäune zwischen den Konfessionen ... Jesus überwand selbst die Zäune der Tradition, wenn sie nur schwere Lasten auf die Schultern der Menschen bürdeten ... Nehmen wir die Drahtschere mit durchs Jahr, um hier und da zu zerschneiden, was uns eng und hinterhältig macht. (Familienmeßkreis St. Pankratius, Bergheim. Ausführlicher in „122“, Nr. 85.)
3. Neue Menschen gesucht! Dieser *Globus* ist ganz neu. Ich habe geträumt, ein mächtiger König hat die alte Erde, die so ausgebeutet und von Kriegen heimgesucht wurde, an einer anderen Stelle langsam wieder aufbauen lassen. Zugegeben, eine verrückte Idee, die alte Erde in eine neue naturgetreu in Etappen zu übertragen. Doch schließlich war sie fertig, als das letzte Steinchen von der alten Erde herüber transportiert war. Natürlich mußten auch die Menschen nach und nach umziehen. Aber am Ende war der König enttäuscht: Alles blieb beim alten, weil ... die Menschen sich nicht geändert hatten. (Vgl. Michael Ende, Momo, Thienemanns Verlag, Stuttgart 1973, S. 47f.)
   Neue Menschen sind gesucht, die zuhören können, die ihre falschen Brillen ablegen, ein Herz haben, mit ihrer Freiheit richtig umgehen und in allem Gott vertrauen. Dann erst kann unsere alte Welt gerettet werden.
4. Mutter Maria. *Schutzmantel.* Dazu siehe unter „Bilder“: 2.
5. Frieden schaffen. *Knoten in einem Sprungseilchen.* Das Springen im Wechselspiel des neuen Jahres fällt uns leichter, wenn ... Siehe „Bausteine A“, 6. Sonntag i.J., Symbol 1.

Kurzgeschichten

A: Zu Neujahr (Symbol 1)

1. Unsere Hand in die Hand Gottes legen: Bd. 2, Nr. 16;
2. Ich bin nicht allein: Bd. 4, Nr. 111;
3. Nicht vor seinem Schatten (= Schuld) weglaufen: Bd. 1, Nr. 44.

B: Zum Friedenssonntag (Symbol 2)

1. Wie entstehen Kriege?: Bd. 1, Nr. 166;
2. Frieden ist schwierig: Bd. 4, Nr. 142;
3. Gewaltlosigkeit (Gandhi): Bd. 1, Nr. 158;
4. Richtige Gewaltlosigkeit: Bd. 4, Nr. 139;
5. Antigeschichte: Der Sohn erschießt den Vater: Bd. 4, Nr. 140;
6. Krieg spielen: „Geschichten als Predigten", S. 100-106 (eindrucksvoll).

C: Zum Friedenssonntag (Symbol 3)

1. Der zähnefletschende Hund: Bd. 1, Nr. 170;
2. Die Eidechse (*Ich* muß mich ändern): Bd. 2, Nr. 131;
3. Beim Umzug kommt es auf *mich* an: Bd. 2, Nr. 178.

Spiele zum Frieden

1. Turmbau von Babel: „Spiele 2", S. 76;
2. Vom Krieg und Frieden: „Spiele 2", S. 77f;
3. Keiner lebt für sich allein: „Spiele 2", S. 80-82.

Bilder

1. Zum Symbol 2 (Drahtschere): Weihnachten hinter Stacheldraht, Kunstkarte Nr. 5280, auch als Dia, Zeichnung von Beate Heinen 1977, Kunstverlag D-56653 Maria Laach. (Dazu eine Bußfeier in „3 x 7", Nr. 6.)
2. Mutter Maria. Eine Schutzmantelmadonna als Andachtsbildchen Nr. 1589 aus dem Kunstverlag D-88631 Beuron oder als Kunstkarte Nr. 5924 (15. Jh., Pfarrkirche „Maria im Schnee" Aach/Allgäu; siehe Abbildung) oder Nr. 5936 im Kunstverlag D-56653 Maria Laach: Unter einen solchen Schutzmantel nahm früher eine Mutter die vorehelich geborenen Kinder, die „Mantelkinder", und machte sie da-

durch zu ehelichen. Wurde ein Kind adoptiert, dann legte der Vater seinen Mantel um dieses Kind. Verfolgte fanden unter dem Mantel von Herrschern Schutz und Gnade. Wir dürfen uns als Kinder Evas in manchen Stürmen der Welt unter den Mantel Mariens flüchten, um hier Geborgenheit und Schutz zu finden. Die „Mutter der Barmherzigkeit" will auch im neuen Jahr bei ihrem Sohn um Verzeihung unserer Schuld bitten.

3. Christ, der Retter, ist da. Kunstkarte Nr. 5463 von Beate Heinen 1989, D-56653 Kunstverlag Maria Laach (auch als Dia), zeigt den „letzten König der Erde", der kein Gold mehr bringt (= zu sehr mit Blut befleckt), auch keinen Weihrauch (= zu oft falschen Göttern geopfert) oder Myrrhe (= das Leid der Welt ist größer, als daß es Myrrhe lindern könnte), sondern den zerrissenen, blutenden Erdenball: Die Weltkugel droht zu zerfallen, aber das Kind und seine Mutter legen ihre Hände heilend und haltend um sie. Wir dürfen dabei helfen.

2. Sonntag nach Weihnachten

Das Licht leuchtet in der Finsternis

Evangelium: Joh 1,1-18 (Kurzfassung möglich; wie „Weihnachten am Tag"): Im Anfang war das Wort. / Das Licht leuchtete in der Finsternis. / Die Seinigen nahmen ihn nicht auf.

(*L 1:* Sir 24,1-2.8-12 [und länger]: Die Weisheit Gottes faßte Wurzel; *L 2:* Eph 1,3-6.15-18: Die Sohnschaft hat Gott für uns vorausbestimmt.)

Vorüberlegung: Gott hat im „Wort" Jesus Christus eine Brücke geschlagen: Er läßt sich ein auf die Menschen.

Hinweise: Siehe auch „Bausteine A" bis „C", Weihnachten „Am Tag", und „Bausteine A" und „C", 2. Sonntag nach Weihnachten sowie „Bausteine A", 5. Sonntag i.J.

Symbolpredigten

1. Gute Worte sind wie Sterne über unserem Weg. Die Kinder bekommen ausgeschnittene *Sterne,* auf die sie „gute Worte" schreiben, die uns weiterhelfen und unseren Weg hell machen. Diese Sterne werden an den Altar geheftet oder in die Christbäume gehängt. – Ein „Wort" kann entscheidend sein! Wie schlimm, wenn das letzte Wort zwischen Eheleuten ein böses, ein „schwarzes Wort" war, das nach einem plötzlichen Tod als Belastung bleibt (vgl. „PuK" 1/87, S. 77). *Ein* Wort kann entscheidend sein und den „Berg" öffnen (vgl. „Simeliberg", Märchen der Brüder Grimm in „PuK" 1/92, S. 80f). Das Jawort der Eheleute zueinander gilt ein Leben lang. In Jesus gab Gott uns sein Wort: Er ist Gottes Ja zu uns. – Jetzt wird ein großer Stern mit der Aufschrift „Das Wort ist Fleisch geworden"

(= der Stern in der Geburtskirche von Betlehem: als Dia beim Autor erhältlich) zwischen all die Sterne gehängt.

2. Vergangen, aber nicht hoffnungslos. Ein *abgenadelter Christbaum,* wie er augenblicklich überall herumsteht, in dem etwas Lametta hängt und eine ausgelöschte Kerze ist. Irgendwann nadeln wir alle ab und werden einmal in die Ecke gestellt: Unrentabel, Wegwerfmenschen, der „Mohr hat seine Schuldigkeit getan" ... Aber wir dürfen weitersehen, viel weiter: Dieses Lametta erinnert uns an den, der sein Licht in die Finsternis leuchten ließ, dessen Wort Fleisch geworden ist, um uns Bruder und Schwester zu werden. Er läßt uns nicht im Stich: Wenn er wiederkommt mit Macht und in Herrlichkeit (= Lametta), wird er das in die Ecke Gestellte in die Arme nehmen, das Geknickte aufrichten (Jes 42,1-4) und das Glimmende wieder zu neuem Leben entfachen (hier zündet Pr die Kerze am Baum an).
3. Siehe auch 3. Advent in diesem Buch: Selbst eine Spiegel*scherbe* kann noch Zeugnis geben für das Licht – wie Johannes d. T. (Joh 1,7 = weite Fassung des Evangeliums; Symbol 1), ebenso ein kleines *Teelicht* (Symbol 2) oder der *heruntergebrannte Docht einer Kerze* (Symbol 3).

Kurzgeschichten
zum Symbol 1 (= Worte verändern)
1. Die kleinen Worte: Bd. 2, Nr. 109;
2. Das kleine Lob: Bd. 2, Nr. 189;
3. „Bitte": Bd. 3, Nr. 26;
4. Die kürzeste Geschichte der Welt: Bd. 4, Nr. 33;
5. Das Süßeste und Bitterste: Bd. 1, Nr. 150.

Spiele
zum Symbol 1 (= Stern)
1. Ein Stern ist aufgegangen: „77", Nr. 11;
2. Gottes „Wort" ist ein Mensch: „Schnegg 2", Nr. 12.

Erscheinung des Herrn
Die Verehrung durch die Sterndeuter

Evangelium: Mt 2,1-12: Die Sterndeuter haben den Stern aufgehen sehen. / Sie fielen nieder. / Sie brachten Gold, Weihrauch und Myrrhe dar.
(*L 1:* Jes 60,1-6: Die Herrlichkeit des Herrn geht leuchtend auf über dir; *L 2:* Eph 3,2-3a.5-6: Auch die Heiden sind Miterben Christi.)

Vorüberlegung: Die Tragik der Auserwählten: Die gelehrten Theologen in Jerusalem wissen den Ort, aber keiner geht nach Betlehem. Die sich aber suchend auf den Weg machen, finden den Herrn: Die Sterndeuter als Vertreter der Erdteile und Rassen.

Hinweis: Siehe auch „Bausteine A" und „C", Erscheinung des Herrn.

Symbolpredigten

1. Die Geschenke der Weisen: *Gold, Weihrauch und Myrrhe.* Das Gold weist auf den *König;* mit Weihrauch wird Gott geehrt, er weist also auf Jesus als *Gott* hin; mit Myrrhe wurde bei den Juden ein Leichnam einbalsamiert als letzte Liebestat am Verstorbenen, um der Seele die Ruhe zu schenken; Myrrhe weist also auf Jesus, den sterblichen *Mensch*en. – Dem wird eine Geschichte von Werner Reiser gegenübergestellt, der in seiner Erzählung drei Könige „von unten" auftreten läßt: Die erste Gestalt mit hohlen Augen legt einige ihrer Lumpen hin („Denk an mich, wenn sie dir deine Kleider nehmen!"), die zweite mit von Ketten wundgescheuerten Händen und Füßen legt eine ihrer Ketten hin („Sie werden dir passen, wenn du gefesselt wirst"), die dritte mit suchenden Augen überläßt ihm ihre Zweifel und Gottverlassenheit („Teile sie mit mir, schrei sie heraus, wenn du soweit sein wirst!"). Sie spürten, das Kind würde ihre Not, Plage und Gottverlassenheit mittragen, und gingen mit zuversichtlichem Blick und festem Schritt fort. („Die drei Gaben": Siehe „Geschichten als Predigten", S. 22-26.)
2. Werde Mensch! Krippenfiguren sind gut sichtbar aufgestellt: der *stehende Josef,* die *sitzende Maria,* der *kniende Hirt,* der *gehend-suchende König.*
   – Wie Josef stehen: Zum Partner, zum Kind ..., auch in Vertrauenskrisen; standhaft sein im Gottvertrauen, wenn auch die Zweifel nagen.
   – Wie Maria sitzen: Muß ich immer aktiv sein? Höre, horche ich auf Sein Wort? Habe ich Ohr und Zeit für Kinder und Ehegatten? Habe ich den Platz gefunden, den Gott mir gab, oder neide ich ihn anderen?
   – Wie der Hirt knien: Weil der Mensch dann erst seine höchste Würde hat; weil in der Anbetung Raum zum Staunen und für Dank in meinem Leben entstehen kann, weil ich nicht alles selbst machen kann, weil wir im Verzeihen und in der Bescheidenheit erst richtig „groß" werden können.
   – Suchend sich auf den Weg machen wie der König: Beharre ich zu sehr auf meinem Standpunkt? Bin ich bereit, neue Wege einzuschlagen, wenn mir ein neuer „Stern" gezeigt wird? Welche Schritte waren in letzter Zeit für mich Fort-Schritte? Ist Gott Ziel meines Lebensweges oder Ansehen, Genuß, Macht? Gehe ich treu zur Versammlung der „Weggenossen" in die Kirche? Suche ich Jesus in den „Krippen" unserer Zeit: in den Hilflosen, Einsamen, Abgelehnten? Kann ich rücksichtsvoll beiseite treten? (Nach Gerhard Dane, Köln.)

Spiele

1. Die drei (z. T. noch unbekehrten) Könige und ihre Knechte auf dem Heimweg: „KiBö" 91-3, S. 29f.
2. Gereimtes, nettes Sprechspiel von Josef Guggenmos „Hirten und Weise suchen das Kind": „KiBö" 68, S. 5f.
3. Dreikönigs-Sprechspiel „Was die Sterne alles sagen": „KiBö" 88-3, S. 23f.

4. Gespräch der drei Könige: „77“, Nr. 23.
Hinweis: Jährlich bringt „FaJu“ zwei komplette Sternsinger-Gottesdienste in der November- und Dezember-Mappe; darin sind auch Spiele enthalten.

Bild

Traum der Könige, Kapitell in der Kathedrale von Autun, 12. Jh., als Kunstkarte Nr. 1023 im Kunstverlag D-56653 Maria Laach.

Betrachtung: Da liegen also die drei Könige und schlafen. Wir können ruhig *unsere* Namen für Kaspar, Melchior und Balthasar einsetzen, denn wie viele Chancen haben wir schon verschlafen! Wir kommen uns so wichtig vor, daß wir nicht einmal im Schlaf unsere Kronen, d. h. unsere Statussymbole (Titel, Besitz, Reisen, Männlichkeit ...) ablegen. Die drei liegen in *einem* Bett, unter *einer* Decke, sind aber doch sehr verschieden im Aussehen und mit ihren Kronen – ähnlich wie wir. Es wäre ein Traum, diese Gemeinde in all ihrer Verschiedenheit und bei all ihren Ansprüchen unter *eine* Decke zu bringen! Der obere König hat sich nicht ganz eingekuschelt, er gibt sich eine Blöße: Das ist die Rettung, denn da kann ihn der Engel zärtlich berühren. Sind wir noch bereit, uns eine Blöße zu geben, oder ist unser selbstgezimmerter Himmel, unsere Fassade, perfekt? Wer verwundbar ist, hat eine „Antenne“ für das Außerordentliche! Jetzt *kann* ich mich aufrichten für den weisenden Finger des Engels, die anderen wach machen und dem Stern durch dick und dünn folgen; ich *kann* mich auch umdrehen und weiterschlafen. Erscheinung des Herrn heißt: Uns eine Blöße geben, uns anrühren lassen, aufstehen und dem Stern folgen, damit wir aufatmend vor Jesus hintreten können. (Stark gekürzt nach Hermann Josef Coenen.)

Weitere Anregungen

1. Interview der Könige: „KiBö“ 90-3, S. 27-29 (kürzbar).
2. Ein Stern wird mit Goldpapier überzogen und so gehalten, daß der auf die Krippe gerichtete Strahler das Licht spiegelt und in die sonst dunkle Kirche (= Welt) wirft (Gerhard Dane, Köln).
3. Die Sternsinger stehen als Vertreter der drei Könige und versinnbildlichen alle Erdteile und Rassen. Sie sammeln auch ihre Gaben für alle Erdteile und Rassen, so daß sie das verwirklichen, was wir oft singen: „Lobet und preiset, ihr Völker, den Herrrn“ (GL 282).

Sonntag nach dem 6. Januar / 1. Sonntag im Jahreskreis

Taufe des Herrn

Evangelium: Mk 1,7-11: Johannes d. T. weist auf den Stärkeren hin. / Er wird mit Hl. Geist taufen. / Der Geist kam wie eine Taube auf ihn herab. / Du bist mein geliebter Sohn.

(*L 1:* Jes 42,5a.1-4.6-7: Der Knecht Gottes wird das geknickte Rohr nicht brechen; *oder:* Jes 55,1-11: Kommt zum Wasser, damit ihr lebt. *L 2:* Apg 10,34-38: Der Gesalbte Gottes heilte überall im Land; *oder:* 1 Joh 5,1-9: Der Geist, das Wasser und das Blut geben Zeugnis für Jesus Christus.)

Vorüberlegung: Jesus stellte sich in die Reihe der Sünder, als er sich von Johannes taufen ließ; er nahm die Sünde der Welt auf sich.

Hinweise: 1. Siehe auch „Bausteine A“ und „C“, Taufe des Herrn. 2. Es kann auch noch auf Weihnachten eingegangen werden.

Symbolpredigten

1. Jesus bückt sich in der Taufe vor dem, der sich nicht wert fühlt, sich vor ihm zu bücken, um ihm die Schuhe aufzuschnüren. *Ein Krippenstall mit niedrigem Eingang* (noch Bezug auf Weihnachten!): Weiter siehe in diesem Buch, 3. Advent, Symbol 5.
2. „Du bist mein geliebter Sohn!“ Für ein *leeres Blatt* ist das *Bild* von Dorothea Steigerwald, *Bleib sein Kind,* Postkarte K 81, Brendow-Verlag, D-47402 Moers, vorbereitet. (Das Bild zeigt eine große Hand, in die sich ein Kind vertrauensvoll schmiegt. Abbildung über eine Seite in meinem Buch „111 Bausteine für Gottesdienste mit 3-7jährigen und religiöse Feiern im Kindergarten“, S. 131, und klein, s. „Geschichten zur Taufe“, S. 109.)
   Seit der Geburt sind wir wie ein kostbares Blatt, das noch unbeschrieben ist. Seit der Taufe dürfen wir diese große Hand darauf kleben: Sie erinnert uns an Gott, der bei der Taufe Jesu rief: „Du bist mein geliebter Sohn!“ Seit unserer Taufe auf seinen Namen spricht er auch zu uns: „Du bist

mein lieber Sohn, du bist meine liebe Tochter! Du gefällst mir, so wie du bist. Ich gebe dir meinen Sohn Jesus zur Seite, damit du mit ihm den Weg zu mir findest. Und wenn du in deiner Freiheit eigene Wege gehst, wisse: Du kannst immer wieder in meine große Hand zurückkehren!“ (Nach einer Idee des Vorbereitungsteams mit Martin Auffarth, Heidelberg.)

3. Er wird mit Heiligem Geist taufen. Ein altes *Taufbuch* aus dem Archiv wird gezeigt, einige Namen werden daraus vorgelesen, dann über die Taufe im frühen Christentum berichtet: In der Osternacht legten alle ihre Kleider ab und stiegen ins strömende Wasser hinab (= „denn die Teilnahme an den Leiden des Herrn verlangt Demut“). Wenn nach den drei Fragen: „Glaubst du an den Vater? Glaubst du an den Sohn? Glaubst du an den Heiligen Geist?“ die Antwort kam „Ich glaube“, wurde der Täufling dreimal untergetaucht. So starb der alte Mensch der Sünde; aus diesen todbringenden Wassern (= Erbsünde) riß uns Gott in Jesus Christus heraus, damit an seiner Seite der neue Mensch auftauchen konnte (Röm 6,3-8; vgl. mein Buch „Taufgeschichten“, S. 33f). – Es kann auch noch auf die weitere Symbolik der heutigen Taufe eingegangen werden, die den „Hl. Geist“ berührt, z. B. die Chrisamsalbung.
4. Skizzierte Taufansprachen mit Symbolen in meinem Topos-Band „Geschichten zur Taufe“, S. 117 (mit zwei Webrahmen), S. 118f (mit einer Single-Schallplatte und dem Plattenstift), S. 119f (Taufkleid – Das Hemd des Glücklichen), S. 120f (Fußabdrücke), S. 20 (Auferstehungsblume).

Kurzgeschichten

1. Gott spricht: „Du bist mein geliebtes Kind.“ Erzählpredigt zur Wichtigkeit des Wassers: „PuK“ 1/82, S. 80f;
2. Sich bücken! Die Legende vom Hufeisen: „KiBö“ 91-1, S. 29;
3. Sich bücken = Sich die Liebe am Nächsten nicht nehmen lassen: Bd. 2, Nr. 104.

Bilder

vom Jordan und der Taufe Jesu (= Kunst-Dias) zeigen.

Weitere Anregungen

1. Heute sollte im Gottesdienst ein Kind getauft werden.
2. Nach der Predigt kommen die Kinder nach vorne, um ihre Hand in mit Wasser gefüllte Schalen (eventuell Jordanwasser beimischen!) einzutauchen und – in Erinnerung an die Taufe – ein Kreuzzeichen zu machen. (Gerhard Dane, Köln.)

Hinweis

Jesus war dreißig Jahre alt, als er getauft wurde. Durch die Liebeserklärung Gottes am Jordan fühlen wir uns aber ermutigt, unter bestimmten Voraussetzungen schon Babys zu taufen – theologisch gesehen eine Ausnahme!

FASTEN- UND OSTERZEIT

Bilderzyklen zur Fastenzeit

(V. und VI. Grundmotiv auch in den Lesejahren A und C möglich)

Vorbemerkung: Die Adventszeit erhält ihre Spannung auch durch die Adventskalender, die langsam dem Fest entgegenfiebern lassen. Solche „Adventskalender“ sind ebenfalls in der Kirche möglich: Jeden Sonntag – möglichst entsprechend dem Sonntagsevangelium – wird ein „Fensterchen“ geöffnet bzw. ein neues Bild auf das übergroße Grundmotiv gesteckt. Diese Bilderfolge hat den Vorteil, daß die einzelnen Motive leicht wiederholt werden können und sich durch mehrmaliges Sehen tiefer einprägen. Sie können auch im Schulgottesdienst aufgegriffen werden.
Leider wird diese Form in der Fastenzeit selten praktiziert; das mag auch mit dazu beitragen, daß Ostern in der Gemeinde nicht den Stellenwert von Advent und Weihnachten hat. MISEREOR hat dieser Lücke mit den alle zwei Jahre neu erscheinenden „Hungertüchern“ entgegengewirkt. Sie können einen solchen Bilderzyklus auch in Form eines Hungertuches anfertigen.

Hinweis: Siehe auch „Bausteine A“ und „C“, Bilderzyklen zur Fastenzeit.

I. Grundmotiv: Weg

(vgl. „Bausteine A“, Fastenzyklus Nr. IV)
Der Weg schlängelt sich einen Berg hoch. Auf dem Gipfel drei Kreuze. Daneben das Felsengrab.

1. *Erster Fastensonntag:* Versuchung Jesu. An einem Abgrund des Weges *ein Stück Leitplanke* = Hilfen, nicht vom Weg abzukommen.
2. *Zweiter Fastensonntag:* Verklärung Jesu. Ein *Stern* über dem Berg: Wir brauchen manchmal „Sternstunden“, um wieder mit neuer Zuversicht weiterzugehen.
3. *Dritter Fastensonntag:* Tempelreinigung. *Verkehrsschild:* „Scharfe Richtungsänderung“ = Nicht überall ist Toleranz das Erstrebenswerte. Es gibt auch Haltungen, von denen radikal abzuweichen ist.
4. *Vierter Fastensonntag:* Jesus kam, die Welt zu retten. Ein *Schleppseil,* mit dem ein von der Straße abgekommener Wagen wieder auf die Fahrbahn gezogen wird.
5. *Fünfter Fastensonntag:* Das Weizenkorn muß sterben. *Aus einem Totenkopf wächst eine Pflanze:* Der Tod hat seit Jesus nicht das letzte Wort.
6. *Palmsonntag:* Ein mit Blumen und Palmzweigen geschmückter Triumphbogen über der Straße. Der festliche Einzug trügt.
7. *Karfreitag:* Sind die *drei Kreuze* Endstation?

8. *Ostern:* Das Felsengrab ist von *Frühlingsblumen* „umstrahlt" und der ganze Berg mit gebastelten Blumen geschmückt.

II. Grundmotiv: Eine Leiter

(vgl. „Bausteine A", Fastenzyklus Nr. II) Von Stufe zu Stufe werden Symbole geheftet, die den Grundgedanken des einzelnen Sonntags ausdrücken.

1. *Erster Fastensonntag:* Versuchung Jesu. *Verkehrsschild:* „Achtung, Sackgasse!" oder „Umleitung!". Mit Jesus auf klarem Kurs.
2. *Zweiter Fastensonntag:* Verklärung Jesu. *Christus-Ikone.* Auf dem Weg zu dir.
3. *Dritter Fastensonntag:* Tempelreinigung. *Geißel aus Stricken:* Mit dir kämpfen.
4. *Vierter Fastensonntag:* „So sehr hat Gott die Welt geliebt ..." *Ein goldener Ring, in den ein Stacheldrahtring gefügt ist.* Mit dir das Elend weglieben.
5. *Fünfter Fastensonntag:* „Wenn das Weizenkorn nicht ..." *Schale mit keimender Saat.* Mit dir ohne Angst sterben.
6. *Palmsonntag:* Palmzweige(-stöcke) mit bunten Bändern. Wir feiern unseren König.
7. *Ostern:* Eine riesige *Sonne* umfaßt den obersten Teil der Leiter. (Nach Gerhard Dane, Köln.)

III. Grundmotiv: Eine große Bildwand, die an Ostern mit acht Bildern ausgefüllt ist.

1. *Erster Fastensonntag:* Versuchung Jesu. Gezeigt werden unsere Versuchungen: ein Bett, ein schlechtes Video, eine Flasche mit Alkohol ... Damit dieses Bild positiv wird, überkleben wir es mit einem grünen Anker (= wir hoffen, den Versuchungen zu widerstehen), aber so, daß die Versuchungen noch zu sehen sind.
2. *Zweiter Fastensonntag:* Die Verklärung: Jesus auf einem Berg mitten in einer Sonne. Vor ihm drei Personen im Tauf-, Kommunion- und Brautkleid: Wir haben schon Anteil an der herrlichen Welt Gottes („Ihre Kleider wurden strahlend weiß").
3. *Dritter Fastensonntag:* Die Vertreibung der Händler. Eine offene Geldkassette fällt vom Tisch. Rundherum ist gruppiert, was wir aus unserem Leben vertreiben wollen: die Götzen Geld und Sex, die Heuchelei und den Neid ... Eine grüne Pflanze rankt sich am Tisch hoch = Hoffnungszeichen, daß sich etwas ändert.
4. *Vierter Fastensonntag:* Wer glaubt, wird gerettet. Eine helfende Hand greift ins Bild. Um diese Hand: Elend, Traurigkeit, Gefangensein, Verlorenheit ...
5. *Fünfter Fastensonntag:* Vom Weizenkorn, das stirbt. Bild: Weizenkörner sprießen neu zur Ähre. Gesucht sind Menschen, die im Dienen und Kleinerwerden Neues in der Welt wachsen lassen.

6. *Palmsonntag:* Das Bild zeigt einen Palmwedel und einen Esel. Trau nicht dem Jubel der Massen, und: Wir brauchen mehr Esel, die tragen, helfen! (Zum letzteren siehe in diesem Buch „1. Weihnachtstag", Symbol 3.)
7. *Karfreitag:* Bild: Kreuz mit Hammer, drei Nägel und die Dornenkrone. Wo werden Menschen heute gequält?
8. *Ostern:* Der Auferstandene in einer verklärenden Sonne. Dieses Bild ist von den anderen Bildern umgeben, fast erdrückt. Aber mitten darin ersteht Jesus zum Leben auf und möchte, daß auch wir neu leben.

(Nach Rudolf Schmidt, Neuwied.)

IV. Grundmotiv: Labyrinth (von Chartres)

Dieses Grundmotiv, in „Bausteine A", I. Fastenzyklus, ausführlicher beschrieben, läßt sich auch auf die Fastensonntage des Lesejahres B übertragen:

1. *Erster Fastensonntag:* Versuchung Jesu. Ein *Wegweiser* oder *Pfeil* zeigt den Eingang des Labyrinths an. Heute ist die Sinnlosigkeit eine Versuchung; sie läßt gar nicht erst den „Weg zur Mitte" suchen. Oder die Versuchung durch zuviel Konsum, der die Sehnsucht nach Gott in uns erstickt. Oder die Resignation, die uns müde und leer werden läßt ...
2. *Zweiter Fastensonntag:* Verklärung Jesu. *Ein Kaleidoskop* zeigt uns nach bestimmten physikalischen Gesetzen der Reflexion immer neue Formen und Farben, obwohl innen nur Bruchstücke von bunten Kristallsteinen und Metallstückchen liegen (= das „Durcheinander" des Lebens): Gott kann auch auf krummen Zeilen gerade schreiben. Sonntags dürfen wir uns an diesen „Weitblick" erinnern. (Siehe in diesem Buch, 2. Fastensonntag, Symbol 1.)
3. *Dritter Fastensonntag:* Tempelreinigung. Eine *Geißel aus Stricken* zeigt an, was heute aus dem Tempel Gottes und aus unserem Herzen zu vertreiben ist, damit Gott wieder mehr Platz hat. (Vgl. in diesem Buch, 3. Fastensonntag, Symbol 2.)
4. *Vierter Fastensonntag:* Jesus kam, die Welt zu retten. Die eherne *Schlange* an einer Signalstange bzw. *am Äskulapstab* (vgl. in diesem Buch, 4. Fastensonntag, Symbol 1): Wer zum Kreuz aufblickt, bleibt am Leben (Joh 3,14f).
5. *Fünfter Fastensonntag:* Das Weizenkorn muß sterben. Ein *Brot* und eine *Hostie* – aus vielen Körnern entstanden: Beides gibt uns Nahrung für den Weg und stiftet Gemeinschaft untereinander.
6. *Palmsonntag:* Ein *„Kerbholz"*, in das unsere Schuld eingekerbt ist, die Jesus nach Golgota schleppt.
7. *Karfreitag:* Tod Jesu. Ein *Schwamm* für die Dürstenden – voll Essig oder voll von erquickendem Wasser? *Oder* eine *Dornenkrone.*
8. *Ostern:* Die *Osterkerze* brennt im Zentrum.

V. Grundmotiv: Der Keltertreter

(entspricht nicht der Leseordnung – eignet sich besonders in einer Weingegend)

Ein Mann zertritt Trauben, deren Saft an der Kelteröffnung herausfließt; die Presse ist einem Kreuz nachgebildet.

1. *Erster Fastensonntag:* Das Blut des Lammes rettet die Israeliten aus der ägyptischen Knechtschaft. *Lesung:* Ex 12-13 erzählen. Das Bild zeigt das Bestreichen eines Türpfostens. Ein Wanderstab lehnt griffbereit daneben.
2. *Zweiter Fastensonntag:* Das Paschamahl im Abendmahlssaal. *Evangelium:* Mt 26,26-29: Jesus wird das neue Lamm, das mit dem Blut auf dem Pfosten des Kreuzes alle Menschen vor dem Tod errettet. Das Bild zeigt (die Jünger im Abendmahlssaal und) das Paschalamm auf dem Tisch.
3. *Dritter Fastensonntag:* Der Pelikan tränkt mit seinem Herzblut seine Jungen (vgl. „Kurzg. 1“, Nr. 51). Dieses bekannte Motiv zeigt auch das Bild. *Evangelium:* Joh 10,11-15: Der gute Hirt gibt sein Leben für die Schafe (oder Joh 15,12-13: die größte Liebe). (Eventuell dazu die symbolische Geschichte von Oschoo in „Kurzg. 1“, Nr. 60.)
4. *Vierter Fastensonntag:* Die Gnade, die „Zuneigung Gottes“, erfahren wir in den sieben Sakramenten. Bild: Aus der Kelter läuft das Blut in einen Kelch (= heilige Messe) und – wie bei einem römischen Brunnen – von dort in eine große Schale (= Kirche), um von hier im siebenfachen Strahl (= 7 Sakramente) weiterzufließen. *Evangelium:* Joh 19,31-37: Sogleich floß Blut und Wasser heraus.
5. *Fünfter Fastensonntag:* Ein Heiliger, der in unserer Zeit sein Herzblut hingegeben hat: P. Maximilian Kolbe („Kurzg. 1“, Nr. 57) oder Mutter Elisabeth („Kurzg. 4“, Nr. 57) oder Edith Stein („2 x 11“, S. 113-115). Bild: Eine Person in Sträflingskleidern hinter Stacheldraht.
6. *Palmsonntag:* Das INRI wird über der Kelter angebracht.
7. *Karfreitag:* Eine Dornenkrone wird über die Kelter gehängt.
8. *Ostersonntag:* Die Kelter ist über und über mit Blüten bedeckt. (Vgl. „Anschauliche Predigten“, S. 113-117; hier auch ein Bild zum Ganzen.)

VI. Grundmotiv: Kreuz mit Kreuzwegstationen

Auf ein großes Lattenkreuz sind sechs große Felder aus starker Pappe (vier von oben nach unten) befestigt worden. Kinder malen Kreuzwegstationen oder Menschen, die heute ein schweres Kreuz zu tragen haben. Auch Bilder aus Zeitungen und Illustrierten können dazu dienen. Diese Bilder werden Sonntag für Sonntag unter neuen Gesichtspunkten in die Felder eingefügt und aufgeklebt. So entsteht ein Kreuz, das das Leid unserer Zeit zeigt. An diesen Sonntagen sollte das fürbittende Gebet einen breiteren Raum einnehmen als sonst; natürlich auch Gedanken und Aktionen, wie manche Kreuze in der Welt zu erleichtern sind. Ostern wird die Osterkerze vor dieses Kreuz gestellt, um die Einheit von Tod und Auferstehung, Leid und Erlösung zu verdeutlichen.

Aschermittwoch

Buße und Umkehr verhelfen dazu, Leben und Freiheit zu finden

Evangelium: Mt 6,1-6.16-18: Nicht zur Schau stellen. / Die Linke soll nicht wissen, was die Rechte tut. / Nicht wie die Heuchler. / In der Kammer beten. / Der Vater sieht ins Verborgene.

(*L 1:* Joël 2,12-18: Zerreißt eure Kleider, nicht eure Herzen; *L 2:* 2 Kor 5,20-6,2: Versöhnt euch mit Gott.)

Vorüberlegung: Jesus bittet uns heute, alle Masken abzulegen, auch die frommen. Ganz echt und ganz ehrlich soll sich in diesen vierzig Tagen unsere Verbindung mit Gott erneuern lassen: durch Fasten (= leer werden für Gott), durch Beten (= Vertrauen zu Gott) und durch Almosengeben (= teilen – handeln wie Gott). Das Kreuz mit Asche ist ein Zeichen unserer Vergänglichkeit und gleichzeitig ein Zeichen der Hoffnung auf neues Leben.

Hinweis: Siehe auch Aschermittwoch „Bausteine A“ und „C“.

Symbolpredigten

1. Asche ist nicht das Letzte. Pr zeigt die *Schale mit Asche* aus verbrannten Palmzweigen, mit der gleich das Aschenkreuz gespendet wird. Diese Asche erinnert uns zunächst daran, daß alles in dieser Welt vergänglich ist, denn nach einer Feuersbrunst oder nach einer Zeit des Vergehens bleibt nur noch Asche übrig. Aber wir wissen auch um ihre positive Seite: Die Asche verbrannter Bäume und Pflanzen eignet sich gut als Dünger. Die fruchtbare Asche der todbringenden Vulkane segnet bis heute ganze Landstriche. Asche auf vereisten Wegen verhindert das Stürzen; mit Asche wurden früher speckige Tische blankgescheuert. Im Märchen „Aschenputtel“ steigt das Mädchen, das in Asche arbeitete und schlief, zur Königin auf. – Asche also nicht nur Zeichen der Vergänglichkeit, sondern ein Zeichen für neues Leben: Aus Totem kann Lebendiges werden. So feiern wir am Ende der Fastenzeit, an Ostern, den Sieg Jesu über Tod und Asche, denn er steht wie ein „Phönix aus der Asche“ („Kurzg. 1“, Nr. 58) auf. Ostern – das Fest gegen alle Vergänglichkeit! Wer daran glauben möchte, kann sich jetzt dieses Zeichen mit Asche auf die Stirn malen lassen. (Nach Werinhard Einhorn in „PuK“ 2/87, S. 181-183.)
2. Absage und Vorsatz. Die Teilnehmer erhalten *je einen violetten und grünen Zettel* und einen Stift. Bei einer Gewissenserforschung (mit oder ohne Hilfen) schreiben sie auf den violetten (= Umkehr ist möglich!) Zettel ihre Fehler und Schuld („keine Lust gehabt“, „zu bequem“, „keine Zeit für Gott“, „zu sehr Ich-Mensch“) und auf den grünen ihren guten Vorsatz für die nächste Zeit. Sie gehen nach vorne und brennen im Feuer der Jesus-Kerze ihren Schuldzettel an, weil sie bereuen und umkehren

möchten. Dann legen sie ihn sofort (Verletzungsgefahr!) in eine daneben stehende große Schale, in der sich bereits die Asche von verbrannten Palmzweigen befindet. Ihren guten Vorsatz legen sie auf den Altar, oder sie hängen ihn, wenn der grüne Zettel ein Baumblatt darstellt, in einen noch kahlen „Hoffnungsbaum“, der schließlich über und über grünt. Auf dem Rückweg empfangen sie das Aschenkreuz mit Asche aus der Schale als Zeichen der Umkehr. – Der Hoffnungsbaum bleibt während der Fastenzeit im Altarraum stehen, damit er Ostern mit (gebastelten) Blüten als Ausdruck des neuen Lebens geschmückt werden kann. (Nach einer Idee von Renate Reinartz, Mönchengladbach.)

Kurzgeschichten
1. Die Umkehr wagen: Bd. 1, Nr. 40;
2. Eigentlich müßte ich umkehren, aber ...: Bd. 2, Nr. 43.

Spiel
Zehn Kinder bringen Buchsbaumstrünke mit nach vorne, legen sie in eine Schale, bilden mit Zetteln („Ich bringe meine Undankbarkeit“, „meine Lügen“ ...) das Wort VERSÖHNUNG und verbrennen die Zettel mit den Strünken. Aus dieser Asche erhalten sie als Zeichen der Umkehr und des guten Willens das Aschenkreuz. Siehe „Schnegg 1“, Nr. 13.

Bild
Ein Plakat zeigt den Umriß einer Menschenfigur, die genau geteilt ist: Die linke Seite ist stark verdunkelt, die rechte hell: „Zwei Seelen sind in unserer Brust ...“ Wir spüren die Neigung zur Brutalität, zur Überheblichkeit, zur Mißgunst ... in uns (diese Begriffe können ruhig in die linke Hälfte geschrieben werden), aber auch das Teilen-Können, das Verzeihen, das Dienen und Mitleiden ... stecken in uns (in rechte Seite schreiben). In der Begegnung z. B. des Zachäus mit Jesus (Lk 19,1-9) wird ersichtlich, wie schnell eine „Verwandlung“ möglich ist. Als Zeichen der Umkehr, des Sich-ändern-Wollens, können auch wir uns jetzt das Aschenkreuz schenken lassen. (Nach einer Idee von Michael Bartmann u. Ingetraud Vrsovsky, Licht, von dem wir leben, Don Bosco Verlag, München 1987, S. 47f.)

1. Fastensonntag
Aus der Versuchung zur Umkehr

Evangelium: Mk 1,12-15: Vierzig Tage blieb Jesus in der Wüste. / Er wurde in Versuchung geführt. / Er verkündete: Das Reich Gottes ist nahe. / Kehrt um und glaubt!
(*L 1:* Gen 9,8-15: Ich setze den Bogen meines Bundes mit euch in die Wolken;
L 2: 1 Petr 3,18-22: Euch rettet aus der Flut die Taufe.)

Vorüberlegung: Satan hat keine Gewalt über Jesus, den ganz Heiligen. – Jesus ruft die gute Nachricht von Gott aus: Es gibt Rettung für den, der glaubt. – Gefordert werden Umkehr und Glaube – zugleich Geschenke Gottes.

Hinweis: Siehe auch 1. Fastensonntag „Bausteine A“ und „C“.

Symbolpredigten

1. Schlechte Gewohnheiten fesseln uns. Pr beginnt, mit einer Rolle *Bindfaden* langsam die zusammengelegten Hände eines Kindes zu umwickeln. Dabei zählt er schlechte Gewohnheiten oder Versuchungen auf: Unordnung, Nicht-verzichten-Können, Bequemlichkeit, Drückebergerei, „keine Lust“ ... Anfangs könnte das Kind seine Hände noch befreien, aber je länger es diese schlechten Gewohnheiten zuläßt (und das Wickeln um seine Hände), um so intensiver wird es gefesselt, bis es sich nicht mehr befreien kann. Auf „Versuchung“ und „Satan“ übertragen! Jesus sagt: Kehrt um!
2. Die falschen Triebe abschneiden. Pr zeigt *abgeschnittene Triebe eines Apfelbäumchens.* Ein Gärtner schneidet unbarmherzig radikal alles heraus, was „nach innen“ (= Egoismus) wächst, sonst verpufft die Kraft des Baumes. „Versuchung durch Satan“ heißt auch, in falscher Toleranz mit Trieben in uns und unserer Umgebung zu sympathisieren. Machtstreben, Neid, Gottferne, Habsucht, Egoismus, Gleichgültigkeit ... kann nicht konsequent genug begegnet werden, wenn „Satan“ nicht siegen soll. Jesus blieb stark in der Versuchung. (Als Interview mit einem Gärtner? – Eine Idee von Uwe Seidel/ Dithard Zils.)
3. Verzicht gegen Versuchungen setzen. Der *Vogel* Tico, ohne Flügel geboren, wünscht sich vom Traumvogel *goldene Flügel.* Jetzt treibt ihn der Neid der anderen in die Einsamkeit. Erst als er nach und nach in Fällen der Not seine goldenen Federn opfert, wachsen ihm schwarze, aber im Herzen bleibt wegen der empfundenen Freude ein goldener Schatz. (Nach der Geschichte von Leo Lionni im Gertraud Middelhauve Verlag, Köln.) Es wäre schön, wenn im Altarraum solch ein Vogel hinge, dem – nach erarbeiteten Beispielen mit den Kindern – jeweils eine goldene Feder ausgezogen und eine schwarze eingesetzt würde. (Ein Vorschlag zur Umsetzung in „KiBö“ 88-4, S. 19.)
4. Der Versuchung durch den „Mammon“ erliegen viele Menschen. Wir müssen uns entscheiden: Wollen wir dem *goldenen Fisch* nachlaufen („Kurzg. 4“, Nr. 186), dann zerstören wir schließlich die ganze Welt. Oder folgen wir dem „Jesus-Fisch“, dem wir seit der Taufe angehören und in den wir uns als „kleine Fische“ einfügen lassen können nach Art des „Swimmy-Fisches“, um in den gefährlichen Wassern dieser Welt zu Gott zu schwimmen? (Ausführlicher und mit Grafik in „122“, Nr. 22.)
5. Kehrt um und glaubt! Diese kleine *Orientierungsleuchte* ist in Kinderzimmern oft an der Steckdose angebracht, um Kindern im Dunkeln die Angst

zu nehmen. Auch Erwachsene haben Angst vor Krankheit, Existenzverlust ...; eigentlich jeder Mensch, denn die Angst begann schon, als wir durch den engen Geburtskanal ins Leben gestoßen wurden. Wenn schon so ein bißchen Licht der Orientierungsleuchte Angst nehmen kann, wieviel mehr Jesus, das Licht der Welt! Darum folgen wir dem Wort Jesu: „Kehrt um! Macht die Kehrtwendung um 180 Grad: Schaut nicht mehr auf die Angst und die Versuchungen, sonst fressen sie euch auf. Schaut auf mich und vertraut meiner Botschaft vom barmherzigen Gott." (Nach Familienmeßkreis St. Pankratius, Bergheim.)

Kurzgeschichten

A: Was uns an einer Umkehr hindert

1. Schon tot?: Bd. 1, Nr. 38;
2. Die Umkehr auf die lange Bank schieben: Bd. 3, Nr. 2;
3. Die Bequemlichkeit: Bd. 3, Nr. 201;
4. Bequemlichkeit und Gleichgültigkeit saugen uns wie Schmarotzerpflanzen die Nahrung fort: Bd. 3, Nr. 83;
5. Die Geschichte vom Herrn „Ich": „PuK" 2/85, S. 168 (mit Happy-End).

B: Was zur Umkehr führt

1. Liebe bewegt zur Umkehr: Bd. 1, Nr. 37;
2. Wie man einen Menschen bekehrt: Bd. 2, Nr. 45;
3. Verwandelnde Liebe: Bd. 3, Nr. 18;
4. Der Versuchung zur Macht widerstehen: Bd. 2, Nr. 137;
5. Entschiedenheit: Bd. 4, Nr. 48;
6. Verzicht wird zum Gewinn: Bd. 2, Nr. 151.

C: Gott gegen Satan

1. Die beiden Spiegel: Bd. 3, Nr. 82;
2. Gibt es einen Teufel?: Siehe mein Buch „Wir wagen den Glauben", S. 54-56.

Spiele

1. In Versuchungen widerstehen: „KiBö 88-4, S. 18;
2. Im *Verkehrsschild* „Vorsicht, unebene Strecke!" wird das Zeichen durch ein Sofa ersetzt (= „Vorsicht, Bequemlichkeit!"). Vor diesem Schild werden Szenen gespielt, die die Versuchung zur Bequemlichkeit aufzeigen. Der bequeme Weg entfernt uns langsam, aber sicher von Gott und den Menschen:
   a) Ein Spielkamerad kommt zu Besuch, darum kann ich nicht zum Gottesdienst ...
   b) Hinterrücks über Chef oder Lehrer herziehen und somit überhaupt nichts an der Situation ändern.
   c) Die Geschwindigkeitsbegrenzung auf 30 km gilt sicher nur morgens,

wenn Schulkinder unterwegs sind, aber nachmittags ... (Udo Casel, Kürten-Dürscheid);

3. Spielszenen zum Thema „Und führe uns nicht in Versuchung“: „KiBö“ 92-4, S. 15.

Bild

Eine große Wand, die eine Collage mit beängstigenden Berichten aus Zeitungen und Illustrierten der letzten Zeit zeigt. Davor wird die brennende Osterkerze gestellt: Schaue ich nur auf die Angst und werde von ihr aufgefressen, oder „kehre ich um“ und schaue im Licht der Osterkerze das beginnende Gottesreich?

Weitere Anregungen

1. Überlebensregeln in der Wüste: Welcher Lebensvorrat hilft uns in der Wüste des Alltags?: „PuK“ 2/85, S. 165-167.
2. Wie Heilige mit den Versuchungen umgegangen sind, z. B. der Pfarrer von Ars: „2 x 11“, S. 115-117.

2. Fastensonntag

Die Verklärung Christi

Evangelium: Mk 9,2-10: Ihre Kleider wurden strahlend weiß. / Hier wollen wir drei Hütten bauen. / Aus der Wolke rief die Stimme: Dies ist mein geliebter Sohn! / Auf ihn sollt ihr hören! / Von den Toten auferstehen.

(*L 1:* Gen 22,1-2.9a.10-13.15-18: Das Opfer unseres Vaters Abraham; *L 2:* Röm 8,31b-34: Gott hat seinen eigenen Sohn nicht verschont.)

Vorüberlegung: Auf den vollkommenen Menschen Jesus Christus schaut Gott mit Wohlgefallen, denn in ihm offenbart er sich selbst, seine Heiligkeit und seine Herrlichkeit.

Hinweis: Siehe auch 2. Fastensonntag, „Bausteine A“ und „C“.

Symbolpredigten

1. Der Glaube sieht weiter. In diesem *Kaleidoskop* („Schönbildschauer“ ist die direkte Übersetzung aus dem Griechischen) liegen nur Bruchstücke von bunten Kristallsteinen und Metallstückchen (= „Durcheinander“ des Lebens, auch mit Leid und Tod), die jetzt aber nach bestimmten physikalischen Gesetzen der Reflexion dem Betrachter immer neue, tolle Formen und Farben vermitteln. Was der ägyptische Joseph mit seinen Brüdern erlebte (Gen 37) oder Gott dem alten Abraham zumutete (vgl. 1. Lesung), das alles kann er auch zu einer neuen Sicht wieder zusammenfügen. Im durch Geißel und Kreuz gebrochenen Jesus, der in die

Herrlichkeit auferstehen wird, haben wir das großartigste Beispiel vor Augen. Dieser Jesus hat auch kurz vorher in Mk 8,31-33 sein Leiden, seinen Tod und seine Auferstehung angekündigt. Jeden Sonntag steigen wir in unseren oft verworrenen Wegen auf den „Berg", um weiterzuschauen auf das Schöne, das kommen wird.
(Kaleidoskop zu bestellen bei Firma Glaskunst-Handwerk Vitrum, Talstr. 4, D-54422 Neuhütten-Muhl, Tel. 06503/3234.)

2. Nah und fern sehen. Eine *bifokale Brille* ermöglicht es mir, durch die obere Hälfte gut in die Ferne zu sehen; durch die untere sehe ich alles in der Nähe deutlich. Als Christen brauchen wir Augen, die in der Nähe Menschen, Tiere und Pflanzen dankbar und verantwortungsvoll sehen und begleiten, die aber auch die Ferne in den Blick nehmen und sehen, was auf uns zukommt: Christus in seiner Herrlichkeit, das Reich Gottes in seiner Fülle, das Wiedersehen mit den Verstorbenen ... Mit dem Blick in die ferne Zukunft können wir mehr Kraft und Mut in die Gegenwart bringen. (Nach einer Idee von Helder Camara.)
3. „Wir wollen drei Hütten bauen ..." Im Altarraum haben Kinder mit Hilfe der Erwachsenen eine *Hütte* gebaut. (Die Hütte ist wie die Wolke ein Symbol: Beim Laubhüttenfest fühlt sich das Volk Israel auch heute noch ganz geborgen in der Nähe Gottes; die Hütte ist ja Zeichen der Freude über Gott, den Schöpfer und König der Welt; vgl. „PuK" 2/91, S. 189.) Die Kinder erzählen, was eine Hütte für sie bedeutet: einen Platz haben, Geborgenheit, Halt. Es gibt eine Zeit des Hütten-Bauens (= schöne Erlebnisse festhalten wollen, Sicherheit haben), aber auch eine Zeit, da müssen Hütten abgerissen werden (= Neues ist notwendig, schmerzhaftes Abschiednehmen). Während der Durststrecke bis zum nächsten Hüttenbau (der biblische Text steht zwischen zwei Leidensankündigungen) vom Glücksmoment zehren und in der Hoffnung leben, daß einmal die Hütte immer stehen bleiben kann (= ewiges Leben). (Nach einer Idee der Gemeinde Judas Thaddäus, Hann. Münden; es genügt übrigens, die „Hütte" mit zwei Ständern anzudeuten, die durch ein Holz verbunden und durch Tücher überdeckt sind.)

Kurzgeschichten
A: Zum Symbol 2
Der Taumelkäfer kann mit seinen vier Augen den Grund des Tümpels nach Nahrung absuchen, gleichzeitig aber auch den Himmel beobachten: Bd. 1, Nr. 174.

B: Zum plötzlichen Wechsel von Wirklichkeit – Verklärung – Wirklichkeit:
Bd. 4, Nr. 219: Sterben ist wie ein Hinübergehen in einen anderen Raum.

Bild

Kunstkarte Nr. 5518 im Kunstverlag D-56653 Maria Laach „Verklärung Christi“ (Evangeliar Otto III., Ende 10. Jh., München, Bayer. Staatsbibliothek, Clm 4453, fol. 113r).

Auf dem Gipfel der Herr zwischen Mose und Elija als Repräsentanten für das Gesetz und die Propheten (= die Vorboten des Messias). Jakobus und Johannes liegen anbetend zu Füßen; Petrus hat sich etwas aufgerichtet und will drei Hütten bauen: Es soll so herrlich bleiben wie jetzt; nur bitte kein Leid! – Auch wir denken nicht anders und verstehen noch nicht, daß solche Augenblicke Trost und Kraft sind für den Weg nach Golgota. Obwohl die drei Jünger jetzt die Stimme Gottes vernehmen, schlafen sie alle drei im Garten Getsemani. – Herr, schenke auch uns ab und zu einen Vorgeschmack des Taborgeschehens, damit wir nicht schweigen und zweifeln, wenn uns Leid trifft!

3. Fastensonntag

Die Vertreibung der Händler aus dem Tempel

Evangelium: Joh 2,13-25: Jesus treibt die Händler mit einer Geißel aus dem Tempel. / In drei Tagen baue ich diesen Tempel wieder auf. / Sie glaubten dem Wort.

(*L 1:* Ex 20,1-17 [oder Kurzfassung]: Die Zehn Gebote; *L 2:* 1 Kor 1,22-25: Wir verkünden Christus als Gekreuzigten.)

Vorüberlegung: Jesus erträgt es nicht, daß das geliebte Haus seines Vaters von Geschäftemachern entwürdigt wird. Die Vollmacht zur Vertreibung der Händler entnimmt Jesus seiner göttlichen Herkunft, die in seiner Auferstehung sichtbar wird.

Hinweis: Es darf auch das Evangelium vom Lesejahr A genommen werden.

Symbolpredigten

1. Der Tempel Gottes ist in uns. Alle schauen auf ein großes, rotes *Herz* und hören dazu – nur als *ein* Beispiel – die Kurzgeschichte Nr. 65 aus Bd. 3: Jesus will zum Kommunionkind kommen, aber dessen Herz ist ausgefüllt,

„besetzt" mit Geschenken. Jesus wird in die hinterste Herzensecke geschubst, da stört er nicht. – Jetzt werden weitere Begriffe genannt, die unser Herz ausfüllen, so daß Gott nur noch geringe Chancen hat (mit dickem Filzstift eintragen): Das alles würde Jesus heute „austreiben". Zum positiven Abschluß wird ein großes Jesusbild ins Herz geklebt.

2. Wenn Jesus heute käme. Die *Umrisse einer Kirche* sind gleich *zweimal* zu sehen. Ausgehend von der Kurzgeschichte Nr. 85 in Bd. 2 (Jesus geht jedes Jahr kopfschüttelnd von den Vertretern seiner Kirche fort), schreiben die Teilnehmer auf, worüber Jesus heute in seiner Kirche rot (= wütend) würde (Gleichgültigkeit, Langeweile, Unversöhnlichkeit, Karrieredenken, falsche Toleranz gegenüber ...). Diese Zettel werden vorgelesen und in eine Kirche geheftet; darüber eine *Geißel* (= auszutreiben). Für die zweite Kirche werden positive Begriffe gesucht (= was die Kirche wieder zündend machen würde); auch sie werden vorgelesen und angeheftet. Über diese zweite Kirche wird das gelbe *Dreieck* für den dreifaltigen Gott gehängt (= hier hat Gott Platz).
3. Von der Krippe zum Kreuz: Jesus rettet die Welt, den Tempel Gottes. Ein abgenadelter Christbaum mag zwar am 3. Fastensonntag negative Gefühle auslösen, aber ich möchte folgende Idee doch weitergeben: Von einem *ausgedienten Christbaum* (also langfristig aufbewahren) wird Zweig um Zweig auf folgende Weise abgetrennt (= „ausgetrieben"): Jesus wollte Licht bringen, aber es herrscht Orientierungslosigkeit; er wollte Vertrauen bringen, aber es herrscht Ungeborgenheit; Gottes Nähe – Sinnlosigkeit; Frieden – Krieg ... Schließlich wird der übriggebliebene Stamm im ersten Drittel abgesägt (= als Gottes Sohn wollte Jesus der verlängerte Arm des Vaters sein, aber deshalb wurde er getötet) und zu einem Kreuz gebunden: Es deutet Scheitern und Tod an, aber auch die Auferstehung. (Nach einer Idee von Rainer Dunke in „PuK" 2/83, S. 221-225.)

Kurzgeschichten

A: Heraus aus der Erstarrung

1. Clubhaus Kirche: Bd. 1, Nr. 66;
2. Ärgernis Kirche: Bd. 1, Nr. 67;
3. Kirche unter Denkmalschutz: Bd. 2, Nr. 84;
4. Der Tod der Kirche in St. N.N.: Bd. 1, Nr. 65;
5. Die unvollkommene Kirche: Bd. 3, Nr. 76;
6. Die Lücke in der Kirche: Bd. 3, Nr. 78;
7. Gleichgültigkeit tötet: Bd. 3, Nr. 83;
8. Die zurückgegebene Bibel: Bd. 4, Nr. 84;
9. Realistisch: Bd. 4, Nr. 92.

B: Mehr Taten in der Kirche!

1. Bischof Camara läßt Christen marschieren: Bd. 2, Nr. 124;
2. Ein Bischof verweigert die Zahlung der Einkommensteuer: Bd. 3, Nr. 166;

3. Bauleute des Reiches Gottes: Bd. 4, Nr. 87;
4. Ewiges Leben in Herzen bauen: Bd. 4, Nr. 88.

C: Wenn Jesus heute käme

1. Ginge er zuerst in eine Kirche?: Mein Buch „Wir wagen den Glauben“, S. 102-105;
2. Ich bekenne mich schuldig: Bd. 4, Nr. 83;
3. Das Dorf ohne Kirche: Bd. 4, Nr. 91;
4. Siehe Symbole 1 und 2.

Spiel

Oft nehmen wir die Gegenwart Gottes im „Tempel“ nicht mehr wahr und benehmen uns wie auf der Straße: Erdachte Szenen werden gespielt, zuerst negative (kaugummikauend, schwätzend, teilnahmslos, unwürdiger Kommunionempfang ...), dann nach Vorschlägen der Kinder positive (Kreuzzeichen, Kniebeuge ...). Wenn wir hier auch nicht den geißelschwingenden Jesus betonen sollten: Er wäre aber sicherlich über manches sehr traurig.

4. Fastensonntag

Das Licht des Kreuzes finden

Evangelium: Joh 3,14-21: Wie die Schlange in der Wüste wird Christus erhöht. / Die Liebe des Vaters zeigt sich in der Hingabe seines einzigen Sohnes. / Gott will die Welt durch Jesus retten. / Wer glaubt, wird nicht gerichtet. / Wer die Wahrheit tut, kommt zum Licht.

(*L 1:* 2 Chr 36,14-16.19-23: Zorn und Erbarmen des Herrn; *L 2:* Eph 2,4-10: Aus Gnade sind wir gerettet.)

Vorüberlegung: Wer dem Retter Jesus Christus vertraut und sein Licht liebt, ist schon vom Tod zum Leben gelangt.

Hinweis: Es darf auch das Evangelium vom Lesejahr A genommen werden.

Symbolpredigten

1. Die Schlange, die rettet. Wir kennen die Schlange als gefährliches Unheilstier. Die *Schlange am Äskulapstab*, wie sie bei Ärzten und in Apotheken zu sehen ist, bedeutet Leben – wie die Kupferschlange an der Signalstange (Joh 3,14): Wer sie anschaute, blieb am Leben (Num 21,4-9). Wer heute vom Biß der Schlange, die in uns sitzt, getroffen ist (= Neid, Habgier, Zweifel, Stolz, Begierden, Lüge, üble Nachrede), der darf auf dieses Hoffnungszeichen am *Kreuz* schauen: Jesus hat der alten Schlange den Kopf zertreten. (Ausführlicher in „122“, Nr. 24.)
2. Das Scherbenkreuz. Die *Scherbe* in unserer Hand erinnert uns an all das, was in unserem Leben schon zu Bruch gegangen ist (Freundschaft,

Beziehungen, Träume, Vertrauen ...; dazu eine Bußfeier in „2 x 11“, Nr. 1). Jesus kam, nicht um zu richten, sondern um zu retten (Joh 3,17). Manches können wir durch Gespräche und Verzeihung wieder kitten; manche Scherben darf ich Jesus überlassen. – Wir gehen nach vorne und stecken unsere Scherben in ein *Kreuz* aus weicher Masse, in dem sie Halt haben: Es entsteht ein „Scherbenkreuz“. (Dazu paßt aus „Kurzgeschichten 4“ die Nr. 53 „Die zerbrochene Teekanne“, die nach ihrer „Läuterung“ die wichtigsten Augenblicke ihres „Lebens“ erfährt.) – Sinngemäß lassen sich die Aussagen zum Scherbenkreuz auch auf ein Hohlkreuz übertragen, das mit Holzscheiten gefüllt wird (= Christus trug unsere Schuld). Auch dazu eine Bußfeier in „2 x 11“, Nr. 11.

3. Die Gemeinde ist wie ein *Sprungtuch* (bei der Feuerwehr ausleihen oder ein einfaches Tuch von vier Kindern halten lassen), denn ihr Herr und Meister kam, um zu retten, und nicht, um zu richten. Menschen, die das Licht hassen (Joh 3,20), sind doch durch ihre innere Verfassung genug gestraft. Sie brauchen oft nur unsere vorurteilsfreie Begegnung, um dem „Licht“ mehr Chancen zu geben.
4. Das Licht kam in die Welt: eine große *Sonne* (= Sonne der Gerechtigkeit, Jesus Christus) *mit* großen *Strahlen.* Diese Strahlen suchen alle, die das Licht lieben (Joh 3,21). Ans Ende der Strahlen schreiben wir, auf welche „Finsternis“ sie treffen, und überlegen, wie die Strahlen auch in diese Dunkelheit gelenkt werden könnten. (Vgl. dazu die *„Spiegelscherbe“* in diesem Buch, 3. Advent, Symbol 1.)

Kurzgeschichten

A: Gott liebt die Welt

1. Das Zwiebelchen: Bd. 1, Nr. 249;
2. Die beiden Spiegel: Bd. 3, Nr. 82;
3. Der Schwamm löscht den Schuldbrief: Bd. 3, Nr. 52;
4. Gott gab nicht nur seine Hand: Bd. 3, Nr. 51;
5. Gerettet in Gott: Bd. 3, Nr. 239;
6. Das Meer der Barmherzigkeit: Bd. 2, Nr. 97;
7. Gnade vor Leistung: Bd. 4, Nr. 134;
8. Jesus nimmt Scherben an: Bd. 4, Nr. 12 (ähnlich Bd. 3, Nr. 15);
9. Die Liebe rechnet nicht: Bd. 4, Nr. 112.

B: Am Kreuz wird es hell

1. Weitergehen: Bd. 3, Nr. 41;
2. Das Kreuz bleibt im Leid oft die einzige Antwort: Bd. 3, Nr. 44;
3. Das Kreuz aus dem Ozean: „122“, Nr. 30.

C: Wer die Wahrheit tut, kommt zum Licht: Bd. 3, Nr. 39 (Giacomo).

5. Fastensonntag

Wenn das Weizenkorn stirbt, bringt es reiche Frucht

Evangelium: Joh 12,20-33: Wenn das Weizenkorn stirbt, bringt es reiche Frucht. / Sein Leben in dieser Welt geringachten. / Folge mir nach. / Wenn ich über der Erde erhöht bin, werde ich alle an mich ziehen.
(*L 1:* Jer 31,31-34: Ich schließe einen neuen Bund. *L 2:* Hebr 5,7-9: Er ist der Urheber des ewigen Heiles geworden.)

Vorüberlegung: Das Gesetz des Lebens gleicht dem Gesetz der Liebe: Wer gibt, empfängt; wer schenkt, wird beschenkt. Je mehr einer bereit ist, sein Leben für andere hinzugeben, um so mehr gewinnt er selbst. Wer sich aber aufspart, bleibt klein und unfruchtbar. Jesus hat es im Weizenkorn-Vergleich gesagt und vorgelebt.

Symbolpredigten

1. Wenn das Weizenkorn stirbt ... Dieses Weizen*korn* darf ich nicht übersehen wie alles Kleine in der Welt (z. B. Kinder, „kleine Leute“ ...), so viel Wunderbares steckt darin! Dieses Korn ist hochexplosiv! Das Ergebnis zeigt diese *Ähre.* Wenn viele Weizenkörner sterben und in diesen Ähren Auferstehung feiern, dann ist das *Brot* (zeigen!) möglich: Es entsteht aus vielen Körnern und stiftet selbst Gemeinschaft (Geschichte von A. Mertens: Der Bäcker versöhnt den wütenden Vater mit seinem Sohn, indem sie Brot essen: Siehe z.B. in meinem Buch „Kommuniongeschichten“, S. 31-33). Ich zeige euch noch ein anderes Brot, die Schale mit *Hostien,* die gleich zur Gabenbereitung auf den Altar gestellt wird: Auch dieses Brot will Gemeinschaft stiften („Kurzg. 4“, Nr. 70: Eucharistiefeier im Slum) und stillt unseren inneren Hunger. Was alles möglich ist, wenn das Weizenkorn zu sterben bereit ist! (Als Bußfeier in Herbert Kaefer, In die Tiefe steigen, Versöhnung erfahren, Herder Verlag, Freiburg 1992, S. 112-121. Eine Bußfeier mit Kindern in „2 x 11“, Nr. 18.)
2. Die vier Verwandlungen, die das *Brot* – und wir – durchmachen: Siehe „Bausteine A“, 18. Sonntag i.J., Symbol 1 *oder* ebd., Fronleichnam, Symbol 2.
3. Viele Späne müssen fallen. Eine *geschnitzte Christusfigur.* Wie der Holzschnitzer diese Figur aus einem Stück Holz herausgearbeitet hat, so nimmt der „große Schnitzmeister“ Gott auch uns her, um uns zu formen: Er möchte – auch durch andere Menschen – aus uns herausholen, was in uns steckt. Es tut weh, aber Späne müssen fallen. Dann stört die persönliche Maserung nicht, ich darf nur nicht zu spröde sein. Jeder von uns kann zum einmaligen Kunstwerk werden. Jesus hatte auch einen langen, harten Prozeß vor sich, bis er uns alle an sich ziehen konnte (Joh 12,32). (Nach einer Idee bei H. J. Coenen.) Ähnlich die *Violine:* „Wenn ich gestorben bin, singe ich.“ Siehe „Bausteine A“, Karfreitag, Symbol 2.

4. Durch Leid zum Heil: Die *Perle* in der Muschel wuchs aus einer tödlichen Herausforderung: Siehe „Bausteine A", 17. Sonntag i.J., Symbol 1.

Kurzgeschichten

A: Zum Brot

Siehe „Bausteine A": Fronleichnam, Kurzgeschichten A und B sowie 18. Sonntag i.J., Kurzgeschichten A und B.

B: Das Weizenkorn muß sterben

1. Weizenkörner in die Erde: Bd. 4, Nr. 59;
2. Das sonderbare Bild: Bd. 4, Nr. 55;
3. Das Stückchen Holz: Bd. 4, Nr. 56;
4. Eine Frau gab ihr Leben hin: Bd. 4, Nr. 57;
5. Die sechs Bürger von Calais: Bd. 2, Nr. 58;
6. Reif werden im Leid: Bd. 3, Nr. 48 (ähnlich Bd. 3, Nr. 43);
7. Erst der zerbrochene Bambus bringt Segen: Bd. 1, Nr. 49;
8. Die kleine Melodie: Bd. 3, Nr. 178;
9. Der Opfertod der Frau: „Geschichten als Predigten", S. 48-50;
10. Die ganze Last der Erde: Bd. 3, Nr. 53;
11. P. Maximilian Kolbe: Bd. 1, Nr. 57;
12. Der reiche Prinz und die Schwalbe: Bd. 3, Nr. 125;
13. Antigeschichte: Eigenliebe isoliert: Bd. 1, Nr. 50.

Spiel

Sprechspiel: Sterben ist Durchgang zum Leben: „77", Nr. 76.

Bilder

zum Thema: Ich werde alle an mich ziehen (Joh 12,32):

1. Eine Postkarte (s/w), die Jesus zeigt, der die Arme aus dem Querbalken gezogen hat, um zu umarmen. Zu bestellen bei Eberhard Zwicker, Spiegelstr. 10, D-97070 Würzburg. Dazu die Kurzgeschichte Nr. 112 in Bd. 4: Die Liebe rechnet nicht.
2. Kunstkarte Nr. 5610 im Kunstverlag D-56653 Maria Laach: Heilung des Aussätzigen: Jesus durchbricht alle gesellschaftlichen Regeln und berührt den Ausgegrenzten.
3. Dia-Meditation Nr. 3 „Lieben – Sterben – Leben" von Elmar Gruber, Impuls-Studio, Ottweiler Str. 3, D-81737 München: Am Weizenkorn wird gezeigt, daß „Tod" eine Verwandlung ist. Darin auch das Märchen „Vom Hans im Glück", der am Ende, als er nichts mehr hat, nicht traurig, sondern frei und glücklich ist.

Weitere Anregung

Interview mit P. Damian Deveuster, einem der Heiligen, die wie ein Weizenkorn starben: „2 x 11", S. 128-130.

Palmsonntag

Einzug Jesu in Jerusalem und Leidensgeschichte

Einzug:

Evangelium: Mk 11,1-10 (oder Joh 12,12-16): Jesus setzte sich auf einen jungen Esel. / Viele breiteten ihre Kleider aus. / Hosanna in der Höhe.

In der Messe:

Evangelium: Mk 14,1-15,47 (Kurzfassung möglich): Leidensgeschichte.
(*L 1:* Jes 50,4-7: Drittes Lied vom Gottesknecht; *L 2:* Phil 2,6-11: Weil sich Jesus erniedrigte, erhöhte ihn Gott über alles.)

Vorüberlegung: Den Hosannajubel des Palmsonntags hat Jesus noch im Ohr, als wenig später diese ganze Menge gegen ihn steht und auch die Jünger ihn verlassen. Wer Jesus als Jünger nachfolgen will, sollte sich am Meister orientieren.

Hinweis: Siehe auch „Bausteine A“ und „C“, Palmsonntag, zum Teil auch Karfreitag der „Bausteine A“ bis „C“.

Symbolpredigten

1. *Ausgeschnittene Hände* am Kreuz. Einige TeilnehmerInnen legen vor dem Gottesdienst ihre Hände auf grünes Papier: Sie werden ummalt, ausgeschnitten und im Altarraum so auf ein einfaches Holzkreuz geklebt, daß es wie ein Baum mit Blättern (= Händen) aussieht. Nach der Passion Predigt: Jesu Hände sind angenagelt; er braucht unsere Hände, um heute zu helfen, zu teilen, zu verzeihen, den Massen Zeugnis zu geben ... Aber woher die Kraft nehmen? – Umgekehrt werden unsere Hände am Kreuz von Jesus gehalten wie Reben am Weinstock. Seine Hände berühren uns z. B. in allen Sakramenten; im Vertrauen auf ihn (vgl. „Kurzg. 1“, Nr. 92: Der Vater hält seinem Sohn die Hand) können wir nach seiner Botschaft leben, die im Tod ihre Kraft beweist.
2. Jesus trug unsere Schuld. Ein *Holzscheit* in der Hand eines jeden dient zur Gewissenserforschung. (Wo war ich kantig, ungehobelt? Wo habe ich etwas auf dem „Kerbholz“? Wo übersehe ich „nur“ den Splitter in meinem Auge? ...) Das Kreuz ist unsere Rettung! – Wir bringen deshalb – wie am Karfreitag bei der Kreuzverehrung – das Holzscheit, angefüllt mit unserer Schuld, nach vorne und legen es in ein *Hohlkreuz,* bis dieses ganz ausgefüllt ist = Christus hat unsere Schuld getragen! (Während der Karwoche bleibt das Kreuz stehen. Mit dem Holz wird das Osterfeuer entzündet = Zeichen der völligen Vergebung.)
3. Wir brauchen mehr solcher *Esel,* die wie am Palmsonntag Last tragen: Siehe in diesem Buch: 1. Weihnachtstag, Symbol 3 (dazu auch „PuK“ 3/84, S. 281-284 und „PuK“ 3/87, S. 271).
4. „Sie schlugen ihn mit einem Stock auf den Kopf“ (Mk 15,19; vgl. Mt 27,29:

Sie gaben ihm den Stock in die Hand). Dieses *Schilfrohr* spielt in der Verspottungsszene neben Spottmantel und Dornenkranz eine Rolle. – Der Judenkönig erhält ein Zepter, das sich zum Quälen eignet. Der Prophet Jesaja schilderte den Gottesknecht als einen, der das geknickte Rohr nicht zerbrechen und den glimmenden Docht nicht auslöschen wird (vgl. Jes 42,3): Jesus kam für die „geknickten Rohre", für die Kranken, Ausgestoßenen und Sünder. Bei der Folterung durch den „Stock" wird Jesus von den Soldaten unbewußt symbolisch gefragt: Willst du das wirklich durchhalten? Wer diesem König folgen will, kommt an den „Geknickten" in dieser Welt nicht vorbei.

5. Der *Hahn,* der die Verleugnung anzeigt: Siehe in diesem Buch, 1. Advent, Symbol 1. (Dazu eine Bußfeier für Kinder in „3 x 7", Nr. 17.)
6. Das *Scherbenkreuz:* Siehe in diesem Buch, 4. Fastensonntag, Symbol 2.
7. Mit *Palmzweigen,* Symbole des Lebens und des Friedens, legen die Kinder eine von Wollfäden umgrenzte *Friedenstaube* aus: Wer dem Friedenskönig dient, bewirkt neues Leben und neue Hoffnung in einer Welt des Mißtrauens und der Kriege. So kommt sie wieder auf einen „grünen Zweig".

Kurzgeschichten

A: Gott, warum hast du mich verlassen?
(Passion)

1. Anläßlich eines Todes: Bd. 2, Nr. 219;
2. Gott am Galgen: Bd. 1, Nr. 52;
3. Was für ein Gott?: Bd. 4, Nr. 61;
4. Dein Wille geschehe: Bd. 4, Nr. 102;
5. Beim Tod eines freundlichen Menschen: Bd. 4, Nr. 217;
6. Da habe ich gebetet: Bd. 3, Nr. 236;
7. Der alte Lehrer im Gespött: Bd. 4, Nr. 130.

B: Geschichten zum Kreuz

1. Legende vom vierten König: Bd. 1, Nr. 12;
2. Der Christus aus dem Ozean: „122", Nr. 30;
3. Am Kreuz nichts absägen: Bd. 1, Nr. 47;
4. Am Kreuz wird es hell: Bd. 3, Nr. 41;
5. Das Kreuz – oft die einzige Antwort: Bd. 3, Nr. 44;
6. Sich in den Schatten des Kreuzes stellen: Bd. 1, Nr. 44;
7. Die Kreuzschau: Bd. 1, Nr. 46.

Spiel
Evangelium und Passionsgeschichte in Verbindung mit der Prozession am Palmsonntag: Siehe „KiBö" 81, S. 18-20.

Bilder
„Einzug in Jerusalem", Friedemann/Fichtl, Bilder zum Kirchenjahr, Mappe 4; Christophorus Verlag, Freiburg/Burckhardhaus Verlag, Offenbach 1978 (vergriffen, aber bei Ausleihstellen versuchen). In dieser Mappe befinden sich auch: Fußwaschung, Abendmahl, Gethsemane, Gefangennahme, Dornenkrönung, Kreuztragung, Tod Jesu, Zug der Getauften zum Kreuz, Jesus – hinabgestiegen in das Reich des Todes.

Gründonnerstag
Einsetzung des hl. Abendmahls

Evangelium: Joh 13,1-15: Jesus umgürtete sich mit einem Leinentuch, nahm die Schüssel und wusch den Jüngern die Füße. / Er gab uns ein Beispiel.
(*L 1:* Ex 12,1-8.11-14: Das Blut am Türpfosten rettete die Israeliten; *L 2:* 1 Kor 11,23-26: Der älteste Bericht über die Einsetzung des Abendmahls.)

Vorüberlegung: In der tiefen Erniedrigung wird Jesu göttliche Größe sichtbar. Was in der Fußwaschung angedeutet ist, wird am Kreuz noch deutlicher: seine dienende Liebe und Hingabe bis in den Tod.

Hinweis: Siehe auch „Bausteine A" und „C", Gründonnerstag sowie „Bausteine A" bis „C", Fronleichnam.

Symbolpredigten
1. An was das Leinentuch erinnern kann. Mit solch einem *weißen Leinentuch* trocknete Jesus den Jüngern die Füße: der niedrigste Dienst, zu dem selbst kein Sklave gezwungen werden durfte. Aber dieses Leinentuch kann uns die ganze Passionsgeschichte weitererzählen, die sich an das Abendmahl anschloß: Es weist uns auf die mutige Veronika hin, die sich aus der Masse löste und mit ihrem *Schweißtuch* Erleichterung brachte (die 6. Kreuzwegstation nach christlicher Tradition). Das Tuch erinnert uns an den *Leibrock* Jesu, den ihm die Soldaten nahmen, um ihn unter sich zu teilen. Später hüllten die Freunde Jesus in ein *Leichentuch:* „Seine Hände und Füße waren mit Binden umwickelt, sein Gesicht mit einem Schweißtuch verhüllt" (Joh 11,44) – der letzte Liebesdienst. An diesen Leinenbinden entzündete sich der Auferstehungsglaube des Johannes: „Er sah und glaubte" (Joh 20,3-8).
(Wenn das Leinentuch groß genug ist, kann es jetzt in M-Form über ein Holzkreuz gehängt werden.) (Vgl. „122", Nr. 31[3] nach einer Idee der Pfarrei St. Theresia, Düsseldorf.)

2. Gleichnis des Glaubens. Ein *Kelch* hat zwar keinen direkten Bezug zum Evangelium, aber zum Fest (vgl. 2. Lesung). Der breite Fuß des Kelches steht fest auf dem Altar – wie wir fest im Leben und auf der Erde stehen. – Der Kelch ist geöffnet nach „oben" für alles, was Gott schenken will – wie wir mit geöffneten, leeren Händen wie Bettler vor Gott stehen. – Die Kelchform gleicht einer Hyperbel, die sich ins Unendliche öffnet – wie wir uns öffnen, besonders in der Eucharistie, für die unendliche Liebe Gottes. – Er bewahrt in sich den eingefüllten Wein – wie wir die Gnade Gottes bewahren und tragen können. – Der Kelch gibt den verwandelten Wein bis zum letzten Tropfen her – wie Christus sich liebend hingab. Er ruft uns in seine Nachfolge.
3. Brot an die Sünder. Eine *große Zelebrationshostie* oder ein Fladenbrot. Wir feiern heute und immer wieder, daß Jesus im Abendmahlssaal Brot brach (brechen!), um es denen zu geben, die alle unwürdig waren: Denn alle Jünger flohen wenige Stunden später, Petrus verleugnete ihn, und selbst seinem Verräter Judas reichte er ein Stück. Er schloß keinen vom Mahl aus. Er ging in der Feier der Liebe bis zum Äußersten – und um das zu unterstreichen, wusch der Meister seinen Schülern auch noch die Füße. Darum dürfen auch wir sein Brot der Hoffnung essen und keinen Sünder dabei ausschließen. (Siehe Bild unten; weitere Angaben S. 66 oben.)

Kurzgeschichten

A: Vom Dienen

Siehe „Bausteine A", 22. Sonntag i.J., Kurzgeschichten C, sowie 31. Sonntag i.J., Kurzgeschichten C.

B: Geheimnis Abendmahl

1. Das unbegreifliche Wunder: Bd. 1, Nr. 64;
2. Das Wunder der Kirche: Bd. 2, Nr. 80;
3. Die Zwillingsbrote: Bd. 4, Nr. 74.

Bild

„Das ist mein Leib“ (Lk 22). Abendmahl. Bestell-Nr. SK 213 © Sieger Köder, Bestelladressen: Schwabenverlag AG, Senefelderstr. 12, D-73760 Ostfildern-Ruit und Rottenburger Kunstverlag VER SACRUM, Reiserstr. 2, D-72108 Rottenburg a.N.; als Andachtsbild Nr. 841D mit Text im Rottenburger Kunstverlag VER SACRUM.
Text siehe oben unter Symbol 3. Das Abendmahl damals ist mit unserer Eucharistiefeier heute verbunden. Das Kreuz wirft seinen Schatten über die Szene. Jesu Angesicht spiegelt sich im Wein des Kelches, das Brot auf dem Tisch ist zum ☧ gebrochen (= griechische Anfangsbuchstaben für Christus). Jesus ist nur mit den Händen zu sehen: In der Abendmahlsfeier erkennen wir Jesus nur in Zeichen, schattenhaft, wie in einem Spiegel.

Karfreitag
Leiden und Sterben Christi

Evangelium: Joh 18,1-19,42: Leidensgeschichte.
(*L 1:* Jes 52,13-53,12: Viertes Lied vom Gottesknecht; L 2: Hebr 4, 14-16;5,7-9: Der durch Leiden Gehorsam gelernt, wurde zum Urheber des ewigen Heiles.)

Vorüberlegung: Weil Jesus durch seinen Tod unseren Tod überwunden und durch seine Auferstehung das Leben neu geschaffen hat, sind die drei Tage des Leidens und der Auferstehung des Herrn der Höhepunkt des ganzen Kirchenjahres.

Hinweis: Siehe auch „Bausteine A“ und „C“, Karfreitag; z. T. auch „Bausteine A“ bis „C“, Palmsonntag.

Symbolpredigten

1. „Mich dürstet!“ (Joh 19,28) ruft Jesus vom Kreuz herab, und sie reichen ihm einen *Schwamm,* der mit Essig gefüllt ist. Wie oft sind Menschen trocken wie ein Schwamm und dürsten nach Anerkennung und Zuneigung. Aber sie bekommen Essigschwämme gereicht, gefüllt mit Bitterkeit, Ironie, Verachtung, Ungerechtigkeit, Gleichgültigkeit ... Wir können diese Schwämme ausdrücken und ins Wasser des Wohlwollens halten, ins Wasser der Gerechtigkeit, des Vertrauens, des Teilens – dann schreien weniger Menschen in der Welt. (Dazu eine ausformulierte Bußfeier in „3 x 7“, Nr. 4.)
2. Im Kreuz ist Heil. *Zwei Stäbe vom Holunderstrauch* (Pr biegt einen ganz langsam, bis er bricht, und sagt dazu): Wir fühlen uns manchmal voller Saft und Kraft und halten Belastungen aus. Aber manchmal schwindet unser Selbstbewußtsein, nimmt eine Krankheit dem Körper die Kräfte, trifft uns ein Ereignis schwer: Die Last kann zu groß werden. Wir brechen

genau da, wo wir uns so stark fühlten – in der Mitte. (Pr bricht so auch den zweiten Holunderstab und hält die beiden Bruchstellen jetzt wie ein X gegeneinander:) Wenn wir uns gegenseitig Blößen geben, dann können die Bruchstellen einander näherkommen, weil wir offener füreinander sind, mit mehr Verständnis füreinander gefüllt. (Pr dreht die beiden rechtwinkligen Stäbe um 45° zu einem Kreuz:) Wenn ich bewußt dem ähnlich werde, der sich für uns brechen ließ, erfahre ich neue Kraft. (Ausführlicher in „144“, Nr. 47, nach Elmar Gruber.) (Dazu ein Gottesdienst, in dem *alle* Teilnehmer *ein* Zweiglein mit Knospen bekommen, in „FaJu“ März 92, „Mit dem Kreuz leben“.)

3. Das Kreuz des Franziskus, des „zweiten Christus“: Das *Kreuz in T-Form* gleicht der Signalstange, an der Mose die eherne Schlange aufhing (Num 21,4-9): Wer auf sie schaute, starb nicht vom Gift der Schlangen. Jesus sagte in diesem Zusammenhang von sich: „Jeder, der an mich glaubt, hat in mir das ewige Leben!“ (Joh 3,14). Das ist wohl der entscheidende Satz, der Franziskus zu dieser Form des Heilszeichens greifen ließ. Alle, so steht es schon beim Propheten Ezechiel (9,4-6), die das T (= Taw ist der letzte Buchstabe im hebräischen Alphabet und in einer sehr alten Schreibweise als Kreuz dargestellt – ähnlich dem griechischen T = Thau) auf ihren Stirnen tragen, werden gerettet. Das Siegel auf den Stirnen der 140.000, die gerettet werden (Offb 7,1-4), wird von den Kirchenvätern auch auf das T gedeutet. – Wir schauen einen Augenblick auf das Kreuz, das Zeichen des Heils, das uns rettet.

4. Das *Scherbenkreuz:* Siehe in diesem Buch, 4. Fastensonntag, Symbol 2.
5. Zum Stück *glühender Kohle* am Kohlefeuer, das an die Verleugnung des Petrus erinnert: Siehe „Bausteine A“, 21. Sonntag i.J., Symbol 2.

Kurzgeschichten

A: Geschichten zum Kreuz

1. Der Schwamm (siehe Symbol 1) löscht den Schuldbrief: Bd. 3, Nr. 52;
2. Der Geschlagene siegt immer: Bd. 3, Nr. 45;
3. Das Kreuz rettet: Bd. 4, Nr. 63;
4. Ein Christus ohne Wunden?: Bd. 2, Nr. 57;
5. Der Durchbohrte: Bd. 4, Nr. 58.

Weitere Geschichten zum Kreuz siehe in diesem Buch, Palmsonntag, Kurzgeschichten B.

B: Geschichten zur Verlassenheit des Herrn am Kreuz:
Siehe in diesem Buch, Palmsonntag, Kurzgeschichten A.

C: Sonstige
1. Christus aus dem Ozean: „122“, Nr. 30: Die Balken seines Kreuzes sind gemacht aus den Leiden der Menschen.
2. Stellvertretend sterben: Drei Männer arbeiten an einem Wolkenkratzer in Brooklyn, als ein Feuer ausbricht und sich so schnell ausbreitet, daß ihnen alle Fluchtwege versperrt sind. Auch die Leiter der heranrückenden Feuerwehr reicht nicht bis an den Dachrand. Da streckt sich der Hauptmann hoch, umklammert die Dachrinne und hängt mit seinen Füßen in der letzten Leitersprosse. Die drei Männer benutzen seinen Körper als rettende Brücke. Dann verlassen den Hauptmann die Kräfte, und er stürzt in die Tiefe ... Jesus hat auch eine Brücke über den Abgrund des Todes gelegt. (Nach Axel Kühner, Überlebensgeschichten für jeden Tag, Aussaat-Verlag, Wuppertal 1991, S. 19f.)

Spiele
1. Zur Pilatusfrage „Was ist Wahrheit?“ (Joh 18,38a): „77“, Nr. 38;
2. Sprechspiel Passion: „KiBö“ 81, S. 21-23;
3. Drei Sprechszenen zur Passion: „KiBö“ 81, S. 23f;
4. Spiel am Ende der Karwoche: „KiBö“ 85, S. 23f;
5. Spiel zu „Hinabgestiegen in das Reich des Todes“: „KiBö“ 90-4, S. 26f.

Bild
„Mich dürstet nach reinem Wasser“ lautet das Thema einer Postkarte von Roland Peter Litzenburger, die Jesus als „Fisch“ am Kreuz sterben läßt (Bestelladresse: Roland Peter Litzenburger, Hinterer Birken 24, D-88677 Markdorf-Leimbach), dazu gibt es auch Plakate. Sie finden in „2 x 11“ unter Nr. 16 eine ausformulierte Bußfeier dazu zum „Umweltschutz“.

Weitere Anregung
Die Teilnehmer sitzen vor einem großen Holzkreuz und formulieren: „Wenn ich ein Kreuz sehe, denke ich an ...“ Die Ergebnisse können auf Pappkreuze geschrieben und ans Kreuz geheftet werden. Dabei kann je eine Fürbitte gesprochen werden.

Ostern
Die Auferstehung des Herrn

Osternacht:

Evangelium: Mk 16,1-7: Drei Frauen kommen zum Grab, um Jesus zu salben. / Der Stein war weggewälzt. / Der Engel im weißen Gewand sagt: Jesus ist auferstanden. / Sagt es seinen Jüngern.

(8 Lesungen)

Am Tag:

Evangelium: Joh 20,1-9 (oder Vers 1-18): Die Jünger laufen zum Grab. / Maria Magdalena weint und begegnet dem „Gärtner". / Halte mich nicht fest.

(*L 1:* Apg 10,34a.37-43: Wir haben mit ihm nach seiner Auferstehung gegessen und getrunken; *L 2:* Kol 3,1-4: Strebt nach dem, was im Himmel ist, *oder* 1 Kor 5,6b-8: Schafft den alten Sauerteig weg.)

Vorüberlegung: Das leere Grab war noch keine Botschaft. Erst die Begegnung mit dem auferstandenen Herrn läßt das Herz glauben, wenn es dazu bereit ist.

Hinweise: 1. In einer Abendmesse ist auch das Evangelium Lk 24,13-35 möglich (die Emmausjünger). 2. Siehe auch „Bausteine A" und „C", Ostern.

Symbolpredigten

1. Zeichen neuen Lebens. Ein *Osterei* ist mit Farben der Freude bemalt. Warum ein Ei? Das Ei ist Zeichen der Fruchtbarkeit und des neuen Lebens. Ein Küken im Ei braucht den sogenannten Eizahn, die kleine Säge genau über seinem Schnäbelchen, um sich in stundenlanger Arbeit in die Freiheit zu sägen. Dann erst erlebt es, daß es außerhalb seiner kleinen Welt noch eine andere gibt! Wer kann schon beweisen, daß wir in unserer sichtbaren Welt nicht auch noch in einem begrenzten Ei leben? Die „kleine Säge" = der Glaube an den Auferstandenen kann uns ins eigentliche Leben führen, wenn sich unsere Augen für diese Welt schließen. (Vgl. „99", Nr. 30.)
2. Das „Hemd des Glücklichen". Diese Geschichte („Kurzg. 1", Nr. 192) besagt: Der sterbenskranke Sohn des Königs braucht als Medizin das Hemd eines Glücklichen, der, als sie ihn schließlich gefunden haben, keins besitzt. In der Taufe haben wir das „Hemd des Glücklichen" angelegt bekommen, solch ein Taufkleid: Es ist das Hemd Jesu, des zufriedensten und glücklichsten Menschen der Welt. Als es uns in der Taufe überreicht wurde, sagte der Priester dazu: „Du hast Christus angezogen. Bewahre diese Würde für das ewige Leben." Dann wirst du glücklich! (Nach Felicitas Hestermann. Ausführlicher in „122", Nr. 67.)
3. Täglich auferstehen. Mehrere Personen schneiden ein *schwarzes Kreuz* auseinander und setzen aus den Schnipseln auf weißem Karton *eine Sonne* zusammen: Das Kreuz ist gesprengt, die Sonne bricht durch. Nicht nur an

Ostern: Wir dürfen bei manchem Kreuz auch täglich einen Neuanfang, etwas Auferstehung, erfahren. Wie wir im Gottesdienst beten: „Deinen Tod, o Herr, verkünden wir ...“ Da jeder Christ im Leben andere Auferstehungserfahrungen macht, dürfen jetzt ruhig mehrere Sonnen im Altarraum aufgehängt werden. (Dazu ein Gottesdienst von Peter Frowein in „FaJu“ März 92, „Auferstehung = ein Mosaikstein“.)

4. Durch seine Wunden sind wir geheilt. *Die fünf roten Nägel der Osterkerze* künden von Jesu Wundmalen und Tod, aber auch von seiner Auferstehung:
   a) Zwei Nägel erinnern an die Wunden der Hände. Hände können zerstören, arbeiten und segnen. Stellen wir uns in den Dienst Jesu, der die Welt erlösen will?
   b) Ein Nagel deutet auf die durchbohrten Füße: Füße tragen uns in Sünde oder Leben, können auf den Trampelpfaden des Trends gehen oder auf den engen Pfaden Gottes. Gehe ich noch in der Spur Jesu?
   c) Der Nagel in der Mitte erinnert an das durchbohrte Herz. Unser Herz kann eine Mördergrube sein, hart wie ein Stein, aber auch offen und hingebungsvoll für Menschen und Gott. Bilde unser Herz nach deinem Herzen!
   d) Der oberste Nagel erinnert an die Dornenkrone. Im Kopf wird Krieg oder Frieden geboren und alles, was über das Wohl und Wehe unserer Welt entscheidet. Halte ich mich an Jesus, den Herrn der Welt, von dem mich auch Spott und Benachteiligungen nicht fernhalten können? – Durch Christi Wunden sind wir geheilt (1 Petr 2,24; vgl. Jes 53,5)!
5. Im *Labyrinth* des Lebens finden wir an Ostern die Mitte. Nach dem Ostergottesdienst spielte der Bischof von Auxerre mit seinen Klerikern mit einem Ball, d. h., er warf ihnen dieses Zeichen göttlicher Vollkommenheit (vgl. in diesem Buch Weihnachten, Symbol 1) aus der Mitte des Labyrinths (in Chartres 12 m im Durchmesser, der Weg insgesamt 200m lang) zu: Ausdruck der Freude über Christus, der das Ungeheuer „Tod“, das alles in seinen Schlund zieht, besiegt hat. (Siehe „Labyrinth“ in den Fastenzyklen von „Bausteine A“ bis „C“.)
6. Neues Leben. Ein *Osternest mit bunten Eiern,* daneben ein *Osterhase* und

eine *Vase mit blühenden Zweigen,* in denen eventuell noch buntgefärbte Eier hängen: Alles Zeichen des neuen Lebens, das Jesus uns mit seiner Auferstehung gebracht hat:
Ei = Ein Küken schlüpft so wunderbar aus dem Gefängnis der Schale wie Jesus aus dem Grabe erstanden ist. *Hase* = Weil er sich so schnell vermehrt, gilt er als Symbol für neues Leben schlechthin. Weil also Ei *und* Hase Symbole für neues Leben sind, wurden sie in unserem Land miteinander verknüpft: Der Hase legt Eier!

7. Vom Garten. (Typisches *Gartengerät* oder *Bild eines Gartens*) Weil wir genug Wasser haben, läßt sich bei uns ein blühender Garten leichter verwirklichen. In den Wüstenländern muß er aber erst mit Hilfe von vielen Wasserschläuchen angelegt werden. Daher bedeutet dort ein Garten etwas ganz Besonderes: So legt Gott den Paradiesgarten an (Gen 2,8-10.15-17). Der Garten von Getsemani sieht Jesus in Todesnot (Lk 22,39-46); in einem Garten steht Jesus von den Toten auf (Joh 19,41f; Joh 20,11-18); hier begegnet er Maria von Magdala, die zunächst den Gärtner vor sich glaubt. Der paradiesische Garten der Zukunft bringt uns endgültiges Glück mit dem Lebensstrom und dem Lebensbaum (Offb 22,1-5). Von daher ist zu verstehen, daß Maria oft in einem blühenden Garten oder im Rosenhag (St. Lochner) dargestellt wird: Sie wurde zum Garten Gottes, aus dem die köstlichste Frucht „Jesus" hervorwuchs (Kunstkarte Nr. 5633 „Maria im Rosenhag" im Kunstverlag D-56653 Maria Laach).
8. Eine *Schale mit Samenkörnern* in feuchter Erde, auf denen ein schwerer *Stein* (= Schuld, Krankheit, Tod) liegt: Erst wenn der Stein weggenommen wird, bekommen die Samenkörner Licht (= Sonne, Auferstehung) und fangen an zu wachsen. (Nach Pfarrei St. Theresia, Düsseldorf.)

Kurzgeschichten

1. Das Osterbrot: Bd. 4, Nr. 64;
2. Der Gottesdienst am Auferstehungstag läßt uns überleben: Bd. 4, Nr. 69;
3. Das Halleluja einer Behinderten: Bd. 3, Nr. 56;
4. Halleluja! (für jüngere Kinder): „KiBö" Nr. 92-1, S. 5f;
5. Zum Ei: Zeichen neuen Lebens: Bd. 2, Nr. 62.

Spiele

1. Evangelienspiele: „KiBö" Nr. 89-1, S. 2-3;
2. Die Trauer ist vorbei: „KiBö" Nr. 92-1, S. 3-5;
3. Die Bewachung des Grabes: „Spiele 1", S. 115-117.

Bilder

1. Kunstkarte Nr. 5291: „Der Auferstandene und die Emmausjünger" von Beate Heinen im Kunstverlag D-56653 Maria Laach.
2. Kunstkarte Nr. 92, Christi Höllenfahrt (russ., 16. Jh.), auch als Gebet-

buchbild und Poster, Verlag Aurel Bongers, Postfach 100264, D-45602 Recklinghausen.

Bildbetrachtung: Wir sehen in der Mitte Jesus im weißen Gewand der Freude: Er hat die weiße Doppeltür so aufgestoßen, daß Schlösser, Schrauben und Nägel wild durcheinanderfliegen. Er steht dabei auf den gekreuzten Türen des Todes, den „Pforten der Unterwelt“: „Die Pforten der Hölle werden sie nicht überwältigen“ (Mt 16,18). Seine Hand ergreift die des Adam, der mit Eva (rechts) und der ganzen Menschheit (darüber) erlöst ist. Auch König David und König Salomon mit Johannes d. T. (die drei Figuren hinter Adam) sind aus dem Reiche des Todes befreit. Der Schlüssel zu diesem Tor war das Kreuz, das die Engel in der Mitte oben ehrfürchtig halten. Im goldenen Gefäß bewahrt der linke Engel das kostbare Blut auf, das für uns vergossen wurde. Hinter Jesus ein *eiförmiger,* grüner Hintergrund: Symbol der Hoffnung und des neuen Lebens. (Nach Karl Heinz König, Opladen.)

3. Kunstkarte Nr. 5633 „Maria im Rosenhag“, von Stephan Lochner, im Kunstverlag D-56653 Maria Laach. Siehe oben Symbol 7.

Weitere Anregungen
1. Um die Osterkerze werden Zettel (mit Schlaufen) gehängt, auf die Teilnehmer die Namen von Verstorbenen geschrieben haben, die ihnen besonders am Herzen liegen. Siehe „Behnke 1“, S. 99.
2. Ein Labyrinth auf den Boden kleben, das Kinder abgehen dürfen, um in der Mitte an der Osterkerze ihre Kerze zu entzünden.

Ostermontag
Die Emmausjünger

Evangelium: Lk 24,13-35: Die Emmausjünger; *oder:* Mt 28,8-15: Jesus begegnet den Frauen.

(*L 1:* Apg 2,14.22-33: Gott hat Jesus auferweckt; *L 2:* 1 Kor 15,1-8.11: Das Evangelium ist der Grund, auf dem ihr steht.)

Vorüberlegung: Der Auferstandene kann uns ein neues Herz geben, in dem sein Wort leuchten und brennen kann. Und er ist mit uns auf unserem Weg. Das erfahren zuerst die Emmausjünger.

Hinweis: Siehe auch Ostermontag „Bausteine A“ und „C“.

Symbolpredigten

1. Nichts läuft für Christen ohne Auferstehung. Auf die Nabe eines *alten Wagenrades* wird ein Bild des Auferstandenen geheftet: Ohne ihn wäre unser Glaube sinnlos. Von dieser Mitte erhalten auch alle Sakramente (= Speichen) ihre Kraft: In der Taufe stehen wir mit Christus zu neuem Leben auf; in der Firmung erhalten wir den letzten Anstoß dazu, daß wir helfen, diese Botschaft in alle Welt zu rollen (= Pfingsten). Ein Wagenrad erinnert an das „Rosenfenster“ im Westen der Kathedralen und Dome: In der Mitte der wiederkommende Christus. – Wir heften große gebastelte Rosen auf die Felge (= wir) des Rades: Gott liebt uns und will uns heimholen.
2. Ostern feiern. Ein *bayrischer Osterkorb* enthält eine Stange Meerrettich (= zuerst das Scharfe wie Kreuz und Leid), einen hellen Osterfladen (= Ostersonne), bunte Ostereier (= neues Leben), ein Osterbrot (= Wegzehrung, Emmaus), einen Osterschinken (= nach der Fastenzeit Gaumenfreuden), Salz (= die Osterfreude soll die ganze Welt durchdringen), ein gebackenes Osterlamm mit Siegesfahne (= Sieg über den Tod). (Nach Lore Kufner.)
3. Jesus geht mit. Ein *Wanderstab* ist ein drittes Bein, gibt größere Sicherheit. „Dein Stock und dein Stab geben mir Zuversicht“ (Ps 23,4); dieser Vers meint das Vertrauen auf Gott, der bei uns ist. Im Auferstandenen wird dieser Stab zur Person, die die Jünger nach Emmaus begleitete und aufrichtete (besonders in der Darstellung von Schmidt-Rottluff erscheinen die Jünger sehr „gebrochen“: Siehe unter „Bilder“, Nr. 3). Dieser „Stab“ ist uns auf der Wanderschaft des Lebens geschenkt: Jesus geht mit, auch in die Schlucht des Todes (Ps 23,4).
4. Himmelwärts: Jesus stieg hinab, damit wir hinaufsteigen können. Eine *Haushaltsleiter*. Siehe „Bausteine A“, 1. Sonntag i.J.: Taufe Jesu, Symbol 2. An Ostern von der Auferstehung Christi her beleuchten; auch wenn hier die Gefahr besteht, den Himmel wieder „nach oben“ zu verlegen!

Kurzgeschichten

1. Ein Korb Ostereier (von Jo Hanns Rösler): „KiBö“ Nr. 35, S. 10;
2. Was haben Ei und Hase mit Auferstehung zu tun?: Siehe mein Buch „Wir wagen den Glauben“, S. 41-43;
3. Veilchen am Nordpol: Bd. 1, Nr. 54;
4. Gute Nachricht von der Auferstehung: Bd. 3, Nr. 55;
5. Neue Augen: Bd. 3, Nr. 58.

Spiel
Sprechspiel: Ostern ist das Fest der Feste: „122“, Nr. 33.

Bilder
1. Bild „Emmaus“, Sieger Köder (Rosenberger Altar), zu bestellen in DIN A 5: Informationszentrum Berufe der Kirche, Schoferstr. 1, D-79098 Freiburg, oder als 4seitiges Andachtsbild Nr. 334 im Rottenburger Kunstverlag VER SACRUM, Reiserstr. 2, D-72108 Rottenburg a.N..
2. Der Gang nach Emmaus (Nr. 7), Thomas Zacharias, Farbholzschnitte zur Bibel, Kösel-Verlag, München 1967;
3. Der Gang nach Emmaus, Holzschnitt von Karl Schmidt-Rottluff. © VG Bild-Kunst, Bonn.

Drei Männer auf einem verschlungenen Weg. Zwischen zwei niedergedrückten Gefährten (= Angst, Enttäuschung) geht einer aufrecht mit wachem Gesicht, das Licht und Hoffnung ausstrahlt. Sein Brennen berührt die ausgezehrten Herzen und heilt ihr gebrochenes Rückgrat. Noch bewegen sie sich mühsam wie Raupen vorwärts, der Stock ist kaum Stütze, aber am Ende des Weges gehen ihnen die Augen auf (Lk 24,31, vgl. auch Gen 3,7), und sie erkennen das Wunderbare. Zwischen Angst und Hoffnung liegt auch die Spanne unseres Lebens.

Weitere Anregung
Wortspiel „Ei“:

E I
H E I M
G E H E I M N I S
H E I M
E I

(Lothar Zenetti)

2. Sonntag der Osterzeit (Weißer Sonntag)

Der ungläubige Thomas

Evangelium: Joh 20,19-31: Jesus trat in ihre Mitte. / Friede sei mit euch. / Er hauchte sie an: Empfangt den Hl. Geist. / Der ungläubige Thomas glaubt.
(*L 1:* Apg 4,32-35: Sie waren ein Herz und eine Seele; *L 2:* 1 Joh 5,1-6: Was von Gott stammt, besiegt die Welt.)

Vorüberlegung: Nur mit dem Herzen kann ich gut sehen und glauben; darum müssen nicht unbedingt meine Hände fühlen und meine Augen sehen. – Aber auch die Zweifelnden stehen in unserer Gemeinschaft.

Hinweise: Siehe auch Weißer Sonntag, „Bausteine A" und „C"; ebenfalls Pfingsten in diesem Buch und in „Bausteine A" und „C".

Symbolpredigten

1. Heilen durch Berühren. Das *weiße Kommunionkleid* soll uns an das Taufkleid erinnern: Du hast jetzt Christus angezogen. Welche Kraft von diesem Jesus-Gewand (= Jesu Nähe) ausgeht, sehen wir in der Erzählung von der Frau, die an jahrelangen Blutungen litt (Mk 5,24b-34): Sie berührt es nur und ist geheilt. Erst als Thomas seine Berührungsängste überwindet und auf „Tuchfühlung" mit Jesus geht, kann er wieder glauben. Immer wieder auf „Tuchfühlung" mit Jesus gehen, heilt auch unsere Zweifel. Liebe Kommunionkinder und Eltern: Bleibt auf Tuchfühlung!
2. Die Türen öffnen. Ein *Türstock* im Altarraum (beim Schreiner ausleihen). Eine geschlossene Tür, auch ein „verschlossener" Mensch, zeigt in der Regel Angst an (Joh 20,19). Thomas tat sich in seinem Glauben schwer, solange er seine Herzenstür verschlossen hielt. Die Klinke an der Tür des Glaubens ist zunächst innen! Solange ein Mensch sie nicht öffnet, hat Jesus kaum Chancen, einzutreten, besonders wenn er so laut ist, daß er Jesu Klopfen überhört (Offb 3,20). Seine Herzenstür öffnen (= die Tür jetzt öffnen und offenstehen lassen) und Hinhören ist der erste Schritt auf dem Weg zum Glauben: Jesus kann eintreten. (Zur „Tür" siehe auch in diesem Buch, 1. Advent, Symbol 4, und in „Bausteine A" den Adventszyklus VI. Siehe auch in diesem Buch, Ostersonntag, 2. Bildbesprechung.) (In der Predigt muß deutlich werden, daß es sich um die geschlossene *Herzenstür* bei Thomas handelt. Denn Jesus kam ja an diesem Tag gerade durch verschlossene Türen.)
3. Der Zweifel ist die Brücke zum Glauben. Auf einen *Kieselstein* (5 – 10 cm Durchmesser) schreiben wir unsere Zweifel oder was uns den Glauben schwermacht (oder auf Holzstücke schreiben) und werfen damit nach dem Gottesdienst einen Graben zu, damit er wieder begehbar wird; die Zweifel also zur Brücke für sich und andere werden lassen (oder aus Holzstücken eine Brücke oder ein Haus bauen): Aus Steinen, die mir in den Weg gelegt

werden, kann ich etwas bauen! – Der Zweifel ist besser als Leichtgläubigkeit, er stachelt an. Jesus verstößt Thomas nicht. Und auch die Gemeinschaft der Jünger trägt ihn mit. (Dazu ein Gottesdienst von Kurt Rommel in „FaJu“ April 92, „Brücke zum Glauben“.)

4. Weißer Sonntag = Erstkommunion. Hier als Erinnerung: Eine *alte Kommunionkerze* hat viel zu erzählen ...! Schöne Szenen ..., aber wie ist es mit der Treue, die versprochen wurde? Ist die erste Liebe noch da, oder ist das Licht des Glaubens in den Stürmen des Lebens verlöscht? Thomas zeigt, wie ich sie neu entzünden kann: Ganz nahe gehen, damit der Funke wieder überspringen kann! (Nach Konrad Baumgartner.)

Kurzgeschichten

A: Sich wieder auf die Suche machen nach dem Glauben

1. Das Wagnis: Bd. 1, Nr. 91;
2. Keiner sucht mich: Bd. 1, Nr. 85;
3. Mensch, hast du es gut!: Bd. 1, Nr. 87;
4. Vielleicht ist es doch wahr: Bd. 1, Nr. 74;
5. Der moderne Mensch: Bd. 1, Nr. 73;
6. Frage nach Gott interessiert nicht mehr: Bd. 2, Nr. 86;
7. Oft stehen wir alleine: Bd. 3, Nr. 88;
8. Sich erst tief bücken: Bd. 2, Nr. 88 (ähnlich Bd. 1, Nr. 82);
9. Dürsten nach Gott: Bd. 3, Nr. 90;
10. Das Verlangen: Bd. 3, Nr. 91;
11. Der Blick nach oben: Bd. 4, Nr. 101;
12. Ein Halt von außen: Bd. 4, Nr. 96.

B: Zur Erstkommunion

1. Das goldige Kreuz: Bd. 3, Nr. 64;
2. Jesus zu Besuch, aber kein Platz da: Bd. 3, Nr. 65.

Spiele

1. Das Evangelium spielen; auch pantomimisch!
2. Glaube nicht nur zur Erstkommunion, Hochzeit und Beerdigung: „Schnegg 1“, Nr. 25;
3. Glauben, ohne zu sehen: „Schnegg 1“, Nr. 26.

Bild

Der ungläubige Thomas als Kunstkarte Nr. 5719 im Kunstverlag D-56653 Maria Laach (Evangeliar aus Köln, 1250. Brüssel, Königliche Bibliothek). [Abbildung siehe S. 77.]

Die rechte Hand Jesu, die nach oben weist, mag ausdrücken: „Thomas, komm heraus aus der Niedergeschlagenheit des Karfreitags!“ Dieser Thomas wird zu Unrecht „der Zweifler“ genannt, denn er stand einmal begeistert hinter Jesus: Er war der einzige, der Jesus nach Jerusalem folgen wollte, um mit ihm zu sterben. (Joh 11,16). Aber jetzt ist er zu tief enttäuscht, um nur auf das bloße Gerücht von Jesu Auferstehung hin in gläubigen Jubel auszubrechen. Der Rat Jesu „Leg deinen Finger auf die Wunde!“ redet seine und unsere Zweifel nicht fort, sondern gibt uns den Rat, ihm ganz nahe auf den Leib zu rücken. Daß auch der Auferstandene noch die Wunden der Welt an seinem Leib trägt, das macht ihn erneut glaubwürdig: Dieser Jesus reißt alle aus dem Tal der Niedergeschlagenheit und des Nicht-mehr-glauben-Könnens, wenn sie nur eine Hand nach ihm ausstrecken und dann das wunderbare „Mein Herr und mein Gott“ sprechen. (Nach Bernhard Langenstein.)

Weitere Anregungen

1. Das Freiburger Münster hat 14 Säulen: Die 11 treuen Apostel + Paulus + Matthias ergeben 13. So brachte man an die 14. Säule Christus an. In der Regel stehen vorne immer die wichtigsten und angesehensten Apostel, doch in Freiburg stehen sie ganz hinten. Den besten Platz – gegenüber Jesus – bekam – Thomas! Ein Trost für alle Zweifler: Wenn du ehrlich suchst, bist du Ihm ganz nahe. (Nach Martin Ebner/ Stefan Mai: „Stendebach 2“, S. 100.)
2. Wenn Sie die Erstkommunion unter ein Motiv stellen wollen, darf ich auf mein Buch hinweisen „Zwölf Erstkommunionfeiern. Festgottesdienst, Andacht und Dankmesse unter *einem* Symbol“, Bergmoser + Höller Verlag, Aachen ²1992, 128 Seiten. Folgende Symbole sind ausgearbeitet: Brot, Weinstock-Reben, Fisch, Wasser, Herz, Wagenrad, Raupe-Schmetterling, Regenbogen, Lebensbaum, Seerose, Biene, Schiff.

3. Sonntag der Osterzeit

Erscheinung des Auferstandenen in Jerusalem

Evangelium: Lk 24,35-48: Er trat in ihre Mitte. / Friede sei mit euch. / Er aß ein Stück gebratenen Fisch. / Er öffnete ihnen die Augen für das Verständnis der Schrift. / In meinem Namen werden Sünden vergeben. / Ihr seid Zeugen dafür!
(*L 1:* Apg 3,12a.13-15.17-19: Gott hat den Urheber des Lebens von den Toten auferweckt; *L 2:* 1 Joh 2,1-5a: Er ist die Sühne für die Sünden der ganzen Welt.)

Vorüberlegung: Das leere Grab war zu wenig, erst die persönliche Gegenwart des Auferstandenen und seine helfenden Worte und Taten öffneten den Jüngern die Augen.

Symbolpredigten
A: Zu „Er trat in ihre Mitte“
Siehe „Bausteine A“, 2. Sonntag der Osterzeit, Symbol 1: *Wagenrad;* und Pfingstsonntag, Symbol 4: *Baumscheibe.*

B: Zum Fisch,
der zum Symbol für Jesus und zum Geheimzeichen der ersten Christen wurde: Siehe „Bausteine A“, 3. Sonntag der Osterzeit, Symbol 1, und 8. Sonntag i.J., Symbol 1.

Kurzgeschichten
A: Zu „Er trat in ihre Mitte“
Siehe „Bausteine A“, 2. Sonntag der Osterzeit, Kurzgeschichten A.

B: Zu „Bekennermut aus der Kraft des Auferstehungsglaubens (‚Ihr seid Zeugen dafür‘)“
Siehe „Bausteine A“, Pfingstmontag, Kurzgeschichten A.

C: Zur Vergebung der Sünden aus dem Auferstehungsglauben
1. Ostergnade der Vergebung: Bd. 2, Nr. 63;
2. Da kehrte ich zurück: Bd. 2, Nr. 76;
3. Eucharistiefeier im Slum: Bd. 4, Nr. 70;
4. Die Zwillingsbrote: Bd. 4, Nr. 74;
5. Ein Stückchen Brot: Bd. 2, Nr. 68;
6. Gelebter Glaube: Bd. 2, Nr. 75.

D: Zu „Friede sei mit euch!“
Siehe in diesem Buch: 1. Januar (Friedenssonntag), Kurzgeschichten B.

Spiele

1. Blumen werden wegen des Zweifelns zunächst vom Kreuz weggenommen ...: „Schnegg 3“, Nr. 44;
2. Zwiegespräch: Kann ein Geist Fisch essen?: „KiBö“ Nr. 82, S. 4.

Bild

Postkarte Nr. 2301301 bei Fotokunst Groh, D-82237 Wörthsee: Wagenrad = Er trat in ihre Mitte – aus dieser Mitte leben.

4. Sonntag der Osterzeit

Der gute Hirt

Evangelium: Joh 10,11-18: Der gute Hirt gibt sein Leben für die Schafe. (*L 1:* Apg 4,8-12: Nur in Jesus ist Heil zu finden; *L 2:* 1 Joh 3,1-2: Wir werden Gott sehen, wie er ist.)

Vorüberlegung: „Hirten“ nannten sich in alter Zeit Könige und Führer des Volkes. Jesus ist der „Gute Hirt“, der sich verzehrt und hingibt und so dem Leben dient.

Hinweise:
1. Siehe auch „Bausteine A“ und „C“ , 4. Sonntag der Osterzeit, mit der Thematik des Hirten.
2. Heute ist der Welttag der geistlichen Berufe.

Symbolpredigten

1. Sich verzehren oder nichts tun? Der gute Hirt und der bezahlte Knecht sind vergleichbar mit dieser *brennenden Kerze* und diesem *Karton mit gestapelten Kerzen*. Die Kerzen im Karton hätten auch genug Kräfte, die Dunkelheit (= Gefahr) zu vertreiben, aber sie liegen gelangweilt herum, schonen sich und bleiben schön, aber sinnlos und kalt ... Die brennende Kerze verzehrt sich, wird immer weniger, aber sie schenkt Licht, Wärme und Geborgenheit. – Heutzutage braucht jede Pfarrei viele „kleine Hirten“, die Herzlichkeit, Treue, Freude einsetzen, damit die Traurigkeit und Ängste so vieler abnehmen. Es liegen noch zu viele „Kerzen“ im Karton herum! Sie brauchen dabei nicht zu fürchten, kleiner zu werden, das ist nur äußerlich; innen werden sie heller, wenn sie es nicht für den Pfarrer, sondern für *den* Hirten tun!
2. Sein Herzblut geben – wie der *Pelikan* an seine Jungen (siehe „Kurzg. 1“, Nr. 51). Die Darstellung des Pelikans findet sich oft auf Fahnen, Fenstern, Meßgewändern ...: Der gute Hirt gibt sein Leben ...
3. Sein Leben hingeben: Eine *Herz-Jesu-Statue* in vertretbarer Stilrichtung. Das Herz steht offen. Jesus lebt aus dieser Herzensmitte heraus, liebt den

Vater und alle Menschen; er weist keinen zurück. Es kommt zunächst darauf an, uns von diesem Hirten mit dem offenen Herzen lieben zu lassen. (Ausführlicher in „144", Nr. 53.)

4. Der Hirt, an dessen *Stab* wir uns festhalten können. Die Gedanken vom Ostermontag in diesem Buch, Symbol 3, auf den guten Hirten übertragen.

Kurzgeschichten

A: Zum Thema „Sich hingeben" (wie ein Weizenkorn)

Siehe in diesem Buch, 5. Fastensonntag, Kurzgeschichten B; dazu die symbolische Geschichte von Oschoo: Bd. 1, Nr. 60.

B: Von „guten Hirten" erzählen

Das können Heiligenberichte sein oder auch von heiligmäßigen Menschen, wie Johannes XXIII. Zum Beispiel: Der „Hirte" Korczak ging mit seinen „Schafen" in die Gaskammer: „PuK" 3/80, S. 370f, auch „2 x 11", S. 112f.

Spiele

1. Das Evangelium mit Stabpuppen oder selbstgemachten Pappelementen nachspielen: Hirt, fliehender Mietling, Wolf, Schaf, Kreuz...;
2. Der gute Hirt (auch die Gefahr des Wolfes einbauen!): „KiBö" Nr. 87-1, S. 16;
3. Der gute Hirt: „Höntges" Nr. 28 und 29 (letzteres: Ein Hirt von der Krippe erzählt ...!).

Bilder

1. Thomas Zacharias, Farbholzschnitte zur Bibel, Der gute Hirt, Bild Nr. 6, Kösel-Verlag, München 1967.
2. Sieger Köder, Der Herr ist mein Hirt, Verlag VER SACRUM, Reiserstr. 2, D-72108 Rottenburg a.N.
3. Eine schöne Vorlage vom guten Hirten zum Ausmalen in „Behnke 2", B 14.

5. Sonntag der Osterzeit

„Ich bin der Weinstock, ihr seid die Reben"

Evangelium: Joh 15,1-8: Bleibt in mir, dann bleibe ich in euch. / Weinstock-Reben. / Ohne mich könnt ihr nichts vollbringen. / Wenn ihr in mir bleibt: Bittet um alles, was ihr wollt.

(*L 1:* Apg 9,26-31: Die Kirche wuchs durch die Hilfe des Hl. Geistes; *L 2:* 1 Joh 3,18-24: Wir sollen an Jesus glauben und einander lieben.)

Vorüberlegung: Im Alten Bund wurde das Volk Gottes mit einem Weinberg verglichen. Jesus, der Mittler des Neuen Bundes ist der gute Weinstock: Wer mit ihm verbunden bleibt, bringt reiche Frucht.

Symbolpredigten

1. Sich an Jesus halten. Jesus ist der *Magnet* (= Stabmagnet) in der Hand Gottes. Wenn wir *Kugeln* uns mit ihm verbinden, werden wir gehalten. (Einige kommen mit ihren Kugeln nach vorne und bilden am Stabmagneten eine Weintraube.) Wenn wir mit Jesus verbunden bleiben, sind wir wie magnetisiert von ihm und können auch noch andere (= kleinere Kügelchen oder Stecknadeln) halten.
2. Gleichnis vom Weinstock. Ein *alter, knorriger Weinstock:* Wie oft mag er reiche Frucht getragen haben? Am Tag der Erstkommunion steht der Weinberg in Blüte, so viele weiße Kleider! Wie schnell setzt danach oft der Frost der Enttäuschung ein oder die Kälte der Gleichgültigkeit: Da wachsen nur essigsaure Früchte heran. Wer mit dem Weinstock Jesus verbunden bleibt, kann wachsen und reifen. Angebunden am Kreuzpfahl, der den Weinstock hält, können uns die Stürme des Lebens nicht losreißen. Nach der Ernte muß ich bereit sein, mich auspressen zu lassen, um mich mit dem Saft der anderen zu verbinden. Jesus wurde auf demselben Weg für uns zum kostbaren Wein. Wir können zum Wein werden, der die Herzen der Menschen erfreut. (Teilweise nach Wilhelm Willms.)
3. Gehalten von ihm. Dieses *Mobile* über der Osterkerze (= Christus) bleibt durch die aufsteigende Wärme (= Hl. Geist) ständig in Bewegung. Ihr seht, alle Elemente sind miteinander verbunden, die kleineren werden von größeren gehalten; sie bewegen sich harmonisch und stoßen nicht an. Aber das Entscheidende ist: Alles ist an einem zentralen Punkt festgemacht (= Gott). Ohne diesen Halt fällt alles zusammen. So ist es jedenfalls mit den Augen Gottes gesehen: „Ihr könnt keine Frucht bringen, wenn ihr nicht mit mir verbunden bleibt.“ (Ausführlicher in „122“, Nr. 54; eine Bußfeier dazu in „3 x 7“, Nr. 15.)
4. Es bieten sich noch sehr viele Symbole an. Hier Hinweise:
   Baumscheibe: Siehe „Lesejahr A“, Pfingsten, Symbol 4.
   Wagenrad (die Nabe in der Mitte = Christus): Siehe „Lesejahr A“, 30. Sonntag i.J., Symbol 1.
   Ein *Baumblatt:* Siehe „Lesejahr A“, 11. Sonntag i.J., Symbol 5.
   Eine Variation in diesem Buch: Palmsonntag, Symbol 1.
   Ein *blühender und ein vertrockneter Zweig:* Siehe „99“, Nr. 42.
   Das *Kettenkarussell:* Siehe „Lesejahr A“, 8. Sonntag i.J., Symbol 4.
   Ein *vertrocknetes Herbstblatt:* Siehe „122“, Nr. 121.
   Viele *Bänder,* die mit dem Altar verbunden sind: Siehe „144“, Nr. 19.
   Zwei blühende Rosen: Siehe „122“, Nr. 56.
   Ein *Maiskolben:* Siehe „99“, Nr. 54(5).
   Eine Erstkommunionfeier zu Weinstock-Reben in meinem Buch „12 Erstkommunionfeiern. Festgottesdienst, Andacht und Dankmesse unter *einem* Symbol“, Bergmoser + Höller Verlag, Aachen ^{2}1992, Nr. 2.

5. „Bleibt in mir, dann bleibe ich in euch.“ Der *Ehering* ist ein Kreis, der ein Symbol für Gott ist. Von Gott her können letztlich auch nur die Kraft und die Zuversicht kommen, in guten und bösen Tagen einander die Treue zu halten. Beim Segensgebet über die Trauringe heißt es: „Wie der Ring den Finger ganz umschließt, so umschließe das Band der Treue jene beiden, welche diese Ringe tragen... Darum bitten wir, Herr Jesus Christus, segne die Ringe und schütze diese Ehe vor allem, was sie bedroht.“ Diese göttliche Hilfe für das Gelingen einer Ehe wird wenig später noch vertieft, indem der Priester die *Stola* (= die Hand Jesu) um die ineinandergelegten Hände der Brautleute legt. Damit wird die Stola (= Jesus) wie zu einem Rettungsring: Das Ja der Brautleute ist in die helfenden Hände Jesu gebunden – *wenn* sie die Verbindung mit Jesus in ihrer Freiheit nicht von selbst aufgeben. Hier wird das Wort Jesu „Bleibt in mir!“ durch Ring und Stola augenfällig.

Kurzgeschichten

A. Die Mitte hält uns

1. Von der Mitte gehalten: Bd. 3, Nr. 190;
2. Das innerste Pünktlein nicht herausreißen (auf Christus und die Gemeinschaft der Kirche beziehen): Bd. 4, Nr. 20;
3. Das Dorf ohne Kirche: Bd. 4, Nr. 91;
4. Die Weisung des Rabbi: Bd. 4, Nr. 85;
5. Kreislauf der Liebe: Bd. 1, Nr. 19.

B: Nur gemeinsam sind wir stark

1. Das Bündel Stäbe: Bd. 1, Nr. 216;
2. Das Mühlrad: Bd. 2, Nr. 170;
3. Der zerteilte Rosenkranz: Bd. 2, Nr. 173;
4. Christus in Nowa-Huta: Bd. 2, Nr. 81;
5. Gefährte oder Tod: Bd. 1, Nr. 245;
6. Auf jeden kommt es an: Bd. 1, Nr. 214.

Spiel

mit einem stilisierten Weinstockgestell: „Schnegg 2“, Nr. 32.

Bild

Dia-Meditation Nr. 25 „Gut dran sein“ (Bilder mit Efeu-Blättern), Elmar Gruber, Impuls Studio, Ottweiler Str. 3, D-81737 München.

Weitere Anregungen

1. Kopiervorlage eines Weinstock-Reben-Motivs in „Behnke 2“ B 15 zum Vergrößern und Ausmalen.
2. Heute eine Trauung (vgl. Symbol 5) unter dem Jesuswort „Bleibt in meiner Liebe.“

6. Sonntag der Osterzeit

Das ist mein Gebot: Liebt einander!

Evangelium: Joh 15,9-17: Bleibt in meiner Liebe. / Erlangt die vollkommene Freude. / Liebt einander. / Die größte Liebe ist, für Freunde zu sterben. / Ich habe euch Freunde genannt. / Ich habe euch erwählt.
(*L 1:* Apg 10,25-26.34-35.44-48: Auch die Heiden empfingen den Hl. Geist. *L 2:* 1 Joh 4,7-10: Gott ist die Liebe.)

Vorüberlegung: Wie der Weinstock und der Rebzweig eine lebendige Einheit bilden (siehe 5. Sonntag der Osterzeit), so fließt auch die Liebe vom Vater zum Sohn und zum Jünger mit der Frucht der gemeinsamen Freude und dem Vertrauen.

Hinweise:
1. Siehe auch in diesem Buch 4. Sonntag der Osterzeit: Der gute Hirt, der sein Leben hingibt.
2. Zur „Liebe“ siehe auch das „Hauptgebot“: „Bausteine A“, 30. Sonntag i.J.; sowie in diesem Buch, 31. Sonntag i.J., und „Bausteine C“, 15. Sonntag i.J.
3. Zu „Liebt einander!“ siehe „Bausteine C“, 5. Sonntag der Osterzeit.

Symbolpredigten
1. Gemeinsam in Liebe zum Gipfel unterwegs. Ein *Bergsteigerseil.* Bei diesem „Gipfelsturm“, mit dem Ziel unseres Lebens vergleichbar, kommt es auf eine gute Gemeinschaft an, wenn die Anstrengung auch Freude bringen soll: Der Schwächste setzt das Maß; einer steht für den anderen ein; wer im Seil hängt, vertraut total dem anderen; aufmunternde Worte helfen durch manche Angst und Schwierigkeiten; eine Schicksalsgemeinschaft, die im Ernstfall auch füreinander das Leben wagt. Liebt einander – bis in den Tod, wie Christus es vorlebte.
2. Sich hingeben und so zur Freude gelangen. Diese *Teekanne,* der Tülle und Henkel abgebrochen sind, erzählt ihre Geschichte (siehe „Kurzg. 4“, Nr. 53): Nach dem stolzen Herzen aus Stein, das zerbrach, bekam sie ein neues, lebendiges Herz und erlebte die glücklichste Zeit ihres Lebens, als sie sich ganz für eine Blume hingab.

3. Bringt gute Früchte! Anhand einer *schönen Weintraube,* die ja nur in einer guten Verbindung zum Weinstock (= Verbindung zum letzten Sonntag) so schön heranreifen konnte, werden positive Beispiele von christlicher Liebe

erzählt, eventuell aus dem Leben heiligmäßiger Menschen. Auch können Kinder positive Beispiele pantomimisch vorspielen, die die anderen erraten.

Kurzgeschichten

A: Sich hingeben

Siehe in diesem Buch 5. Fastensonntag, Kurzgeschichten B. Außerdem:

1. Oschoo: Bd. 1, Nr. 60;
2. Sich selbst gerettet: Bd. 1, Nr. 125;
3. Gott gab nicht nur seine Hand: Bd. 3, Nr. 51;
4. Der Krug, der immer wertvoller wurde: Bd. 2, Nr. 112.

B: Liebt einander

1. Die Rose: Bd. 1, Nr. 16;
2. Wann weicht die Nacht?: Bd. 1, Nr. 110;
3. Du bist für deine Rose verantwortlich: Bd. 1, Nr. 122;
4. Die Brüder auf dem Berg Morija: Bd. 1, Nr. 124;
5. Die Pelzchen: Bd. 2, Nr. 115;
6. Das Netz des Fischers: Bd. 4, Nr. 24;
7. Liebe auch zur „3. Welt“: Bd. 4, Nr. 166;
8. Für alle Außenseiter war ein Haus gebaut: „KiBö“ Nr. 91-1, S. 14.

C: Die vollkommene Freude durch totale Hingabe:

Bd. 3, Nr. 179.

Spiele

1. Drei Szenen mit blindem „Bitten“ (vgl. Joh 15,16) in „PuK“ 3/85, S. 319/321;
2. Siehe Symbol 3.

Christi Himmelfahrt

Der Taufbefehl

Evangelium: Mk 16,15-20: Taufbefehl. / Es geschehen große Zeichen. / Danach wurde er in den Himmel aufgenommen. / Der Herr stand ihnen bei.

(*L 1:* Apg 1,1-11: Himmelfahrt Jesu; *L 2:* Eph 1,17-23: Gott hat Christus auf den Platz zu seiner Rechten erhoben *oder* Eph 4,1-13 [auch Kurzfassung]: Christus in vollendeter Gestalt.)

Vorüberlegung: Das Bild von der Himmelfahrt meint die Machtergreifung des Machtlosen, die Erhöhung dessen, der am Boden lag und vernichtet wurde: „Die rechte Hand Gottes“ ist der Mensch Jesus, gerettet aus dem Tod. Das soll alle Welt erfahren und sich entscheiden.

Hinweis: Siehe auch „Bausteine A“ und „C“, Himmelfahrt.

Symbolpredigten

1. Der König der Welt. Ein *Globus*. Wer zeigt mir ungefähr die Stelle, von der aus die Frohe Botschaft in die Welt getragen wurde ...? Oft wird Jesus mit einer Weltkugel gezeigt. Wird er mit ihr als Kind dargestellt, dann soll sie sagen: Es ist ein göttliches Kind. (Die Kugel als Zeichen der Vollkommenheit: Siehe in diesem Buch 1. Weihnachtstag, Symbol 1.)
   Das Kreuz auf der Kugel in der Hand des Jesuskindes soll sagen: Ich gebe euch den Befehl: Bringt meine Botschaft überall hin! Christus als Messias sitzt auf der Weltkugel, manchmal gebraucht er sie als Schemel für seine Füße = Er ist der wirkliche Herr der Welt.
2. Der erhöhte Herr verbindet uns. Ein *bunter Strauß Wiesenblumen, durch ein Band zusammengehalten*. Auf der Wiese der Welt, so lautet der Taufbefehl, sollen wir die vielen bunten Blumen (= Völker) einsammeln: Seht wie bunt und schön dieser Strauß ausgefallen ist! Der Strauß ist durch ein Band (= Jesus Christus, die eine Taufe, der Glaube an den dreifaltigen Gott und das Band des Friedens, Eph 4,3-6) zusammengehalten, damit keiner herausfällt.
3. Über den Horizont hinausschauen. An Christi Himmelfahrt dürfen wir wie mit dem *Fernglas* Ausschau halten: Christus ist der wirkliche Herr, der kommen wird, seine Welt heimzuholen. (Vgl. „Kurzg. 2", Nr. 4.)
4. Es gibt einen, der uns wie ein *Magnet* anziehen möchte: Siehe in diesem Buch den 5. Sonntag der Osterzeit, Symbol 1.

Kurzgeschichten

A: Die Kraft aus der Höhe trägt uns

1. Da habe ich dich getragen: Bd. 1, Nr. 81;
2. Dein Glaube ist groß: Bd. 2, Nr. 94;
3. Die ganze Last der Erde: Bd. 3, Nr. 53;
4. Wie auf Adlerflügeln getragen: Bd. 4, Nr. 100;
5. Der Blick nach oben: Bd. 4, Nr. 101;
6. Vertrauen, das Berge versetzt: Bd. 4, Nr. 110;
7. Ich bin nicht allein: Bd. 4, Nr. 111;
8. Eine Predigtgeschichte über den Himmel: „Höntges" Nr. 20.

B: Die Glocke, die mit ihrer Botschaft alle Welt heilt:
„122", Nr. 42.

Weitere Anregung

Die Kinder schreiben: „Der Himmel ist für mich wie ..." (Schreibt, was für euch etwas ganz Besonderes ist, worauf ihr euch freut, was für euch so schön ist, daß es ein Bild und Gleichnis für den Himmel sein kann!) Aus den Entwürfen wird vorgelesen ... („Höntges" Nr. 21).

7. Sonntag der Osterzeit

Freude aus der Fülle des Geistes

Evangelium: Joh 17,6a.11b-19: Laß sie eins sein wie wir. / Damit sie meine Freude in Fülle haben. / Die Welt hat sie gehaßt. / Bewahre sie vor dem Bösen. / Heilige sie in der Wahrheit.

(*L 1:* Apg 1,15-17.20a.c-26: Wahl des Matthias; *L 2:* 1 Joh 4,11-16: Wer in der Liebe bleibt, bleibt in Gott und Gott in ihm.)

Vorüberlegung: Ein Kennzeichen christlicher Gemeinschaft ist die Freude. Jesu Freude ist Ausdruck der Lebensfülle, die er durch seine Einheit mit dem Vater hat. – Wir leben in einer Welt, die völlig anders denkt, wir können schon durch den Geist der Wahrheit und Heiligkeit in der Gemeinschaft mit Gott leben.

Symbolpredigten

1. Eins sein. Einige Kinder bauen vor dem Gottesdienst im Altarraum aus Legosteinen eine *Kirche: Jeder* Stein ist wichtig. Ein gutes Miteinander beim Bauen läßt Freude aufkommen. Eventuelle Risse können mit dem „Mörtel der Liebe“ ausgebessert werden ...
2. Untereinander einig sein. Ein *Mobile* zeigt uns, wie es geht: Wenn ein Element hinzukommt, pendeln sich alle anderen neu ein. Weitere Gedanken in diesem Buch: 5. Sonntag der Osterzeit, Symbol 3.
3. Noch Freude in der Kirche als Erkennungszeichen guter Gemeinschaft? Eine *Schaukel* macht dem Kind besondere Freude, wenn der Vater oder die Mutter ihm immer mehr Höhe verschafft und es sich immer freier fühlt. Die Kirche gleicht der Schaukel: Sie hängt an den Seilen der Liebe Gottes und bekam an Pfingsten den ersten Schubs. Sie schwang schließlich in die ganze Welt. Dann wurde sie prächtiger und zu mehr Bequemlichkeit umgebaut, was sie – wie eine Hollywoodschaukel – schwerer und unbeweglicher machte; die in der Schaukel sind auch oft zu beschäftigt, um den Schubs der Hand Gottes (ab und zu) noch wahrzunehmen. Und das Jauchzen vor Vergnügen, weil die Welt aus einem ganz anderen Winkel gesehen werden kann, ist auch selten genug zu hören. Wann wird die Kirche wieder die froh- und freimachende Schaukel des Hl. Geistes? (Nach Karl Heinz Pfeiffer; diesen Vorschlag bitte „heiter“ vortragen.)

Kurzgeschichten

A: Nur gemeinsam sind wir stark

Siehe in diesem Buch 5. Sonntag der Osterzeit, Kurzgeschichten B.

B: Kirchliche Gemeinschaft

1. Was eine Gemeinde ist: Bd. 4, Nr. 88;

2. Mehr ausstrahlen: Bd. 3, Nr. 68;
3. Auferstanden zu neuem Leben: Bd. 3, Nr. 60;
4. Hier wohnen Christen: Bd. 2, Nr. 82;
5. Die unvollkommene Kirche: Bd. 3, Nr. 76;
6. Realistisch?: Bd. 4, Nr. 92;
7. Eines tun sie nicht: Bd. 3, Nr. 79;
8. Immer noch der gleiche: Bd. 3, Nr. 81;
9. Nur bei Anwendung: Bd. 3, Nr. 80;
10. Der Plan: Bd. 3, Nr. 69;
11. Aufschrift in einem Gemeindezentrum: „Nun bist du oben, Jesus. Ist es schön da oben? Hier unten nicht!“ Siehe „Stendebach 2“ mit ausgeführter Predigt dazu, S. 121-125.

Spiele

1. Verschiedene Kinder möchten einem suchenden Kind den Weg zu Gott zeigen; jedes zerrt es aber in eine andere Richtung.
2. Jesus schickt mich, seine Frohe Botschaft zu bringen; ich werde aber von anderen(m) zurückgehalten: „Schnegg 2“, Nr. 38.

Pfingstsonntag

Der Heilige Geist als Gabe Gottes, der die Schöpfung erneuert

Vorabend

Evangelium: Joh 7,37-39: Wer Durst hat, trinke. / Ströme von lebendigem Wasser werden fließen.

(*L 1:* Gen 11,1-9: Turmbau von Babel und drei Alternativ-Lesungen; *L 2:* Röm 8,22-27: Die Schöpfung wartet auf Erlösung.)

Am Tage

Evangelium: Joh 20,19-23: Er trat in ihre Mitte und hauchte sie an (oder Joh 15,26-27; 16,12-15: Er wird euch in die ganze Wahrheit führen).

(*L 1:* Apg 2,1-11: Alle wurden mit dem Hl. Geist erfüllt und verstanden einander; *L 2:* 1 Kor 12,3b-7.12-13: Verschiedene Gnadengaben, aber *ein* Geist [oder Gal 5,16-25: Laßt euch vom Geist leiten].)

Vorüberlegung: Der Hl. Geist bringt kein neues Evangelium. Aber er macht uns fähiger, die Botschaft Christi zu hören, zu verstehen und weiterzusagen.

Hinweis: Siehe auch „Bausteine A“ und „C“, Pfingstsonntag und Pfingstmontag.

Symbolpredigten

1. Jesus braucht Begeisterte. Ein Gasfeuerzeug kann die entscheidenden Vorgänge deutlich machen: Es muß Gas vorhanden sein und ausströmen können (= der Mensch muß fähig und bereit sein, den Geist Gottes zu empfangen); der Funke springt in der Reibung über und entzündet von außen die Flamme (= Hl. Geist; hier hinkt der Vergleich: Es ist letztlich Gnade und nicht automatisch machbar, daß Gottes Geist etwas entzündet). Damit ich mich nicht für falsche Propheten begeistere, muß ich immer nach innen horchen, ob die Begeisterung auch vom Heiligen Geist ausgelöst ist. Solange ich meinen Finger auf der Drucktaste lasse und das Gas ausströmt, bleibt auch die Flamme: Der Geist Gottes will immer bei uns bleiben, aber meine persönliche Bemühung muß hinzukommen. Diese Entscheidung ist aber auch von einer guten Gemeinschaft abhängig: Freunde und christliche Gemeinde tragen mit Verantwortung, daß ich mein „Ventil" offenhalte. (Nach einer Idee von P. Dörrenbücher, U. Gaspar, A. Zimmer, A. Zimmermann, Altenahr, ein Gottesdienst dazu in „FaJu" Juni 93: „Begeisterung gefragt".)
2. Sich von Gott durchglühen lassen. So wie diese *schwarze,* noch nicht glühende *Kohle* waren die Jünger vor Pfingsten: kalt, unbeweglich, traurig, tatenlos. Aber als sie vom Pfingstgeist durchglüht waren (Pr bekommt eine *glühende Kohle* im Weihrauchfaß gebracht), brauchte nur noch der Sturm hineinzufahren, um die Funken sprühen zu lassen (Pr nimmt die Kohle mit einer Zange, pustet und läßt Funken in die ersten Reihen sprühen). Wir sind die Weihrauchkörner, können uns auf die Glut des Geistes Gottes einlassen oder halten genug Abstand (= fallen daneben), um uns nicht erfassen zu lassen. Seht, was geschieht, wenn wir uns vom Geist Gottes durchglühen lassen. (Vgl. „133", Nr. 49. Auf Petrus erweitert, siehe „Bausteine A", 21. Sonntag i.J., Symbol 2. Siehe auch „PuK" 4/90, S. 409f.)
3. Der Atem Gottes bringt uns zum Klingen. Eine *Flöte* (= Mensch) wäre ein unnützes Rohr, wenn der Atem (= Atem Gottes, der Hl. Geist) sie nicht zum Klingen bringen würde. Pfingsten geschah das mit den Jüngern. Früher wurde ein Kind bei der Taufe angehaucht. Bei jedem Sakramentenempfang werden wir gestärkt, der Welt neue, schöne Melodien zu schenken. (Dazu viele weitere Ideen, z. B. eine Flötengruppe in Harmonie = als gute Gemeinschaft zum Klingen bringen in „99", Nr. 44.) Vielleicht besitzt die Kirche noch eine Orgel, deren Gebläse hörbar angeht: *Ohne* Atem Gottes sind wir alle nur Pfeifen, *leere Rohre; mit* ihm ist herrliche Musik möglich. (Letzteres nach Gerhard Dane, Köln.)
4. Vom Geist Gottes getrieben. Ein *kleines Windrad* läßt uns das Geheimnis des Hl. Geistes besser verstehen. Wir sind so kleine Windräder, manchmal lustlos und langweilig. Wenn dann der Richtige auftaucht und mit einem guten Vorschlag „Wind macht", bringt er uns in Bewegung. Einer oder

eine Gruppe kann auch falschen Wind machen (= Verachtung, Brutalität, Ausländerfeindlichkeit), oder das Rad klemmt (= ich lasse mich auf etwas Gutes nicht ein), oder wir sind so sehr mit uns selbst beschäftigt, daß wir unser Windrad gar nicht in die Luft halten. (Nach Pfarrei St. Theresia, Düsseldorf.)

5. Ein *Lederball mit zu wenig Luft:* Siehe „133", Nr. 52(5). Siehe auch unten „Bild".
6. Zum „Geist der Wahrheit": Sie ist wie ein *Kompaß;* siehe „Bausteine A", 5. Sonntag der Osterzeit, Symbol 3; dazu Kurzgeschichten B.

Kurzgeschichten

1. Die „Pfingsttaube" besaß „Heiligen Geist": Bd. 2, Nr. 79;
2. Der Strafgefangene und sein Bild von Pfingsten: Bd. 4, Nr. 78;
3. Wir verstehen uns auf einmal: Bd. 4, Nr. 79;
4. Sie verstanden einander: „Geschichten als Predigten", S. 53-56;
5. Von den Geistern zum Hl. Geist: In meinem Buch „Wir wagen den Glauben", S. 56f;
6. Händel schrieb nach einer Phase innerer Leere und Not in 24 Tagen den „Messias", ohne sein Zimmer zu verlassen. Erfüllt vom Heiligen Geist!
7. Blaise Pascal, bekannter französischer Mathematiker und Philosoph († 1662), der bereits im Alter von 39 Jahren starb, hatte in seiner Jacke seine Begegnung mit Gott, auf einem Zettel vermerkt, eingenäht. Das berühmte Memorial lautet: „Feuer! Gott Abrahams, Gott Isaaks, Gott Jakobs, nicht der Gott der Philosophen und Gelehrten. Gewißheit, Gewißheit, Ergriffenheit, Freude, Friede, Gott Jesu Christi. Er ist nur auf den Wegen zu finden, die im Evangelium gelehrt sind."

Zum Geist der Wahrheit siehe „Bausteine A", 5. Sonntag der Osterzeit, Kurzgeschichten B.

Spiele

1. *Spielszenen:*

   a) Von der Erstarrung zur Begeisterung.: Zwei Personen stehen stocksteif und „kalt" mit dem Rücken gegeneinander, *dann* wenden sie sich einander zu: Gemeinschaft, Vertrauen entstehen.

   b) Lustlos quält sich einer zunehmend frustriert mit Bauklötzen herum. Schließlich resigniert er und erstarrt ärgerlich. – Plötzlich ein Ruck, er beginnt erneut: Es gelingt!

   c) Eine Gruppe mit lebhaften Jugendlichen. Ein einzelner möchte Anschluß finden, bekommt aber die kalte Schulter gezeigt. – Plötzlich die Öffnung: Miteinander, Begeisterung.

   d) Ein Netz hängt über einer Person, deren Gesten Rat- und Ausweglosigkeit signalisieren. – Einer kommt, hilft heraus, richtet auf.

   (Mit Kommentaren in einem Gottesdienst von Gerhard Vidal / Gernod Hussong in „FaJu" Mai 92, „Begeisterung".)

2. Alle hatten dieselbe Sprache: „KiBö“ Nr. 88-1, S. 14f.
3. Herabkunft des Hl. Geistes. Sprechszene: „Behnke E“, S. 79ff.
4. Pantomimischer Tanz zu Symbol 2: „KiBö“ Nr. 92-1, S. 13f.

Bilder

1. Ein großes Herz, aus dem Flammen schlagen. Auf den einzelnen Flammen steht: begeistert, mutig, neue Kraft, froh, gemeinschaftlich, herzlich, hell ...
2. Kunstkarte SK 215 „Ich werde von meinem Geist ausgießen“ (Apg 2). Pfingsten. © Sieger Köder. Bestelladressen: Schwabenverlag AG, Senefelderstr. 12, D-73760 Ostfildern, und Rottenburger Kunstverlag VER SACRUM, Reiserstr. 2, D-72108 Rottenburg a.N.

Zum Bild: Ohne den Geist Gottes wird die Kirche zum „Tollhaus“, in dem Rechts- und Linksgläubige sich bekämpfen und wo Neuerer verspotten, was den Frommen das Heiligste ist. Da wird für jüngere Christen Greenpeace zu einer glaubwürdigeren Organisation als die Kirche, die vor lauter Aktivitäten vielleicht heißläuft, aber keine Wärme mehr erzeugt. Sie sehen: Kirche als ein Haus voll herrlich-tollen Lebens. Da sind die Fenster nicht mehr verrammelt, da vereinen sich alle Zeugen des göttlichen Feuers: Der protestantische Pfarrer, der Papst, eine Frau, die mit einem Farbigen ein Friedenstransparent enthüllt; ein Jude, der sich an das Licht der Hoffnung klammert ... Und im Vordergrund ausgerechnet der „Versager“ Petrus, der plötzlich brennt und uns die rettende Botschaft zuruft. Hoffentlich verwandelt sich das „Tollhaus“ Kirche bald wieder in das tolle Haus, in dem alle Platz haben: Rechte und Linke, Langsame und Schnelle, Arme und Reiche. Noch besser: Wo sie füreinander da sind. Da wäre dann auch ein offenes Fenster für Homosexuelle und ein Winkel für die in Ehen und Ämtern Gescheiterten. Aber dafür muß es erst wieder Pfingsten werden in der Kirche. (Nach Bernhard Langenstein.)

Pfingstmontag

Die Fülle des Heiligen Geistes

Evangelium: Lk 10,21-24: Ich preise dich, Vater, weil du all das den Weisen und Klugen verborgen hast. / Selig sind die, deren Augen sehen, was ihr seht.

(*L 1:* Apg 8,1b.4.14-17: Petrus und Johannes legten ihr die Hände auf; oder Ez 37,1-14: Das Tote wird neu belebt; *L 2:* Eph 1,3a.4a.13-19a: Ihr habt das Siegel des Hl. Geistes empfangen.)

Vorüberlegung: Jesus will *allen* Menschen die Liebe Gottes offenbaren. Das fällt am leichtesten bei denen, die sich ein aufmerksames Auge und schlichtes Herz erhalten. Die Grenze des Wirkens Gottes liegt da, wo Menschen sich verschließen.

Hinweis: Siehe auch „Bausteine A“ und „C“, Pfingstmontag, sowie „Bausteine A“ bis „C“, Pfingsten.

Symbolpredigten

1. Unterwegs zum Hafen Gottes. Ein gebasteltes *Segelschiff* oder *Surfbrett mit Segel.* Mast und Segelstange bilden ein Kreuz: In meinem Lebensschiff brauche ich einen festen Halt für mein „Lebenssegel“. Wenn ich es raffe, kann ein noch so starker Wind (= Hl. Geist) mich nicht antreiben, auch muß ich es in den Wind halten; meine persönliche Freiheit bleibt also immer gewahrt. Mein Segel muß stark sein, sonst zerfetzen es Orkane (= Winde des Bösen). Bei Böen hilft mir der Kiel des Gottvertrauens, damit ich nicht gleich umkippe. Es macht noch mehr Spaß, wenn andere mitsegeln auf Kurs „Hafen Gottes“. (Mit ähnlichen Gedanken die Dia-Meditation Nr. 13 „Unterwegs sein“ von Elmar Gruber, Impuls Studio, Ottweiler Str. 6, D-81737 München. Vgl. auch „Bausteine A“, 19. Sonntag i.J., Symbol 3.)

2. Pfingsten = Fest der *offenen Türen.* Im Chorraum ist ein Haus aus Tüchern mit verschlossenen Türen gebaut: So verschlossen können auch

Menschen sein, wenn Ohren, Augen und Mund sich verschließen (spielen lassen!). An Pfingsten hatten die Jünger aus Angst alle Türen verriegelt. Erst der Hl. Geist öffnete ihre Herzenstüren; dann waren sie bereit, auch die Türen des Hauses zu öffnen und Christi Botschaft in die ganze Welt zu tragen: Lied „Eine freudige Nachricht breitet sich aus ..." Wir sagen unserem Nachbar jetzt etwas, was uns an der Botschaft Jesu besonders gefällt ... (Nach Wolfgang Longardt.)

3. *Hinweise:* Eine *Taube mit Heiligenschein* versinnbildlicht den Hl. Geist: Siehe „Bausteine A", 2. Sonntag i.J., Symbol 2.
   Eine *Seerose* fängt die Fülle der Sonnenstrahlen (= Gottes guter Geist) auf; weitere Gedanken siehe „Bausteine A", 19. Sonntag i.J., Symbol 4, sowie Pfingstmontag, Bilder, Nr. 2.
   Ein *Mobile* wird vom Geist Gottes (= aufsteigende Wärme) bewegt: Siehe in diesem Buch 5. Sonntag der Osterzeit, Symbol 3.

Kurzgeschichten
1. Kihawi tötet den Geist: Bd. 3, Nr. 83;
2. Sich auf den Geist einlassen: Bd. 3, Nr. 79;
3. Bauleute des Reiches Gottes: Bd. 4, Nr. 87.

Spiele
1. Was Klugen verborgen ist:
   a) Sprechspiel um den Pfarrer von Ars: „2 x 11", S. 115-117.
   b) Interview mit dem hl. Franziskus: „2 x 11", S. 125-128.
2. Einladung zur Firmung: „77", Nr. 48.

Weitere Anregung
Im Wort „Apostel" steckt das Wort „Post"; siehe Handbuch zum Lektionar für Gottesdienste mit Kindern, Kösel-Verlag, München / Patmos Verlag, Düsseldorf 1981, S. 212f. Es umschreibt also den missionarischen Auftrag: Jesus schickte die Apostel „ab wie die Post" in alle Welt ...

SONNTAGE IM JAHRESKREIS

1. Sonntag im Jahreskreis: siehe „Taufe des Herrn", Seite 44 und 45.

2. Sonntag im Jahreskreis:

Die ersten Jünger folgen Jesus

Evangelium: Joh 1,35-42: Seht, das Lamm Gottes! / Sie folgten Jesus. / Andreas führt Petrus zum Messias. / Du sollst Kephas heißen.
(*L 1:* 1 Sam 3,3b-10.19 = Rede, Herr! Dein Diener hört! *L 2:* 1 Kor 6,13c-15a.17-20: Eure Leiber sind Glieder Christi.)

Vorüberlegung: Auch heute sind Berufungen auf folgende Weise möglich: Nicht nur über Jesus und seinen Weg etwas hören oder lesen, nein, den Weg *gehen:* Kommt und seht!

Hinweise: 1. Vergleiche „Bausteine A", 2. Sonntag i.J. 2. Heute ist der Familiensonntag: Siehe „Bausteine A" bis „C", Fest der Hl. Familie.

Symbolpredigten

1. Jesus – wie ein *Magnet.* Pr fährt damit über ein paar *Nägel* ... Es gibt immer wieder Menschen, die „Anziehungskraft" haben, wie ein Magnet wirken. Jesus war wie so ein Magnet in der Hand Gottes. Er zog die Jünger von Johannes d. T. weg, weil er ein noch stärkerer Magnet war. Seine Kraft blieb auch nach dem Tod: Jesu Geist zog an Pfingsten dreitausend Menschen an. Auch uns ist dieser Geist gegeben (Pr geht mit dem Magnet über *Nadeln):* Magnetisiert, begeistert von ihm sollen auch wir anziehend wirken!
2. Die Kunde von Jesus weitersagen – wie Andreas. Große *Dominosteine* sind im richtigen Abstand aufgebaut. Der erste Stein hier (= du oder ich) ist von Jesus begeistert und sagt es weiter, und die nächsten sagen es auch weiter: Schaut, was da passiert ...! (Ausführlicher: „Bausteine C", 14. Sonntag i.J., Symbol 3.)
3. Wie ein Lauf-Feuer ging die Nachricht vom Erscheinen Jesu nicht nur von Andreas zu Petrus, sondern durch das ganze Land: *Streichhölzer* sind so dicht nebeneinander auf einen Balken geklebt, daß das Feuer von Streichholzkopf zu Streichholzkopf überspringen kann. Um uns herum leben genug Menschen, die wir durch die Botschaft von Jesus noch entzünden könnten: wenn wir so begeistert sind, daß der Funke überspringen kann *und* wir nahe genug an die anderen herangehen ...

4. Die Botschaft weitersagen, wie der *römische Brunnen* von Schale zu Schale das Wasser weitergibt. Denn glauben zu können ist ein Geschenk, das wir nicht für uns behalten dürfen. Siehe „Bausteine A“, 11. Sonntag i.J., Symbol 6.

Kurzgeschichten

Zu: Sie sahen, wo er wohnte

1. Aus der Nähe die Bauleute des Reiches Gottes erleben: Bd. 4, Nr. 87;
2. Ein „abgedrifteter“ Jugendlicher erhält während seines Aufenthaltes in einem Kloster (San Masseo bei Assisi) neuen Elan: „Behnke 2“, S. 9;
3. Erst wer mitmacht, erlebt ein Spiel richtig – so ist es auch in der Gemeinde der Christen. Predigt mit Beispiel: „PuK“ 1/82, S. 87f;
4. Beobachtungen eines kritischen Kirchgängers, schon über die Art, wann wir kommen und wie wir Abstand halten ...: „PuK“ 1/85, S. 78f;
5. Beim Gehen predigen: Bd. 3, Nr. 70.

Weitere Anregung

Einladungskärtchen zur hl. Messe verteilen:
„Kommt und seht – am ... um ...!“

3. Sonntag im Jahreskreis

Berufung der Jünger

Evangelium: Mk 1,14-20: Kehrt um und glaubt. / Berufung und Nachfolge: Sie ließen ihre Netze liegen.

(*L 1:* Jona 3,1-5.10: Die Leute von Ninive bekehrten sich; *L 2:* 1 Kor 7,29-31: Die Gestalt dieser Welt vergeht.)

Vorüberlegung: Sich bekehren bedeutet an das Evangelium, d. h. an den gekreuzigten und auferstandenen Christus, glauben. Es ist letztlich Geschenk Gottes, diesen Ruf zu hören und ihm zu folgen.

Hinweis: Siehe auch „Bausteine A“, 3. Sonntag i.J., und zum Thema „Nachfolge“ siehe „Bausteine A“ und „C“, 13. Sonntag i.J.

Symbolpredigten

1. Sie ließen ihre Netze liegen und folgten ihm. Zwei Personen, beide tragen je ein *Netz* über ihrem Kopf, unterhalten sich darüber, warum sie in Zwängen und Ängsten leben. Es kann auch eigene Schuld sein ... Einer erzählt dann, was er Positives aus einer christlichen Gemeinde gehört hat. Beide entschließen sich, es mit Jesus neu zu versuchen. Sie streifen zwar jetzt die Netze nur vom Gesicht weg, die meisten Zwänge und Ängste werden sie vorerst ja noch begleiten, aber sie sehen jetzt alles schon in

etwas anderem Licht. (Ausführlicher mit Beispielen in „Anschauliche“, S. 77f.)

2. Sie folgten ihm. Aus der originellen Perspektive eines *Fisches* (groß ausgeschnitten) erzählt Pr die damalige Begegnung am Ufer des Sees. Der alte Fisch kann natürlich auch erzählen, wie es mit der Nachfolge später weiterging: Der zunächst traurige Fischfang nach der Auferstehung, der dann eine positive Wendung fand (Joh 21,1-17, also auch noch die Worte an Petrus vorlesen, der ja in dieser Berufungsgeschichte heute mit dabei ist). (Ein Erzählversuch siehe „122“, Nr. 88.)
3. Die Gemeinde – wie ein *Netz,* das trägt, wenn wir heute „Menschenfischer“ sein wollen: Siehe „Bausteine A“, 3. Sonntag der Osterzeit, oder etwas anders: „Bausteine A“, 12. Sonntag i.J., Symbol 2.

Kurzgeschichten

A: Zum Thema „Umkehren“

1. Die Zeit zur Umkehr ist begrenzt: Bd. 1, Nr. 36;
2. Die Umkehr zu verschieben, ist eine schlimme Versuchung: Bd. 3, Nr. 2;
3. Bin ich schon tot?: Bd. 1, Nr. 38;
4. Die Umkehr wagen: Bd. 1, Nr. 40;
5. Nicht nur diskutieren: Bd. 1, Nr. 41;
6. Eigentlich müßte ich ja umkehren, aber ...: Bd. 2, Nr. 43;
7. Umkehren, es brennt schon!: Bd. 1, Nr. 187;
8. Kehr um, sonst wirst du gefressen!: Bd. 1, Nr. 181;
9. Die Schlafkrankheit der Seele: Bd. 4, Nr. 45;
10. Kehr um aus deiner Lebensangst!: Bd. 1, Nr. 202;
11. Zu bequem?: Bd. 3, Nr. 201;
12. Das „Kihawi“ wuchert bei uns: Bd. 3, Nr. 83;
13. Mehr dürsten nach Gott: Bd. 3, Nr. 90;
14. Laß dich verwandeln!: Bd. 3, Nr. 172;
15. Das Kind nimmt euch die Angst (verspätete Weihnachtsgeschichte): „KiBö“ Nr. 91-3, S. 14f;
16. Die Maus mit der großen Seele: Bd. 2, Nr. 163.

B: Der Neuanfang:

Das zweite Leben eines Strohsackes: „KiBö“ Nr. 91-1, S. 31.

Spiele

Das Evangelium spielen, oder das Vorgelesene pantomimisch begleiten.

Weitere Anregungen

1. Die Kopiervorlage A 1 „Jesus beruft die Fischer“: „Behnke 1“, S. 119;
2. Heute ein Kind taufen: Seit unserer Taufe sind wir in die Nachfolge gerufen!

4. Sonntag im Jahreskreis

Die Heilung des Besessenen

Evangelium: Mk 1,21-28: Er lehrte wie einer mit göttlicher Vollmacht. / Die Heilung des Mannes mit dem unreinen Geist. / Sie fragten: Was hat das zu bedeuten?

(*L 1:* Dtn 18,15-20: Ich lege meine Worte in den Mund des Propheten; *L 2:* 1 Kor 7,32-35: Immer dem Herrn dienen können.)

Vorüberlegung: Die Menschen spüren Jesu Macht, kommen aber nicht zum Glauben. Jesus zeigt, daß er der Stärkere ist, der aus allem Bedrohenden retten kann.

Symbolpredigten

1. Vom unreinen Geist befreien. Der „Besessene" sitzt da mit hängendem Kopf wie eine *Marionette.* An seinen Händen und Füßen sind Kordeln festgebunden, an denen aus zwei, drei Metern Entfernung unter bestimmten Zurufen von Personen gezerrt wird: „Bring noch mehr Leistung in der Schule!" „Du bist nicht modisch genug angezogen!" „Du brauchst die neue Computermarke!" „Du findest mal keine Arbeitsstelle!" ... (Geld fesselt, Angst, Sexualisierung, der Wachstumsgott ... Besessenheit auch als Abhängigkeit.) Die Zurufe dauern solange an, bis sich die Person verzweifelt am Boden wälzt ... Das Evangelium wird vorgelesen. Danach schneidet Pr die Fäden durch, zuvor aber erarbeitet er, mit welchen Standpunkten der Mann von diesen Fesseln aufgrund der „guten Nachricht" befreit werden kann ... Ähnlich: Einige Kinder werden mit *Stricken* oder Handschellen (bei der Polizei ausleihen) an den Händen gefesselt. Wie können sie „befreit" werden? (Vgl. Gottesdienstvorschlag „Einander erlösen – sich erlösen lassen": „FaJu" März 92.)
2. Die Masken fallen lassen. Da Karnevalszeit ist, spricht Pr eine Zeitlang durch eine *Maske* (= Schutzmauer), von der fast jeder Mensch meint, sie sichtbar oder unsichtbar im Leben tragen zu müssen. Im Besessenen ist alles bis zur Fratze verzerrt. Die Person Jesu war „stimmig", sein Innen und Außen stimmten total überein, darum kann er bis in die Mitte des maskierten (= besessenen) Menschen vordringen und führt ihn zu sich selbst, so daß die „Dämonen" ihn mit lautem Geschrei verlassen müssen, weil alle seine Masken abfallen. Auch wir werden geheilt, wenn uns die Botschaft Jesu innerlich stark macht und wir unser wahres Gesicht zeigen, auch unsere Schwächen zugeben, die jeder hat. Der Weg dahin wird erleichtert, wenn wir auf Menschen treffen, die uns ehrlich annehmen, wie wir sind. (Idee nach Otmar Meuffels, Aachen.)

Kurzgeschichten

1. Der „böse Geist“, die Maske der hinterhältigen Freundin: Bd. 2, Nr. 177;
2. Den Film „Der Name der Rose“ erzählen: Der Mönch Jorge de Burgos glaubt, Gott hat nur eine Chance, diese Welt zu beherrschen, wenn die Angst bleibt. Jesus verkündet aber eine angstfreie Lehre: „Stendebach 2“, S. 142f;
3. Der Kampf der Mächte gegeneinander: Bd. 3, Nr. 82;
4. Den Glauben bezeugen gegen ein teuflisches System: Bd. 4, Nr. 77;
5. Geld fesselt: Bd. 3, Nr. 131;
6. Habgier fesselt: Bd. 3, Nr. 132;
7. Vertrauen nimmt die Angst: Bd. 3, Nr. 96;
8. Nähe nimmt die Angst: Bd. 1, Nr. 92;
9. Wenn es dunkel wird: Bd. 4, Nr. 99.

Weitere Anregungen

1. Lesen Sie als oder zusätzlich zum Evangelium aus Karel Eykman / Bert Bouman, Die Bibel erzählt, Herder Verlag, Freiburg 1978, den Text vor, wo die ausgetriebenen Geister in eine Schweineherde fahren (vgl. Mt 8,28-34): Eine sehr schöne Deutung der „Besessenheit“ und ihrer Heilung.
2. Zitate: „Der beste Schachzug des Teufels in unserer Zeit ist der, daß er den Menschen glauben macht, er existiere überhaupt nicht. Seitdem macht er seine besten Geschäfte.“ (Sigrid Undset) – „Das Völkchen merkt den Teufel nie, und wenn er es beim Kragen hätte!“ (Goethe, Faust)
3. Heute könnte ein Taufe stattfinden, in der die Absage an das Böse besonders betont wird.

5. Sonntag im Jahreskreis

Jesus zwischen totalem Einsatz und Gebet

Evangelium: Mk 1,29-39: Heilung der Schwiegermutter des Petrus. / Er heilte viele Kranke. / Er trieb viele Dämonen aus. / Er betete an einem einsamen Ort. / Alle suchen dich. / Er zog durch ganz Judäa.

(*L 1:* Ijob 7,1-4.6-7: Das Leben ist voller Mühsal; *L 2:* 1 Kor 9, 16-19.22-23: Weh mir, wenn ich das Evangelium nicht verkünde!)

Vorüberlegung: Jesus zwischen Einsatz und Gebet. Die Jünger erleben, wie er sich aufreibt, aber auch immer wieder Kraft schöpft aus der Gemeinschaft mit dem Vater in Stille und Gebet.

Symbolpredigten

1. „Er trieb die Dämonen aus“ (= auch Komplexe und Zwänge, von denen wir besessen sind); er brachte die Kräfte der Menschen „wieder in die Reihe“: Siehe in diesem Buch 4. Sonntag i.J., Symbol 1 und 2 = *Marionette* und *Maske*.

2. „Alle suchen dich“: Jesus wie ein *Magnet:* Siehe in diesem Buch 2. Sonntag i.J., Symbol 1.
3. „Jesus zog durch ganz Judäa“ im Wechsel zwischen Gebet und Arbeit: Pilgersymbol *Muschel:* Siehe „Bausteine A“, Ostermontag, Symbol 1.
4. Im Streß immer wieder die Mitte finden: *Spirale,* in deren Mitte die Osterkerze steht: Siehe „Bausteine A“, 14. Sonntag i.J., Symbol 4; ausführlicher in „122“, Nr. 82.

Kurzgeschichten

A: Jesus ging bei der Heilung ganz nahe, er nahm die Menschen an die Hand

1. Die Hand halten: Bd. 1, Nr. 92;
2. Das aidskranke Mädchen: Bd. 4, Nr. 218;
3. Sich tragen lassen: Bd. 3, Nr. 97;
4. Wenn es dunkel wird: Bd. 4, Nr. 99;
5. Die erlösende Berührung: Bd. 4, Nr. 16;
6. Verwandelnde Liebe: Bd. 3, Nr. 18;
7. Wie man einen Menschen bekehrt: Bd. 2, Nr. 45;
8. Mut durch Umarmung: Bd. 1, Nr. 37;
9. Der „klassische“ Text von Wilhelm Willms „Als Jesus ganz nahe ging“ in „der geerdete himmel“, Verlag Butzon & Bercker, Kevelaer 1974, Nr. 5.5.

B: „Er ging an einen einsamen Ort“: Die Suche der Stille

Siehe „Bausteine A“, 1. Fastensonntag, Kurzgeschichten B.

C: Gebet und Arbeit

1. Die zwei Ruder: Bd. 1, Nr. 103;
2. Gottes- *und* Nächstenliebe: Bd. 3, Nr. 108;
3. Spannung zwischen dem Dienst an der Welt und Gottesdienst: Bd. 4, Nr. 91.

D: „Alle suchen dich“: Die Mitte verlieren

1. Der Mensch, der seine Mitte verlor: Bd. 2, Nr. 195;
2. Die Spannkraft: Bd. 2, Nr. 193;
3. Ein sehr tätiger Mann: Bd. 2, Nr. 194;
4. Die eigene Tasse leeren: Bd. 2, Nr. 192;
5. Mehr nach innen reisen: Bd. 1, Nr. 226;
6. Verfluchte Hetze: Bd. 1, Nr. 225;
7. Sich Zeit lassen: Bd. 1, Nr. 224;
8. Sich Zeit nehmen: Bd. 4, Nr. 184.

E: Heilige, die uns Gebet und Arbeit vorlebten (vorleben)

Mutter Teresa (dreimal am Tage beten, danach jedesmal in die Slums; ein erdachtes Interview mit ihr in „FaJu“ Juli 88, „Mutter Teresa“), Helder Camara (morgens um 4 Uhr aufstehen), Franz Xaver (Tausende taufen – nächtelang beten).

Spiel
Wie Jesus zu den Kranken war – und wir?: „Schnegg 2", Nr. 51.

Bild
Eine Collage gestalten zum Thema „Alle suchen dich!": Um ein Kreuz kleben, wer heute Jesus besonders braucht.

Weitere Anregungen
1. Ein Rätsel zum heutigen Evangelium: „Behnke 2", B 1.
2. Wenn heute der Karnevalssonntag ist, eine gereimte Predigt von Helmut Hoffmann zum Thema „Massenandrang damals – Kirchenschwund heute" in „PuK" 2/91, S. 159-161, oder beim Autor dieses Buches erhältlich.

6. Sonntag im Jahreskreis
Heilung des Aussätzigen

Evangelium: Mk 1,40-45: Jesus hatte Mitleid. / Er berührte den Aussätzigen und heilte ihn. / Der Geheilte hielt sich nicht an das Schweigegebot. / Alle kamen von überall her zu ihm.
(*L 1:* Lev 13,1-2.43ac.44ab.45-46: Ein Aussätziger soll abgesondert werden; *L 2:* 1 Kor 10,31-11,1: Tut alles zur Verherrlichung Gottes – wie Christus.)

Vorüberlegung: Wen Jesus berührt, der ist gerettet; auch die sozial Toten, die Unerwünschten, die Ausgestoßenen.

Hinweis: Heilen durch Berühren: siehe auch in diesem Buch 13. und 23. Sonntag i.J.

Symbolpredigten
1. Heilen durch Berühren. Wir stellen einen „Aussätzigen" unserer Zeit, das heißt einen „Ausgegrenzten" (= Asylant, Farbiger, Ausländer, Tippelbruder ...), in die Mitte und interviewen ihn; denn je „näher" wir ihm kommen, je mehr Informationen wir von ihm erhalten, um so mehr schmelzen Vorurteile dahin; um so leichter ist auch *er* zu heilen, wenn er die Mauer nicht mehr spürt. Wenn es nur beim mehr symbolischen Spiel bleiben soll (aber klare Sprache!), dann siehe unten Spiel 1.
2. Jesus ging ganz nahe: Der *Opal* bekommt herrliche Farben beim Umfassen: Siehe „Bausteine A", 10. Sonntag i.J., Symbol 3.
3. Die heilende Hand. Wir betrachten unsere *Hände:* Wann war meine Hand zur Faust geballt, wann stand der feuchte Angstschweiß darin, wann war sie ohnmächtig? Wann hat sie geschlagen, gerafft, die Versöhnung verweigert, eine andere Hand schweigend mitfühlend gehalten? Schauen wir auch in die offene Hand des Nachbarn, betrachten wir seine

Lebenslinien ... Jesus hatte heilende, segnende, betende Arbeiterhände; er berührte Aussätzige; schließlich waren sie durchbohrt und erlösend ... Verweigern wir uns jetzt nicht den Friedensgruß mit offenen Händen! (Nach Johann Grabenmeier; ausführlicher in „122", Nr. 77; vgl. auch „144", Nr. 116 und Nr. 117; siehe auch mein Buch „Geschichten für Kranke" S. 66ff.)

4. „Alle kamen von überall her zu ihm." Jesus, der *Magnet:* Siehe in diesem Buch, 2. Sonntag i.J., Symbol 1.

Kurzgeschichten

A: Heilen durch Berühren

Siehe in diesem Buch, 5. Sonntag i.J., Kurzgeschichten A: Ganz nahe gehen.

B: Ausgegrenzt

1. Der Haha: Bd. 3, Nr. 164;
2. Das schwarze Schaf: Bd. 4, Nr. 118;
3. Das Gespött der Schüler: Bd. 4, Nr. 130;
4. Sie warteten geduldig: Bd. 2, Nr. 125;
5. Der Gute-Nacht-Kuß: Bd. 4, Nr. 39;
6. Ein ruhiges Haus: Bd. 3, Nr. 30;
7. Bunte Bälle: Bd. 4, Nr. 30;
8. Einsamkeit: Bd. 4, Nr. 121;
9. Die alte Frau Schatt: Bd. 4, Nr. 122;
10. Der Tisch: Bd. 4, Nr. 123.

C: Den Abstand überwinden

1. Hol den Bruder an den Tisch: Bd. 4, Nr. 124;
2. Um Gottes willen, das bin ja ich: Bd. 2, Nr. 119;
3. Fritz will ihnen danken: Bd. 2, Nr. 123;
4. Die Telefonnummer: Bd. 3, Nr. 120;
5. Freunde: Bd. 4, Nr. 119;
6. Der Achtzehnjährige: Bd. 2, Nr. 40.

D: Der Apostel der Aussätzigen: Damian de Veuster

„Behnke 2", S. 16f, oder Interview in „2 x 11", S. 128-130.

Spiele

1. „Er ist aussätzig" (zu Mt 8,1-4): „Spiele 2", S. 61-63;
2. Jesus ist anders: „Schnegg 1", Nr. 40;
3. Das Evangelium spielen oder pantomimisch begleiten;
4. Spielszenen: Verhalten zum spastisch gelähmten Kind; ein nach Unfall „vergessener" Kranker; einen wie Luft behandeln ...

Bilder

1. Kunstkarte Nr. 5610, Kunstverlag D-56653 Maria Laach, „Heilung des Aussätzigen"; ausführliche Bildbetrachtung in meinem Topos-Taschenbuch „Geschichten für Kranke", S. 8, ab 2. Auflage. Verkürzt in „177", Nr. 86 „Heilung der Unerwünschten".
2. Ein ähnliches Dia wie Bild 1: „Jesus geht ganz nahe" in „Behnke 2", am Ende des Buches eingelegt.

Weitere Anregungen

1. Mit dem Material des Deutschen Aussätzigen-Hilfswerkes in Würzburg kann das Thema „Lepra" sehr konkret aktualisiert werden. Bitte dort Bilder, Plakate etc. anfordern!
2. Mitarbeiterinnen und Mitarbeiter von „Amnesty International", die sich um politisch und religiös Ausgegrenzte kümmern, einladen: Sie berichten über ihre Arbeit.
3. „Erzähl niemand etwas davon!" Bitte, keine Öffentlichkeit! (= Wer Jesus verstehen will, muß bis zu seiner Person vordringen, nicht nur bis zu den Taten. Darum steht bei Markus oft: Sag keinem etwas!): „Roos", S. 59f.
4. Wenn heute Karneval ist: Gereimte Predigt von Helmut Hoffmann: Bitte keine Berührungsängste (es geht auch um die Wichtigkeit des Sonntags); beim Autor dieses Buches erhältlich.

7. Sonntag im Jahreskreis

Heilung des Gelähmten

Evangelium: Mk 2,1-12: Es war kein Platz mehr vor der Tür. / Sie ließen den Gelähmten zu Jesus herab. / Er sah ihren Glauben. / Deine Sünden sind dir vergeben. / Steh auf und geh nach Hause! / Sie gerieten außer sich.

(*L 1:* Jes 43,18-19.21-22.24b-25: Ich lösche deine Vergehen aus; *L 2:* 2 Kor 1,18-22: Christus ist das Ja zu allem.)

Vorüberlegung: Jesus will „von innen" her heilen. Er beweist nicht nur seine Vollmacht, er bringt uns die gute Nachricht von der Vergebung.

Symbolpredigten

1. Er sah *ihren* Glauben. *Vier Seile* (Seile vom Friedhof oder – wenn nicht mehr im Gebrauch – Sprungseilchen ausleihen): Mit nur einem von diesen

Seilen hätte *ein* Freund den Gelähmten nicht herunterlassen können; es waren mehrere, die den Mann nicht vergessen hatten und zu Jesus brachten. Wir alle sind auf Gemeinschaft hin angelegt, auch in der Kirche. Das Miteinander hält uns bis zuletzt: So kann auch ein Träger allein den Sarg nicht in die Erde hinunterlassen; *viele* Träger hatten früher so ein Seil in Händen. – Leider nimmt die Unsitte der anonymen Bestattungen „in aller Stille stattgefunden" zu. Jesus sah *ihren* Glauben, heißt es im Evangelium; vielleicht hat Jesus den Gelähmten wegen seiner gläubigen Freunde geheilt. Bei der Beerdigung wird der Tote nicht in die Hände Jesu gegeben, aber in die Erde (= die Hände Gottes), und wir als Umstehende können *alle* mit unseren Gebeten für ihn eintreten. *Gemeinschaft* der Heiligen!

2. Deine Sünden sind dir vergeben. Auf dieser *Tafel* könnte ich meine und die Sünden der Menschheit jetzt aufschreiben. Wo sündigen wir bereits durch Unterlassung oder Gedankenlosigkeit? (Einiges mit *Kreide* aufschreiben.) Jesus hat mit dem *Schwamm* seiner Liebe alles weggewischt (wegwischen!). Alles ist vergessen. (Ein großes *Herz* auf die Tafel malen.) Die Wiedergutmachungspflicht bleibt, aber die Freude über so viel Barmherzigkeit kann uns jetzt beflügeln, diesem Herzen Jesu nachzueifern (dazu „Kurzg. 3", Nr. 52).
3. Hilfe im Leid: In solch einem *Behindertenrollstuhl* säße wahrscheinlich heute der Gelähmte. Woran kann er uns alles erinnern? Viele laufen ohne erkennbare Behinderungen herum, aber ihr Innenleben ist behindert, ihre Seele ist krank und möchte sich ausweinen oder anlehnen, sucht Vergebung von Schuld ... Jesus kam, um äußere *und* innere Behinderungen zu heilen, und zeigte in der Reihenfolge seiner verzeihenden Liebe an, wo die Heilung beginnen muß, wenn auch der Körper aufatmen soll ... Ich kann zwar meine äußere Behinderung behalten, aber innerlich geheilt sein (siehe unten „Kurzgeschichten A"). – Das fürbittende Gebet sollte in dieser Predigt einen breiten Raum einnehmen; dazu legen wir ein Kreuz auf die Sitzfläche des Behindertenrollstuhles.
4. Ein *Ziegelstein,* von dem eine Ecke abgeschlagen wurde: Auch wer behindert ist, kann in den Bau Gottes eingefügt werden: Der Mörtel der Liebe füllt alle Mängel aus. Ausführlicher in „99", Nr. 52. Siehe auch unten „Kurzgeschichten A", 4.

Kurzgeschichten

A: „Äußerlich" behindert bleiben und doch innerlich geheilt sein

1. Die Krise als Chance zum Neubeginn: Bd. 4, Nr. 53 (Die Teekanne);
2. Sie trägt eine Perle in sich: Bd. 2, Nr. 54;
3. Mit Behinderungen leben: Bd. 1, Nr. 217 (Der Blinde und der Lahme);
4. Aus der „Behinderung" etwas machen: Bd. 3, Nr. 200 (Der David des Michelangelo);

5. Das geduldige Leid erlöst: Bd. 3, Nr. 43;
6. Reif werden im Leid: Bd. 3, Nr. 48;
7. Das Leiden durchtragen: Bd. 4, Nr. 60;
8. Behindert?: Bd. 2, Nr. 120;
9. Behinderte normal behandeln: Bd. 2, Nr. 121;
10. Die 30 % Arbeitsfähigkeit habe ich genutzt: Bd. 4, Nr. 154;
11. Halleluja!: Bd. 3, Nr. 56.

B: Vergebung
1. Kommaverschiebung des Königs: Bd. 3, Nr. 36;
2. In den Schatten des Kreuzes stellen: Bd. 1, Nr. 44;
3. Das Meer der Barmherzigkeit: Bd. 2, Nr. 97;
4. Die Gnadenkerze: Bd. 2, Nr. 63;
5. Der Gekreuzigte reicht seine Hand: Bd. 4, Nr. 112;
6. Die Legende von den Steinen: Bd. 3, Nr. 37;
7. Vergebung gibt Mut: Bd. 1, Nr. 37;
8. Siehe oben Symbol 2.

C: Gott Barmherzigkeit zutrauen
Siehe „Bausteine A“, 16. Sonntag i.J., Kurzgeschichten B.

D: Den Himmel entdecken
Tao heißt der Rabe, über den eine schöne Geschichte erzählt, wie behindert, ja gelähmt er ist, seitdem er ein Goldstück bewacht, das ihn um seinen Schlaf bringt. Sein langer Weg, wie er die Behinderung überwindet und wieder fühlen und sehen kann, steht in „Laarmann,“ Nr. 10: „Den Himmel in uns und um uns entdecken.“

Spiele
1. Heilung der „Lahmen“ in der Gemeinde: „77“, Nr. 47;
2. Anspielszene: Interview der Träger: „Behnke 2“, S. 20.

Bilder
1. Dia-Serie „Heilung des Gelähmten“ (für Kinder): Stiftung Docete/Hilversum;
2. Die Postkarte (s/w) „Christus will alle an sich ziehen“ zeigt Jesus am Kreuz, der die Arme aus den Querbalken gezogen hat, um die Sünder zu umarmen. Zu bestellen: Eberhard Zwicker, Spiegelstr. 10, D-97070 Würzburg. Dazu „Kurzg. 4“, Nr. 112.

Weitere Anregungen
1. Predigt: Jesus sitzt mitten im Haus (= Kirche) und hat nichts dagegen, daß im Notfall schon mal das Dach abgedeckt werden muß ...
2. Wenn heute Karneval ist: Gereimte Predigt von Helmut Hoffmann zum Evangelium: „Lahme Menschheit, laß dich zu Christus tragen!“ in „PuK“ 2/91, S. 159-161. Beim Autor dieses Buches erhältlich.

8. Sonntag im Jahreskreis

Neuer Wein in neue Schläuche

Evangelium: Mk 2,18-22: Solange der Bräutigam bei ihnen ist, können die Jünger nicht fasten. / Kein neuer Stoff auf alte Kleider. / Kein neuer Wein in alte Schläuche.

(*L 1:* Hos 2,16b.17b.21-22: Ich traue dich, Israel, mir an auf ewig; *L 2:* 2 Kor 3,1b-6: Ihr seid ein Brief Christi.)

Vorüberlegung: Mit seiner neuen Botschaft paßt Jesus nicht mehr in die „alten Schläuche" der Pharisäer. Oder: Jesus ist ein völlig neuer Mantel, auf den die Flicken der alten Johannesgesinnung nicht geklebt werden dürfen. Im neuen Denken Jesu, das nichts mehr mit ängstlicher Buchstabentreue und Kontrolle gemeinsam hat, dürfen alle befreit aufatmen.

Symbolpredigten

1. Grund zum Lachen. Besonders zu Karneval: Ein Bild, das *Christus als Narr* zeigt (Rouault: Christus im Clowngewand ans Kreuz genagelt oder Roland Peter Litzenburgers Zyklus „Christus, der Narr"; letzterer: Verlag Kath. Bibelwerk, Stuttgart). Mit Christus, dem ganz neuen Anfang, sind wir auf dem Weg zur Stadt des himmlischen Hochzeitsfestes, wo die besten Weine erst noch aufgetischt werden (Offb 21,1ff: der neue Himmel und die neue Erde). 240mal enthält die Bibel die Worte „froh", „fröhlich", „Freude". Wer zuletzt lacht, lacht am besten! Die damalige geistliche Obrigkeit in ihrem Trauerfasten und in ihrer Buchstabentreue konnte die neue freimachende Botschaft nicht verstehen. Leben *wir* im neuen Denken?
2. Jesus durchkreuzt, was ist: Das X im Christuszeichen (☧) wird als Durchkreuzen alles Bisherigen mit folgenden Worten gedeutet, die groß aufgeschrieben werden. Auf der Längsachse des P steht: raffe, herrsche, bekriege, zerstöre, ignoriere, verspotte: *Mir* geht es gut! – Auf dem X steht: *Du* bist wichtig! Gib, diene, verzeihe, hilf, beachte, lobe ...! (Nach Franz Melcher, Sundern.)
3. Jesus ist der neue Anfang. Auf ein sehr *altes, verschlissenes Kleid* sind ein paar *neue Stoffstücke* genäht: Das ergibt wenig Sinn – wie jeder sieht. (Also weglegen!) Wir dürfen mit dem Bräutigam Jesus seit der Taufe ein neues *Gewand = Taufkleid* tragen und befreit und froh leben. Es ist allerdings schwierig, in unserem Verhalten das Alte und falsch Überkommene abzulegen und Neues zu wagen. Wo liegen oft die Unterschiede?

Kurzgeschichten

A: Mit anderen Augen

1. Gnade statt Leistung: Bd. 4, Nr. 134;

2. Neue Augen: Bd. 3, Nr. 58;
3. Auferstanden zu neuem Leben: Bd. 3, Nr. 60;
4. Den Sünder annehmen: Bd. 3, Nr. 121;
5. Lebenshilfe: Bd. 4, Nr. 50;
6. Der durchlöcherte Korb mit Sand: Bd. 2, Nr. 47;
7. Das zweite Leben des Strohsackes: „KiBö“ Nr. 91-1, S. 31.

B: Frohe „Heilige“, die uns das Neue vorgelebt haben
1. Das gütige Lächeln des Johannes XXIII.;
2. Der Papst, an dem das Lachen auffiel: Johannes Paul I.;
3. Franz von Assisi: „2 x 11“, S. 125-128.

C: Der Frömmler: Einer kam zum Rabbi und brachte sein Leid vor: „Die Leute nennen mich einen Frömmler. Was ist das für ein Gebrechen, das sie mir zuschreiben? Warum ein Frömmler, nicht ein Frommer?“ „Der Frömmler“, erwiderte der Rabbi, „macht aus der Hauptsache der Frömmigkeit eine Nebensache und aus ihrer Nebensache die Hauptsache.“ – Diese chassidische Geschichte kann sagen: Reibt euch nicht an den nebensächlichen Ärgernissen in den Kirchen wund, z. B. ob ein Priester die vorgeschriebene Kleidung trägt ..., sorgt lieber dafür, daß ein menschenfreundlicher Gott in eurer Mitte spürbar wird. (Dazu „PuK“ 2/79, S. 220-223.)

Bild
Siehe oben Symbol 1.

Weitere Anregungen
Heute bietet sich zur Predigt eine Reihe von Themen an:
1. Unsere Jugend: Neuer Wein? Generationsproblem in der Kirche.
2. Mehr Vertrauen als Gesetze.
3. Seit dem 2. Vatikanum (= neuer Wein) jetzt alles wieder in alte Schläuche? (Einheitlichkeit statt Vielfalt; Zentralismus statt Eigenständigkeit; Gängelung statt Mündigkeit ...)
4. Dialogpredigt mit Vertretern verschiedener Generationen: Altes und Neues vergleichen – in unserer Gesellschaft und in der Kirche (siehe oben Symbol 3).
5. Ein „Reporter“ geht mit dem Mikrofon durch die Kirche: „Was finden Sie in unserer Gemeinschaft veraltet? Was müßte an Neuem aufbrechen?“

9. Sonntag im Jahreskreis
Die Liebe steht über dem Gesetz

Evangelium: Mk 2,23-3,6 (Kurzfassung möglich): Der Mensch ist nicht für den Sabbat da. / Heilung des Mannes mit der verdorrten Hand am Sabbat.
(*L 1:* Dtn 5,12-15: Halte den Sabbat heilig; *L 2:* 2 Kor 4,6-11: Licht soll in unseren Herzen aufleuchten.)

Vorüberlegung: Gott will den Menschen glücklich sehen: Das steht noch höher als die Verehrung Gottes. Gott nennt sich ja auch Jahwe = Ich bin für euch da; ich habe (unbedingt) Interesse an euch. Jesus korrigierte, wo der Mensch zu kurz kam: Der Mann, arbeitsunfähig mit seiner verdorrten Hand, wird von Jesus wieder eingegliedert, handlungsfähig gemacht.

Symbolpredigten

1. Das Herz im Kopf haben. Ein durchgeschnittener Kopfsalat zeigt, worauf es ankommt. Ohne den Kopf (= das Gesetz) geht nichts, aber in Zweifelsfällen müßte das Herz (= Liebe) das letzte Wort sprechen. Wir wissen, wie sehr das z. B. im Strafvollzug ausgenutzt werden kann, aber Jesus entschied sich immer, nicht nur in Fragen des Sabbats, für den Menschen. (Weiteres siehe „Bausteine A", 31. Sonntag i.J., Symbol 1.) Jetzt Beispiele bringen oder Szenen vorspielen, die besprochen werden, z.B. Kirchengesetze sollen durchaus die Unauflöslichkeit der Ehe schützen. Aber wie verhalte ich mich bei einer gläubigen Frau, die nach gescheiterter Ehe mit einem neuen Mann zusammenlebt und mit ihm zwei Kinder hat: Würde Jesus ihr den Empfang der Kommunion verbieten?
2. Was steht höher: Liebe oder Paragraphen? Eine *Rose und* ein ausgeschnittener, großer *§* (= Paragraphzeichen). Der Ordensvater Benedikt besuchte einmal mit einigen Brüdern seine Schwester Scholastika im Schwesternkloster und wollte natürlich vor der Dunkelheit wieder in seinem Kloster sein. Aber das Zusammensein war so harmonisch und schön, daß Scholastika ihren Bruder bat, doch die Nacht im Kloster zu verbringen. Benedikt reagierte sehr verärgert über die zugemutete Regelverletzung, worüber Scholastika wiederum sehr betroffen war. Da ging, so erzählt die Legende, ein solch starkes Gewitter nieder, daß es unmöglich wurde, noch zum Kloster zurückzukehren. (Ein Jahr später, als Benedikt den Besuch wiederholen wollte, war seine Schwester schon tot.) Regeln und Gesetze sind notwendig, aber es gibt Augenblicke, da sind diese Klammern einfach ein Stück zu kurz. – Beispiele nennen, Gewissensfragen stellen (siehe mein Buch „33 Gruppenstunden für Ministranten. Auch für Schule, Kinder- und Jugendarbeit", Kapitel 9) und bei der Lösung mit „Rose" oder „Paragraph" arbeiten.
3. Christen dürfen anders sein. *Ein durchlöcherter Korb mit Sand.* Pr erzählt die Kurzgeschichte Nr. 47 aus Bd. 2: Ein alter Mönch soll einen in Sünde gefallenen Mitbruder eines anderen Klosters aburteilen. Er geht den Klosterbrüdern mit einem durchlöcherten Korb entgegen, aus dem Sand rieselt: „Was da herausrieselt, sind meine Sünden: Wie kann ich da Richter spielen?" Und sie verziehen dem Bruder. – Eine Bestrafung wäre rechtmäßig gewesen, aber Christen, die sich an Christus orientieren, dürfen vieles anders sehen.

Kurzgeschichten

A: Gesetz oder Liebesgebot?

1. Den Sabbat entheiligt?: Bd. 4, Nr. 133;
2. Nächstenliebe über der Gottesliebe auch im Hinduismus: Bd. 4, Nr. 113;
3. Die Liebe über dem Gesetz: Bd. 4, Nr. 50;
4. Den Sünder annehmen: Bd. 3, Nr. 121;
5. Das höhere Gesetz: Bd. 2, Nr. 111;
6. Zu unbarmherzig: Bd. 4, Nr. 49;
7. Der unbarmherzige Priester im Samaritergleichnis, der den Kult höher stellte: Lk 10, 30-36;
8. Schmutzige Sinne: Bd. 4, Nr. 129;
9. Gott mehr als den Kaiser fürchten: Bd. 2, Nr. 96;
10. Siehe oben Symbol 3.

B: Die Sonntagsheiligung

(Sie betrifft zwar mehr die 1. Lesung, aber das Thema bietet sich heute an, um grundsätzlich das Gebot der „Sabbatruhe“ als sehr wichtig einzustufen.)

1. Der unscheinbare siebte Bruder (= 7. Tag): Bd. 2, Nr. 190;
2. Als die Freudenstädter den Sonntag abschafften: Bd. 4, Nr. 179;
3. Ohne Ruhepausen verliert der „Bogen“ an Spannkraft: Bd. 2, Nr. 193.

C: „Das Mädchen ohne Hände“ (= nicht nur „verdorrt“!), die durch Liebe und Gottvertrauen wieder wachsen. Ein anderer Aspekt des Evangeliums: „Laarmann“ Gottesdienst Nr. 15.

Weitere Anregung

Paraphrase zum Evangelium: „Achte auf den Sabbat!“: „Roos“, S. 121.

10. Sonntag im Jahreskreis

Jesus – stärker als der Satan

Evangelium: Mk 3,20-35: Die Verwandten wollen Jesus mit Gewalt zurückholen. / Das Reich des Satans hat keinen Bestand. / Die Sünde wider den Hl. Geist wird nicht vergeben. / Wer ist meine Mutter, und wer sind meine Brüder? Die den Willen Gottes erfüllen!

(*L 1:* Gen 3,9-15: Feindschaft zwischen der Schlange und der Frau; *L 2:* 2 Kor 4,13-5,1: Wir glauben, darum reden wir unermüdlich.)

Vorüberlegung: Die Verwandten hielten Jesus für nicht mehr zurechnungsfähig; sie wollten ihn in den Schutz der Sippe holen, bevor er eventuell für geistesgestört erklärt würde und die Steinigung drohte. – In der Rede vom Satan soll gesagt sein: Jesus, im Schutze des Allmächtigen, weiß sich mächtiger als der Widersacher. – Für Maria war es sicherlich hart, daß sich Jesus so von ihr distanzierte.

Symbolpredigten

1. „Er ist von Sinnen." *Eine Rose, die aus einem Stacheldraht wächst* (Symbol im KZ Auschwitz-Birkenau).
   „Revolutionäre" wie Jesus, die etwas ver-rücken, und darum oft für verrückt erklärt werden, werden gerne hinter Stacheldraht gebracht: Der Vater wollte Franziskus festsetzen, die Intellektuellen – nicht nur in der ehemaligen UdSSR – wurden in psychiatrische Kliniken gesperrt ..., trotzdem haben sie die Welt verändert: Aus dem „Stacheldraht" wuchs die Rose; auch Jesus setzte sich durch gegen die Familie, gegen die damalige führende Schicht, ja gegen den Tod ...

2. Im Kampf gegen das Reich Satans. Ein aus ca. 1 cm großen Holzkugeln *geknüpfter Rosenkranz.* Zunächst wird die Kurzgeschichte Nr. 173 aus Bd. 2 erzählt: Eine Studentin, die vor ihrer Gefängnisstrafe jeder Mitstudentin eine Perle solch eines Rosenkranzes gegeben hatte, um im Kampf gegen das teuflische System der Gotteshasser nicht alleinzustehen, wurde schwach und verleugnete ihren Glauben. Da schickten die Mitstudentinnen ihr den zusammengefügten Rosenkranz zu. Dieses Miteinander gab ihr neuen Mut, sie fand wieder zum Glauben ... Der Kampf gegen die Mächte des Bösen tobt heute an so vielen Stellen weiter – nah und fern und oft *in* den Menschen. Wer einen Monat(?) lang über eine „Gebetsbrücke" anderen helfen will, der kann sich am Ende des Gottesdienstes eine Rosenkranzkugel mitnehmen und sie zur Erinnerung an dieses Versprechen behalten ... (Täglich ein Ave Maria).
3. „Wer ist meine Mutter?" Diese Distanzierung von seiner Mutter war für Maria sicherlich ein Schwert in der Seele. Er mutet auch seiner Mutter einen Lernprozeß zu. Auch sie wurde ja zeitweilig irre an ihrem Sohn, auch sie war bei denen, die Jesus mit Gewalt zurückholen wollten. Sie ringt sich erst langsam zu einem tieferen Verständnis durch. Dieses *Schwert* erinnert an das (mindestens) siebenfache Leid Mariens: siehe in diesem Buch „Fest der Hl. Familie", Symbol 2.
4. Wer den Willen Gottes erfüllt = Beten *und* arbeiten. Im Bild der *zwei Ruder:* Siehe „Bausteine A", 9. Sonntag i.J., Symbol 1.

Kurzgeschichten

1. Der Kampf der beiden Reiche gegeneinander: Bd. 3, Nr. 82;
2. „Jesus" ist so „motiviert", daß er unbesiegbar ist: Bd. 4, Nr. 77;
3. Siehe oben Symbol 2.

Spiel
Die Sünde wider den Hl. Geist = der Stolz des Menschen, der glaubt, Gott nicht nötig zu haben: Im Sprechspiel „Die sieben Wurzelsünden (= Todsünden) und die sieben Heilkräuter“: „122“, Nr. 25.

Bild
Kunstkarte Nr. 5837 im Kunstverlag D-56653 Maria Laach: Die schwarze Madonna von Tschenstochau: Ihr Gesicht zeigt schweigende Anmut, Strenge und Geduld. Ihr Antlitz ist durch Schläge von Menschen entstellt, die in blinder Zerstörungswut dieses Gnadenbild vernichten wollten (= Macht des Bösen). Sie ist zum Leitbild aller Geschlagenen geworden. Ihr blaues Gewand ist von goldenen Linien übersät (= aus Wunden kann Wertvolles entstehen), und sie zeigt mit der Rechten auf den, der der Welt Frieden schenken kann.

11. Sonntag im Jahreskreis
Gleichnisse vom Wachsen der Saat und dem Senfkorn

Evangelium: Mk 4,26-34: Mit dem Reich Gottes ist es wie mit Samen, der von selbst wächst, / wie mit dem winzig kleinen Senfkorn, das größer wird als alle anderen Gewächse.
(*L 1:* Ez 17,22-24: Ich mache den niedrigen Baum hoch; *L 2:* 2 Kor 5,6-10: Wir wollen dem Herrn gefallen.)

Vorüberlegung: Wir haben keinen Grund zu verzagen, auch wenn wir nicht viel vom Wachsen des Reiches Gottes sehen. Unsere engagierte Gelassenheit ist gefragt, um das Senfkorn (= das kleine Wort des Evangeliums) bis zum Baum (= das machtvolle Wirken Gottes) zu begleiten.

Symbolpredigten
1. Das Geheimnis der still wachsenden Saat ist wie das Wachsen des Reiches Gottes! Jeder erhält eine *Blumenzwiebel* (oder ein Saatkorn) zum Einpflanzen. So eine Zwiebel (= das Wort Gottes, der Glaube) kann niemand herstellen. Sie ist uns geschenkt. Auch wenn alle Bedingungen für ein Wachstum stimmen (Erde, Licht, Wasser), muß Gott das Eigentliche hinzugeben: das Wachstum (1 Kor 3,5-15). Wir können nur für gute Wachstumsbedingungen sorgen. Gott schenkt uns unzählige Male dieses Wunder: die Blüte, neue Früchte ... Geduld dabei! Die Knospe nicht schütteln, damit sie schneller blüht; die Farben und den Duft nicht zwingen ... (Ausführlicher in „122“, Nr. 52.)
2. Geduld haben beim Wachstum. Siehe dazu „Bausteine A“, 10. Sonntag i.J., Symbol 1: *Kaktee* und Symbol 2: *Yuccapalme.*
3. Wachsen wie ein Baum. Jeder bekommt ein winziges *Senfkorn* in die Hand. Wir schließen die Augen und stellen uns vor, wie es wächst bis zum

Baum, der Schatten spendet und unter dem wir uns zusammenstellen können ... Schließlich die Kurzg. 199 in Bd. 1: Wir bekommen von Gott nur den Samen!

Kurzgeschichten

A: Geduld haben

Siehe „Bausteine A", 16. Sonntag i.J., Kurzgeschichten A; weiterhin

1. Beppo, der Straßenkehrer, zeigt Fleiß und Gelassenheit: Bd. 1, Nr. 204;
2. Nimm dich nicht so wichtig! (Johannes XXIII.): Bd. 2, Nr. 169;
3. Sich nicht so wichtig nehmen: Bd. 3, Nr. 205;
4. Gefährten oder Tod: Bd. 1, Nr. 245;
5. Und wenn ich morgen sterben müßte: Bd. 1, Nr. 244.

B: Das „Wachstumsgeheimnis" des Reiches Gottes zeigt sich bereits im Blut der Märtyrer, das Same für neue Christen ist: Siehe in diesem Buch 5. Fastensonntag, Kurzgeschichten B.

C: Engagement ist gefragt

1. Der Mann mit den Bäumen: Bd. 1, Nr. 5;
2. Wir bekommen nur den Samen: Bd. 1, Nr. 199;
3. Heilige: Sie waren unermüdlich, und ihr Vertrauen auf das Wirken Gottes war unendlich;
4. Tistou mit dem grünen Daumen: Er verwandelt langsam alles in lebendiges Grün; eine wachsende Erlösung sogar im Gefängnis: „PuK" 4/85, S. 416.

Spiele

1. Bewegungen zum Senfkornlied: „Einem Senfkorn gleich / wächst das Gottesreich. / Klein, man sieht es kaum. Groß wird's wie ein Baum." Siehe „Behnke 2", S. 28f;
2. Sprechspiel zur Schulentlassung Grundschule: Gott läßt wachsen, was er schuf: „Schnegg 2", Nr. 83.

Bild

zum Senfkorn: „Bausteine A", 16. Sonntag i.J., Bild 2 und 3.

Weitere Anregungen

1. Evangelium nach Karel Eykman/Bert Bouman, Die Bibel erzählt, Herder Verlag, Freiburg 1978, S. 312-315: Ein Senfkorn zerstört schließlich eine ganze Festung.
2. Heute könnte eine Taufe in den Gottesdienst gelegt werden: Aussaat für Gottes Reich.

12. Sonntag im Jahreskreis

Jesus stillt den Sturm auf dem See

Evangelium: Mk 4,35-41: Die Wellen schlugen in das Boot. / Er aber schlief. / Er befahl dem See. / Warum habt ihr solche Angst?/ Was ist das für ein Mensch?

(*L 1:* Ijob 38,1.8-11: Hier muß sich legen deiner Wogen Stolz; *L 2:* 2 Kor 5,14-17: In Christus beginnt eine neue Schöpfung.)

Vorüberlegung: Jesus weiß sich mitten im Sturm in der Hand des Vaters: Das nimmt zwar nicht die „Oberflächenangst" vor Leid und Sterben, aber die „Tiefenangst" vor dem Sturz in Leere und Sinnlosigkeit. Die Jünger staunen schon und denken nach: ein Schritt auf dem Weg aus der Angst.

Symbolpredigten

1. Unterwegs zum Hafen Gottes. Ein großes gebasteltes *Segelschiff* (ausleihen!). Die Sicherheit im Schiff der Kirche gibt uns der Kapitän Jesus Christus: ganz gleich, welcher progressive oder restriktive Kurs in der Kirche gefahren wird oder wie stark es im Leben drunter und drüber geht und uns das Wasser vielleicht bereits bis zum Halse steht. Weiter siehe „Bausteine A", 19. Sonntag i.J., Symbol 3.
2. Unterwegs zum Hafen Gottes. Ein *Surfbrett mit Segel:* Siehe in diesem Buch Pfingstmontag, Symbol 1.
3. Die Mitte suchen. *Im Zentrum* eines gemalten, gewaltigen, kreisförmigen Wirbels (= Taifun) ist *ein Christusbild* geklebt: Im „Auge" eines Taifuns ist, oft kilometerbreit, eine Zone absoluter Stille. Was also auch an Katastrophen und Dunkelheiten über uns hereinbricht (eventuell entsprechende Bilder oder Worte in den Wirbel kleben), wir versuchen immer wieder, im sich fortbewegenden Taifun die Mitte zu erreichen: Bei Christus sind wir geborgen.
4. Im Auf und Ab des Lebens ruhig bleiben. Das vergrößerte Bild oder die Zeichnung einer *Schiffschaukel;* sie ist ja auch ein Schiff! Siehe „122", Nr. 60: Wir brauchen in der Schiffschaukel des Lebens keine Angst zu haben, weil Jesus bei uns ist, auch wenn wir manchmal meinen, er schliefe.
5. Ein *Rettungsring* mit den Buchstaben IHS (= Jesus) steht vor dem Altartisch: Von hier kommt uns Rettung, wenn wir Vertrauen haben. Diese kleine Rettungsinsel ist uns in der Not angeboten, aber ich muß sie auch ergreifen! (Den Rettungsring im Schwimmbad oder Bootshafen ausleihen.)

Kurzgeschichten

1. Spring doch in seine Arme!: Bd. 1, Nr. 91;
2. Wie auf Adlerflügeln getragen: Bd. 4, Nr. 100;
3. Wenn es dunkel wird, bin ich es: Bd. 4, Nr. 99;

4. Vertrauen, das Berge versetzt: Bd. 4, Nr. 110;
5. Ich bin nicht allein: Bd. 4, Nr. 111;
6. Der Vater: Bd. 3, Nr. 98;
7. Vertrauen: Bd. 3, Nr. 99;
8. Dein Glaube ist groß: Bd. 2, Nr. 94;
9. Die Maus mit der großen Seele findet ihren Rettungsanker: Bd. 2, Nr. 163;
10. Siehe auch „Bausteine A“, 12. Sonntag i.J., Kurzgeschichten B.

Spiele

1. Das Evangelium mit einem großen Tuch (= Meer) spielen; die „Wellen“ sind Unsicherheit, Verlassenheit, Hoffnungslosigkeit ...: „Handbuch zum Lektionar für Gottesdienste mit Kindern“, Kösel-Verlag, München/ Patmos Verlag, Düsseldorf 1985, Bd. 2, Nr. 44.
2. Die „Wellen“ sind wellenförmig aufgesteckt mit Aufschriften wie Arbeitslosigkeit, Krankheit, Streit, Angst vor der Schule ... Während des Evangeliums steckt Pr einen Mast als Kreuz in die Wellen. So ähnlich bei „Behnke 2“, S. 30f, „Spendel 2“, S. 188f, „Schnegg 1“, Nr. 41.
3. Ein Gottesdienst „Jesus im Sturm auf See“ auch in „FaJu“ Mai 88.

Bilder

1. Dia-Serie „Sturm auf dem Meer“ in Docete Stiftung, Hilversum (für Jüngere). Das Dia Nr. 6 daraus ist als Poster erhältlich: Biblische Palette De Kort, Poster Nr. 11, im Calwer Verlag, Stuttgart/Kösel-Verlag, München.
2. Kunstkarte Nr. 5505 (Egbert-Codex) im Kunstverlag D-56653 Maria Laach oder Kunstkarte Nr. 5768 („Der Sturm auf dem Meere“, Hitda-Codex aus Meschede, um 1020; siehe Abbildung).
   Zum Bild: Golddekor und Heiligenscheine lassen uns leicht über das einzige Wort im Bild hinwegsehen, das im Heiligenschein Jesu steht: LUX (= das Licht). Jesus ist das Licht des Glaubens, das dem kleinen Glauben der Jünger immer noch nicht aufgegangen ist: Sie resignieren in Panik, die Ruder ragen schon hilflos aus den Öffnungen. Christus aber, der Herr über alles, ruht: In seiner Nähe gibt es keinen Untergang.

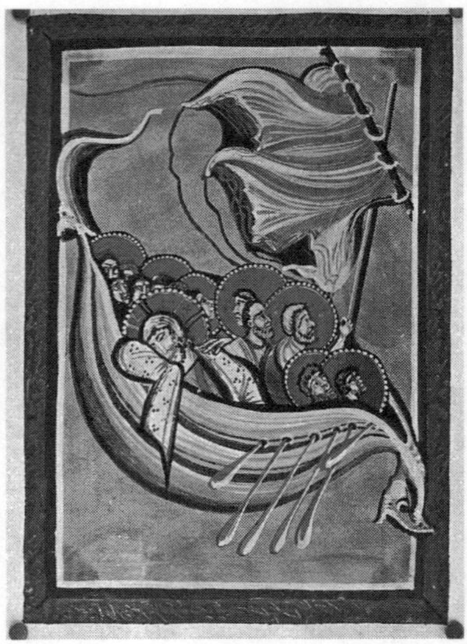

3. Walter Habdank, „Stillung des See-

sturms“ als Dia, Hand- und Wandbild, Bild Nr. 16, im Kösel-Verlag.
4. Misereor-Hungertuch aus Haiti: Dia Nr. 3, Misereor, Mozartstr. 9, D-52064 Aachen.
5. Kunstkarte SK 210. © Sieger Köder, „Habt ihr noch keinen Glauben?“ Bestelladressen: Schwabenverlag AG, Senefelderstr. 12, D-73760 Ostfildern; und Rottenburger Kunstverlag VER SACRUM, Reiserstr. 2, D-72108 Rottenburg a.N.

Weitere Anregungen
1. Lied: Ein Schiff, das sich Gemeinde nennt ...
2. Gebet Papst Johannes XXIII.: Wer Glauben hat, der zittert nicht ...

13. Sonntag im Jahreskreis
Heilung der kranken Frau und Auferweckung der Tochter des Jairus

Evangelium: Mk 5,21-43 (Kurzfassung möglich): Leg meiner sterbenden Tochter die Hände auf! / Die Frau mit Blutungen berührte sein Gewand. / Dein Glaube hat dir geholfen! / Das Kind schläft nur. / Er faßte das Kind an der Hand und sagte: Steh auf. / Gebt dem Mädchen etwas zu essen!
(*L 1:* Weish 1,13-15; 2,23-24: Durch den Neid des Teufels kam der Tod in die Welt; *L 2:* 2 Kor 8,7.9.13-15: Ein Ausgleich tut not.)

Vorüberlegung: Jesus zeigt seine Macht über Krankheit und Tod. Bei der Heilung der Frau steht deren Vertrauen im Mittelpunkt; bei der Macht über den Tod sind die Menschen entsetzt – und kommen doch nicht zum Glauben.

Hinweise: 1. Siehe auch „Bausteine A“, 5. Fastensonntag (Auferweckung des Lazarus) sowie „Bausteine C“, 10. Sonntag i.J. (Auferweckung des Jungen von Nain). 2. Siehe auch „Bausteine A“ bis „C“, Allerheiligen/Allerseelen.

Symbolpredigten
1. Hoffen auf Heilung – sowohl bei der kranken Frau als auch beim verzweifelten Vater. Ein *Thermometer* zeigt uns, in welchem Bereich ein Christ seine Hoffnung ansiedeln darf: in der goldenen Mitte. Bei Temperaturen unter Null wird es durch Frost und Schnee unangenehm: Ich verzweifle, verbittere, denke an Selbstmord. Eine zu hohe Temperatur bringt Hitze und Schweiß, d. h. übertragen: Ich bin stolz, überheblich, ich brauche Gott nicht. Die Mitte dazwischen ist christliche Hoffnung, die sich auf den Weg macht und unerschütterlich darauf vertraut, daß Gott hilft, wenn es gut für mich ist.
2. Heilen durch Berühren – wie es die Frau erhoffte: Siehe in diesem Buch 6. Sonntag i.J., Symbol 1 (Jesus berührt den *Aussätzigen*), Nr. 2 *(Opal)* und Nr. 3 *(Hand).*

3. Heilen durch Berühren: Die Geschichte „Das Hemd des Glücklichen" („Kurzg. 1", Nr. 192) sagt: Der Sohn wird wieder gesund, wenn er das Hemd eines Glücklichen trägt. In der Taufe bekamen wir das „Hemd des glücklichsten Menschen" angezogen, ein *Taufkleid,* und dazu wurde gesagt: „Du hast Jesus Christus angezogen. Bewahre diese Würde für das ewige Leben! Dann wirst du glücklich!"
   Welche Kraft von diesem Jesus-Gewand ausgeht, haben wir eben gehört: Die kranke Frau braucht es gar nicht anzuziehen, sondern nur zu berühren, und sie spürt die Heilung. Es geht nicht um Kleider-Fetischismus, sondern: Auf Tuchfühlung mit Jesus bleiben, um uns immer wieder heilen und anrühren zu lassen. (Wie oft wird bei der Sakramentenspendung die Hand „Jesu" auf uns gelegt! Dazu mehr in „PuK" 4/91, S. 447f.)
4. Unser Glaube an Jesus ist wie ein *Schlüssel,* der alles aufschließen kann, auch die letzte Tür. So gesehen dürfen Christen den Tod als Engel mit

   einem goldenen Schlüssel malen (vgl. „Kurzg. 1", Nr. 240). Jesus, der einzig passende „Schlüssel Davids" (vgl. 0-Antiphon GL 772,4), hat die Türen zu Gott und den Menschen aufgeschlossen: Wo er hinkommt, heilt er, vergibt die Schuld, weckt sogar von den Toten auf. Aber die Menschen müssen ihm auch jedesmal etwas schenken: ihr Vertrauen; sonst bleiben die „Türen" bei Jesus und bei den Menschen verschlossen (siehe Pharisäer und Schriftgelehrte). Wir können also etwas von der Schlüsselgewalt Jesu weitergeben, solange wir ihm vertrauen und aus dieser Verbindung heraus auch heilen, vergeben und neu aufrichten ...
5. Sieger über den Tod: Siehe „Bausteine A", 5. Fastensonntag, Symbol 1: *Kokosnuß.*

Kurzgeschichten

A: Unerschütterliche Hoffnung haben

1. Unbezwingbar: Bd. 1, Nr. 2;
2. Hoffnung läßt Berge versetzen: Bd. 1, Nr. 3;
3. Von der Hoffnung: Bd. 4, Nr. 3.

B: Vertrauen können
Siehe in diesem Buch, 12. Sonntag i.J., Kurzgeschichten.

C: Jesus ging ganz nahe: Er nahm das Mädchen an der Hand.
Siehe in diesem Buch, 5. Sonntag i.J., Kurzgeschichten A.

D: Unerwartete Zuwendung
Ein Puppenhaus für Franziska: Ein Schreinerlehrling hat seiner kleinen Schwester für Weihnachten ein wunderbares Puppenhaus gezimmert, das auch der Arzt bewundert. Er bittet darum, es für kurze Zeit einer kleinen Patientin zu schenken, die wahrscheinlich in den nächsten Tagen sterben wird. Das unerwartete Geschenk löst aber einen heilsamen Schock aus: Der Zustand des kranken Mädchens bessert sich, ja, es wird wieder gesund. Aber der Lehrling mußte nun Tag und Nacht arbeiten, um rechtzeitig ein neues Puppenhaus für seine Schwester fertigzubekommen. – Die überraschende Zuwendung hat dem Mädchen das Leben „wiedergeschenkt", auch eine Form der „Lebenserweckung". (Ausführlicher von Peter Frowein in „FaJu" Juni 91: „6 Feriengottesdienste".)

Spiele
1. Evangelienspiel zur Erweckung der Tochter des Jairus: „77", Nr. 77;
2. Eingeschlafen oder gestorben?: „Laubi/Dirnbeck", S. 82ff.

Weitere Anregungen
1. Der „klassische" Text von Wilhelm Willms: „wußten sie schon, daß die nähe eines menschen ..." in „der geerdete himmel" 5.5, Verlag Butzon & Bercker, Kevelaer 1974.
2. Gespräch über Totenerweckung: „Laubi/Dirnbeck", S. 83-85.
3. Einen Goldpapierkegel als Zeichen für heiles Leben auf schwarzem Boden (= Tod) basteln: „Spendel 2", S. 191f (Bastelanleitung und Deutung).

14. Sonntag im Jahreskreis
Die Ablehnung Jesu in seiner Heimat

Evangelium: Mk 6,1b-6: Sie nahmen Anstoß an Jesus. / Er konnte dort keine Wunder tun. / Er legte einem Kranken die Hände auf.
(*L 1:* Ez 1,28b-2,5: Geh als Prophet zu diesem widerspenstigen Volk; *L 2:* 2 Kor 12,7-10: Ich will mich meiner Schwachheit rühmen.)

Vorüberlegung: Nazaret ist überall: Im Bekannten wird keine göttliche Größe mehr vermutet. Unglaube läßt nichts wachsen.

Symbolpredigten
1. In jedem Menschen liegen „Perlen" verborgen, auch in den Leuten von Nazaret lagen sie. Aber weil sie ihre „Schalen" geschlossen hielten, obwohl

Jesus ihnen nahekam, konnte er dort keine Wunder wirken. Zum *Austerngleichnis* siehe in diesem Buch 23. Sonntag i.J., Symbol 1.

2. „Einigen Kranken legte er die Hände auf“: Heilende *Hände;* siehe in diesem Buch 6. Sonntag i.J., Symbol 3.
3. Schicksal eines jeden Propheten: Menschen, die etwas ver-rücken wollen, werden als „verrückt“ abgelehnt. Die *Rose, die aus dem Stacheldraht wächst:* Siehe in diesem Buch 10. Sonntag i.J., Symbol 1.
4. Die Herzens*tür* öffnen: Siehe unten Kurzgeschichten B 5.

Kurzgeschichten

A: Heilen durch Berühren

Siehe in diesem Buch 5. Sonntag i.J., Kurzgeschichten A.

B: Weitere Möglichkeiten des Einstiegs

1. Die Engstirnigkeit der Nazaräer verhindert eine wirkliche Begegnung: Bd. 1, Nr. 107 (Der Frosch im Brunnen);
2. Die innere Einstellung ist entscheidend: Bd. 1, Nr. 196 (Der Kraftmesser);
3. Kein Platz für Jesus in Nazaret (und in unserem Herzen): Bd. 3, Nr. 65;
4. Er konnte in Nazaret keine Wunder tun, weil die *Vertrauens*ebene fehlte: Siehe in diesem Buch 12. Sonntag i.J., Kurzgeschichten;
5. Die Türklinken zum Frieden sind zunächst innen: Bd. 3, Nr. 147. (Jeder muß zunächst *seine* Tür öffnen, damit einer eintreten kann. Auch die „Hölle“ hat die Türklinken innen: Wer nicht der Barmherzigkeit Gottes die Tür öffnen will, bleibt verbissen allein.)

Spiel

Prophet sein: Schwere, aber dankbare Aufgabe: „Spiele 2“, S. 86-88 (Schnegg).

15. Sonntag im Jahreskreis

Die Aussendung der zwölf Jünger

Evangelium: Mk 6,7-13: Jesus sandte die Zwölf aus, / jeweils zu zweit. /Nur den Wanderstab und Sandalen mitnehmen. / Sie trieben viele Dämonen aus / und salbten viele mit Öl.

(*L 1:* Am 7,12-15: Als Prophet gesandt; *L 2:* Eph 1,3-14 [auch Kurzfassung]: In Christus hat Gott uns erwählt.)

Vorüberlegung: Die Missionsregel der Urkirche „Schenken statt Verrechnen“ gilt noch heute. Umsonst sollen wir alles weitergeben, die wir ja auch Beschenkte sind.

Hinweis: Siehe auch „Bausteine A“, 11. Sonntag i.J., sowie „Bausteine C“, 14. Sonntag i.J.

Symbolpredigten

1. Auf Menschen zugehen. Nur solche *Sandalen* (= Schutz gegen Skorpione im Wüstensand) *und* einen *Wanderstab* (= Stecken zum Abwehren wilder Tiere) durften Jünger mitnehmen! So waren sie gezwungen, wenn der Magen knurrte, selbst unsympathische Leute anzusprechen: Sie brachten die Botschaft unter die Leute – wie auch heute noch im Islam einfache, nicht studierte Händler in die Dörfer den Glauben bringen (vgl. „Stendebach 2", S. 193; siehe auch unten Kurzgeschichten A). Darum auch heute die „unreinen Geister" bis in die Kirche hinein austreiben: Nicht der Luxus bringt es, sondern die menschlichen Beziehungen gehören in den Mittelpunkt! (Eine interessante Geschichte dazu mit dem Akzent „*Du* bist heute gesandt" in „Stendebach 2", S. 189.)
2. Die Botschaft in die Welt bringen. *Ausgeschnittene Fußabdrücke* weisen vom Altar in alle Welt: Siehe „Bausteine A", 4. Sonntag der Osterzeit, Symbol 2; hier mehr auf Missionsauftrag deuten!
3. Sie salbten viele Kranke mit Öl: Im Gottesdienst die Krankensalbung einiger Senioren mit *Krankenöl* (dazu noch die Handauflegung wie z. B. Lk 4,40-41), um auch der Akzentsetzung „Salbung zum Tod" entgegenzuwirken! Die aufrichtende Kraft des Sakramentes zeigen die Worte beim Spenden: „Durch diese hl. Salbung helfe dir der Herr in seinem Erbarmen. Er stehe dir bei mit der Kraft des Hl. Geistes. Amen. Der Herr, der dich von Sünden befreit, rette dich; in seiner Gnade richte er dich auf! Amen." Die Salbung mit Öl wird auch noch bei Taufe, Firmung und Priesterweihe vorgenommen: Öl heilt und stärkt. Der Gesalbte = Christus will dem Kranken Frieden und Freude bringen – in Todesgefahr auch stärken für den letzten Kampf. Was die Handauflegung alles aussagt, siehe in diesem Buch 5. Sonntag i.J., Kurzgeschichten A.
4. Zum *Wanderstab* siehe auch in diesem Buch Ostermontag, Symbol 3.

Kurzgeschichten

A: Persönlich Zeugnis geben

1. Im Gehen predigen: Bd. 3, Nr. 70;
2. Missionierung: Wir schicken eine gläubige Familie ins Dorf: Bd. 3, Nr. 67;
3. Hier wohnen Christen: Bd. 2, Nr. 82.

B: Sonstige Themen

1. Das Wort Gottes (wie Bäume) einpflanzen: Bd. 1, Nr. 5;
2. In der Verkündigung nie aufgeben: Bd. 1, Nr. 206;
3. Die Wege für Gott bereiten: Bd. 1, Nr. 205;
4. Konkretes Beispiel: Interview mit Mutter Teresa: „FaJu" Juli 88, „Mutter Teresa";
5. Unbewegliche Kirche: Von der Rettungsstation zum Clubhaus (vgl. oben Symbol 1): Bd. 1, Nr. 66.

Spiele

1. Schicksal der Propheten: „Spiele 2“, S. 86-88 (Schnegg);
2. Ein Gottesdienst zum Thema „Froh machen“ in „KiJu“ August 79.

Weitere Anregungen

1. Einen „Wüstentag“ veranstalten: Nach einer Meditation gehen alle Teilnehmer, die nur eine Bibel mitnehmen dürfen, zu zweit für einige Stunden los (Mk 6,7). Bei Hunger und Durst anklopfen. Ab und zu Halt: Ein Bibelwort vorlesen und im Weitergehen besprechen. Viel Stille. Am Ende ein gemeinsamer Gottesdienst, in dem die Erfahrungen und Erlebnisse ausgetauscht werden. Danach gemeinsames Essen. Für jedes Alter möglich!
2. Einen Missionar interviewen: Hat die Mission heute noch Ähnlichkeit mit der Missionsregel der Urkirche? Siehe Vorüberlegung.
3. Von den Sekten lernen: Sie gehen im persönlichen Zeugnis zu zweit von Tür zu Tür: Wenn der eine verstummt, kann der andere weitersprechen ...

16. Sonntag im Jahreskreis

Die Stille suchen nach der Arbeit

Evangelium: Mk 6,30-34: Ruht ein wenig aus an einem einsamen Ort. / Sie liefen zu Fuß dorthin. / Sie waren wie Schafe, die keinen Hirten haben. / Er lehrte sie lange.
(*L 1:* Jer 23,1-6: Ich bestelle Hirten für den Rest meiner Schafe; *L 2:* Eph 2,13-18: Er vereinigte Juden und Heiden.)

Vorüberlegung: Jesus weiß um die Grenzen der Belastbarkeit und sucht nach aufreibender Missionsarbeit Kraft aus der Stille. – Der zweite Teil des „Urlaubsevangeliums“ leitet auf die Brotvermehrung über: Der gute Hirt gibt Brot für Seele und Leib.

Hinweis: Siehe auch „Bausteine A“, 11. Sonntag i.J.: „Schafe ohne Hirten“. Zum „guten Hirten“ siehe „Bausteine A“ und in diesem Buch, 4. Sonntag der Osterzeit.

Symbolpredigten

1. Wir brauchen Zeiten der Ruhe. Bei diesem *Gipsverband* wissen wir Bescheid: Ohne Ruhe kann der Bruch nicht heilen. Die „Brüche“ an der Seele, die durch Hetze und Überlastung entstehen, brauchen einen „Gipsverband um die Seele“: Stille und Schweigen. Wer in der Stille unruhig wird, kann feststellen, wie krank er schon ist. Wir kommen aus der Stille (= 9 Monate im Mutterleib). Alle Großen dieser Erde suchten und suchen immer wieder die Stille. Wir brauchen sogar täglich eine

Stillezone, wenn wir unsere Mitte behalten wollen. – Ähnlich die „Brachzeit" des Winters, oder „Korn reift in der Stille"; dazu mehr in „122", Nr. 2.

2. Zeiten der Stille. Die *Muschelhälfte* z.B. einer Miesmuschel für jeden: Milliarden solcher Muscheln schwemmt das Meer an Land (wie lange noch?). Ich brauche die Stille, um diese „selbstverständlichen" kleinen Wunder zu sehen. – Wir sollen so offen und empfangsbereit wie diese Muschelschale sein: Uns Zeit lassen, unsere innere „Schale" zu füllen, unsere Mitte wiederzufinden, zu uns selbst ja zu sagen ... Es fehlt die zweite Hälfte der Schale: Wir sind auf Gemeinschaft hin angelegt. Die Jünger sollten *gemeinsam* ausruhen. In Gemeinschaft kann alles schöner sein. – Das große Bittgebet, das Vaterunser, heute mit offenen „Schalen" (= Händen) beten.
3. Arbeiten und Ruhezonen. Mit *zwei Rudern* arbeiten, bei nur einem drehen wir uns auf dem Fleck (vgl. „Kurzg. 1", Nr. 103).
4. Immer wieder die Mitte suchen. Eine *Spirale* ist *um die Osterkerze* gelegt: Wir gehen aus unsrer Aktivität in die Engführung, die zur Mitte, zur Ruhe, zum „Licht" führt, entzünden hier unsere Kerze und gehen wieder hinaus in den Alltag. (Ausführlicher in „122", Nr. 82.)
5. Das *Brunnen*gleichnis: Beim Wasserschöpfen wird Schlamm aufgewirbelt. Das Wasser muß immer wieder Zeit haben, zur Ruhe zu kommen, sonst wird das, was wir austeilen, ziemlich ungenießbar. (Nach Peter Frowein.)
6. Ein *Bogen* kann nicht immer gespannt sein, sonst verliert er seine Kraft: Zeit zum Entspannen suchen. („Kurzg. 2", Nr. 193.)
7. „Alle liefen dorthin": Jesus, der *Magnet:* Siehe in diesem Buch 2. Sonntag i.J., Symbol 1.
8. In der Stille *„Sonnenstrahlen"* einsammeln für die „kalten Tage" wie die Maus Frederick. Dazu ein Gottesdienstvorschlag in „FaJu", Juni 91.

Kurzgeschichten

A: Die Stille suchen

Siehe „Bausteine A", 1. Fastensonntag, Kurzgeschichten B.

B: Weitere Geschichten zur „Stille"

1. Stille, bevor ich eintrete: Bd. 3, Nr. 101;
2. Stille = die Axt schärfen: Bd. 4, Nr. 107;
3. Ein Erfolg der Stille: Bd. 4, Nr. 108;
4. Sich Zeit gönnen: Bd. 4, Nr. 184;
5. Durch die Stille mehr leben: Bd. 1, Nr. 222;
6. Der Schuster in Peru: Bd. 4, Nr. 183.

C: Gefahr, die Mitte zu verlieren

Siehe in diesem Buch 5. Sonntag i.J., Kurzgeschichten D.

D: Die Zeit auskosten
Siehe „Bausteine A", 1. Advent, Kurzgeschichten B.

E: Bete und arbeite
Siehe in diesem Buch 5. Sonntag i.J., Kurzgeschichten C.

F: Sonstige Geschichten, die diesen Sonntag aufschlüsseln:
1. Der Dummling steigt in die Tiefe: „Laarmann", Nr. 13;
2. Das Gegenteil zur Stille: Sisyphos, der populärste Büßer der Antike. Predigt dazu: „Stendebach 2", S. 195-198.

Bilder
1. Sprechzeichnung zum Thema: Die Schafe und der gute Hirt: „Behnke 2", S. 38f.
2. Jede Postkarte und jedes Dia, die Natur zeigen, strahlen Ruhe aus.

Weitere Anregungen
1. Sind wir „nur" eine Aktivpfarrei? Wann wurden zum letzten Mal „Tage der Besinnung", Exerzitien, „Tankstellentreff", „ein Wochenende im Pfarrhaus" angeboten?
2. Gott achtet mich, wenn ich arbeite, aber er liebt mich, wenn ich singe! (Tagore)

17. Sonntag im Jahreskreis
Die wunderbare Speisung der Volksmenge

Evangelium: Joh 6,1-15: Er stieg auf einen Berg. / Ein kleiner Junge hat fünf Gerstenbrote und zwei Fische. / Jesus sprach das Dankgebet und teilte aus. / Von den Resten sammelten sie zwölf Körbe voll. / Sie wollten ihn mit Gewalt zum König machen.
(*L 1:* 2 Kön 4,42-44: Sie aßen und ließen übrig; *L 2:* Eph 4,1-6: *Ein* Leib, *ein* Herr ...)

Vorüberlegung: Aus der Bereitwilligkeit eines Kindes läßt sich ein ganzes Volk satt machen. Allein das Wunder der teilenden Liebe hilft auch uns heute weiter!

Hinweis: Siehe auch „Bausteine A", 18. Sonntag i.J.

Symbolpredigten
1. Er lehrte sie lange (Mk 6,34 = voriger Sonntag), und er teilte die Brote an die Leute aus (Joh 6,11 = heutiges Evangelium): Jesus gibt Brot für die Seele und den Leib. Der Mensch lebt nicht vom Brot allein: Nicht nur Kinder brauchen die „3 Z" = Zeit, Zärtlichkeit, Zuwendung. Dazu *eine in*

Brot eingebackene Bibel und die Kurzgeschichte Nr. 76, Bd. 4: Siehe „Bausteine A“, Fronleichnam, Symbol 1.

2. Nur Teilen hilft zu überleben. *Normales Brot oder Fladenbrot* aus einer türkischen Bäckerei wird zum Untereinander-Teilen ausgeteilt. Symbolhaft: Mirakel, Wunder helfen uns nicht. Jesus sagt: „Gebt *ihr* ihnen zu essen!“ (Mt 14,16; Mk 6,37). Anschließend wird eine Handvoll Reis in Beutelchen gegen Aufpreis verkauft (160 g = Tagesration eines Menschen in Indien); der Erlös fließt einem „Eine-Welt“-Projekt zu.
3. Solange geteilt wird, geht der Vorrat nicht aus. Ein *Pelzchen* für jeden; dazu die Kurzgeschichte Nr. 115, Bd. 2: Erst als die Leute von Swabeedo die Pelzchen zählten und für sich behielten, ging der Kreislauf zu Ende. Wir tauschen untereinander; auch die Freude, die dabei entsteht, ist ein „Teilen“! (Ähnlich siehe „Kurzg. 1“, Nr. 19 mit einer *Weintraube.* Wenn der Kreis nicht zu groß ist, wird sie anschließend geteilt und gegessen.) Zu den Pelzchen: „Laarmann“, Nr. 26.
4. Sie wollten ihn zum König machen. Jesus ahnte, daß in Jerusalem eine andere Krone auf ihn wartet: Eine *Königskrone,* die schnell zu einer „Krone nach unten“ werden kann: Siehe in diesem Buch „Christkönig“, Symbol 2.

Kurzgeschichten

A: Ungeteiltes wird zum Fluch

1. Die Brote von Stein: Bd. 1, Nr. 63;
2. Das steinerne Herz: Bd. 3, Nr. 225;
3. Mein Stock: Bd. 3, Nr. 6;
4. Der Frauensand: „Geschichten als Predigten“, S. 109-112;
5. Das Fest konnte nicht stattfinden: Bd. 1, Nr. 220. (Der kleine Junge im Evangelium gibt seinen kleinen Beitrag, aus dem Jesus Großes macht, und das Fest kann stattfinden.)

B: Geschichten zum „Brot“ und „Geteiltes Brot“

Siehe „Bausteine A“, 18. Sonntag i.J., Kurzgeschichten A und B.

C: Sonstige Geschichten zum Teilen

1. Mutti hat keine Zeit: Bd. 3, Nr. 24;
2. Wann hat Vati Zeit?: Bd. 1, Nr. 25;
3. Schenken macht nicht ärmer: Bd. 1, Nr. 15;
4. Der Krug, der immer wertvoller wurde: Bd. 2, Nr. 112;
5. Siehe oben Symbol 3.

D: „Er sprach das Dankgebet“ (Joh 6,11)

1. Wer betet nicht?: Bd. 2, Nr. 93;
2. Der Junge vergaß nicht das Dankgebet: Bd. 4, Nr. 193;
3. Danken: Bd. 4, Nr. 192;
4. Das Dankgebet: Bd. 4, Nr. 195.

Spiele

1. Die Geschichte aus der Sicht des Jungen erzählen lassen;
2. Der Junge erzählt von der Brotvermehrung: „Höntges“, Nr. 26.

Weitere Anregungen

1. Die wunderbare Zeitvermehrung: Text von Lothar Zenetti in ders. S. 121f, Pfeiffer Verlag, München 1979.
2. Aktion in einer Ferienfreizeit: Wir schreiben mit unserem Namen (und Anschrift) einen Gutschein „Ich schenke dir eine Stunde Zeit“ (zum Spaziergang, Teetrinken ...), der zusammengerollt am Ende des Gottesdienstes von einem gezogen werden kann, der auch mitgemacht hat.
3. Die wunderbare Brotvermehrung auf die *Worte* Christi deuten: Das Wort Gottes geht auch heute nicht aus, wenn wir es teilen. (Die Schriftlesungen werden in vielen Pfarreien heute auch „Bibelteilen“ genannt.)

18. Sonntag im Jahreskreis

Das Brot vom Himmel

Evangelium: Joh 6,24-35: Sie suchten Jesus. / Sucht die Speise für das ewige Leben! / Der Menschensohn ist mit dem Siegel des Vaters beglaubigt. / Mein Vater gibt das Brot vom Himmel. / Ich bin dieses Brot.

(*L 1:* Ex 16,2-4.12-15: Sie bekamen Manna in ihrer Not; *L 2:* Eph 4,17.20-24: Zieht den neuen Menschen an.)

Vorüberlegung: Für den Hunger der Seele gibt Jesus sich als Brot: Seine Worte und sein Brot sind untrennbar verbunden.

Hinweis: Siehe auch die beiden nächsten Sonntage.

Symbolpredigten

1. „Müht euch nicht ab für die Speise, die verdirbt!“: Wovon lebt der Mensch? Vom Brot allein? Die Kurzgeschichte Bd. 1, Nr. 16, zeigt: Die Bettlerin hat die ganze Woche von der *Rose* gelebt, also von der Liebe, die sie darin erspürte. Solche Rosen können gute Worte, Zuneigung, erfahrenes Vertrauen sein ... Darum heißt es im Abendgebet der „Kleinen Schwestern“: „Hast du heute Brot mit Blumen gegeben?“ Auch die Legende von der hl. Elisabeth, in deren Korb statt des Brotes Rosen zu finden waren (= Zeichen ihrer Hingabe), will das aussagen. Diese Hingabe und Liebe können wir im Brot des Lebens „pur“ haben, weil Jesus selbst zu uns kommt. In einem Lied heißt es: „Wenn das Brot, das wir teilen, als Rose blüht“ (C.P. März/K. Grahl, z.B. im Liederbuch „Troubadour für Gott“, Nr. 140; zu beziehen beim Kolping-Bildungswerk, Sedanstr. 25, D-97082 Würzburg); damit ist gemeint: Geben wir diese Liebe weiter. Sie läßt uns

überleben! (Pr legt die Rose auf den Altar) (Das Lied entstand übrigens zum 750. Todestag der hl. Elisabeth von Thüringen und spielt auf das Brotwunder an.)

2. „Gott hat Jesus mit einem Siegel beglaubigt“: Ein *Siegel* (im Kartoffeldruck) möglichst mit einem Kreuz. Christus ist der Gesalbte, der Messias. Gesalbt = besiegelt mit Öl wurden im Alten Testament die Könige, Richter und Propheten für ihr Amt; so auch der noch junge David (1 Sam 16,13). Das war eine unsichtbare Besiegelung. (Erkennbar ist sie oft bei Tieren durch das eingebrannte Siegel des Eigentümers. Bedenke auch die Besiegelung der SS-Leute und der Menschen im KZ sowie der Juden während der Nazi-Zeit.) In der Taufe wurden wir von Jesus in „Besitz genommen“ durch das Siegel des Kreuzes auf der Stirn und besonders in der Salbung mit Chrisam, die in der Firmung wiederholt wird und bedeutet: „Du gehörst jetzt ganz Christus an.“ Solch eine Besiegelung darf niemand aufbrechen, ebensowenig wie ein Siegel auf wichtigen Briefen. (Ein Priester erhält bei seiner Weihe das Christuszeichen mit Chrisamöl noch einmal in die Innenfläche der Hände „gesiegelt“: Jesus behüte und stärke dich in deiner Aufgabe.) Wir alle sind besiegelt und gesandt, den zu verkünden, der uns Worte und Brot gegeben hat, womit wir in der Wüste des Lebens überleben können.
3. Was unseren inneren Hunger stillen kann: Ein großer runder *Spiegel* und eine große *Konzelebrationshostie:* Siehe „Bausteine A“, Gründonnerstag, Symbol 3.
4. Wir leben nicht allein vom Brot, sondern leichter mit dem „Brot des Himmels“. Die *Pilgermuschel* kennzeichnet die berühmtesten Pilgerwege, wie die Jakobswege nach Santiago de Compostela in Spanien oder die zum hl. Matthias in Trier. Sie ist aber auch häufig in Süddeutschland, Österreich und alten Kirchen direkt über dem Tabernakel zu sehen (= wie ein Mensch die „Brotzeit“ braucht, um sich zu stärken, so schenkt Christus uns auf dem Weg durch die Wüste das neue Manna, das „Brot vom Himmel“ = sich selbst). Ein interessanter Vergleich ist noch die Shell (engl. = Muschel)-Muschel an den entsprechenden Tankstellen; selbst technische Errungenschaften brauchen „Rast- und Tankstellen“, um das Ziel zu erreichen. (Ausführlicher in „PuK 5/93, S. 535-537.)

Kurzgeschichten

A: Geschichten vom täglichen Brot,
das mehr als nur satt macht (z. T. auch eucharistisches Brot):
Siehe „Bausteine A“, 18. Sonntag i.J., Kurzgeschichten A und B.

B: Brot zum Weiterleben
Siehe in diesem Buch, 20. Sonntag i.J., Kurzgeschichten A.

Spiele

1. Anspiel zum Evangelium: „Behnke 2“, S. 41;
2. Der Mensch braucht mehr: „Schnegg 2“, Nr. 53.

Weitere Anregung

Gedicht von Kurt Marti, der mit „Brot“ alles umschreibt, was lebensnotwendig ist:

> brot ist brot und brot ist reis
> brot ist tisch und brot ist dach
> brot ist bett und brot ist frau
> brot ist reis und brot ist brot

19. Sonntag im Jahreskreis

Ich bin das lebendige Brot

Evangelium: Joh 6,41-51: Ich werde ihn auferwecken. / Niemand außer mir hat den Vater gesehen. / Wer glaubt, hat das ewige Leben. / Ich bin das Brot des Lebens. / Eure Väter sind trotz Manna in der Wüste gestorben. / Wer von mir ißt, wird leben in Ewigkeit.
(*L 1:* 1 Kön 19,4-8: Elija, vom Brot gestärkt, wanderte 40 Tage und Nächte; *L 2:* Eph 4,30-5,2: Liebt einander.)

Vorüberlegung: Es ist ein Geschenk Gottes, an das „Brot vom Himmel“, das lebendige Brot, glauben zu können.

Hinweis: Siehe in diesem Buch auch den 18. und 20. Sonntag i.J.

Symbolpredigten

1. „Eure Väter aßen das Manna in der Wüste.“ Eine *Schale mit kleinen Stückchen Honigkuchen oder* ein Gefäß mit *Honig*. Das Manna in der Wüste schmeckte wie Honigkuchen (Ex 16,31), aber auch die Buchrolle mit dem Wort Gottes, die der Prophet in seiner Berufungsgeschichte essen mußte, schmeckte süß wie Honig (Ez 2,8-10; 3,1-3). Beides, das Wort und das Brot, wird uns in jeder hl. Messe gereicht. Das lebendige Brot auf dem Altar ist mehr als das Manna. Wort und lebendiges Brot lassen uns

überleben. (Die Kinder können jetzt das Honigbrot essen.) (Weitere Gedanken siehe in diesem Buch, 2. Advent, Symbol 3.)

2. „Wer von diesem Brot ißt, wird leben in Ewigkeit", also „Heilmittel der Unsterblichkeit". Diese Medikamente *(Tabletten* und Pillen in unterschiedlicher Größe) heilen Krankheiten. Ist uns schon aufgefallen, daß die *Hostie* eine Tablettenform hat? Die alten Christen nannten das „lebendige Brot" das „Heilmittel der Unsterblichkeit", also Medizin für Seele und Leib mit grenzenloser Wirkung. Wir kommunizieren dieses Heilmittel *in Gemeinschaft.* Manche Tabletten wären unnötig, wenn die Gemeinschaft, in der jeder steht, in Ordnung wäre, denn die verständnisvolle Nähe eines Menschen ist oft erlösender. Und umgekehrt: Wenn wir das „Heilmittel der Unsterblichkeit" nicht oft so gedankenlos empfingen, wäre unsere Gemeinschaft ansteckender. (Nach Gerhard Dane, Köln-Worringen.)
3. Vom Wort Gottes und seinem Brot leben wir: Eine *eingebackene Bibel:* Siehe mehr dazu in diesem Buch, 17. Sonntag i.J., Symbol 1, und „Bausteine A", Fronleichnam, Symbol 1 („Kurzg. 4", Nr. 76).
4. Von den vielen „Verwandlungen", die ein *Brot* durchmachen muß, um zum „Brot des Himmels" zu werden: Siehe „Bausteine A", Fronleichnam, Symbol 2.

Kurzgeschichten

A: Zum Brot, das mehr ist als nur Brot

Siehe „Bausteine A", 18. Sonntag i.J., Kurzgeschichten A und B.

B: Andere Gesichtspunkte zum Evangelium

1. Man sieht nur mit dem Herzen gut: Bd. 1, Nr. 122. Das gilt auch hier!;
2. Manche „modernen" Menschen verweigern sich dem Wunder: Bd. 1, Nr. 73; dazu eine Predigt in „Stendebach 2", S. 207-209;
3. Wer das normale Brot nicht achtet, wird das verwandelte auch nicht „hochheben": Bd. 3, Nr. 61.

Spiel

Anspiel zum Evangelium: „Behnke 2", S. 42.

20. Sonntag im Jahreskreis

Jesus gibt sein Leben hin für die Welt

Evangelium: Joh 6,51-58: Ich bin das lebendige Brot. / Ich gebe mich hin für das Leben der Welt. / Die Juden stritten: Wie kann er uns sein Fleisch zu essen geben? / Jeder, der mich ißt, wird durch mich leben.

(*L 1:* Spr 9,1-6: Kommt, eßt und trinkt! *L 2:* Eph 5, 15-20: Begreift, was der Wille des Herrn ist.)

Vorüberlegung: Teilnahme am Mahl bedeutet Teilhabe an der Gemeinschaft des dreieinigen Gottes. Erst wer sich ganz darauf einläßt, nähert sich dieser Wahrheit.

Hinweise: Siehe die beiden vergangenen Sonntage. Siehe auch in diesem Buch Fronleichnam, Symbol 1, sowie 4. Sonntag der Osterzeit.

Symbolpredigten

1. „Wer dieses Brot ißt, wird leben in Ewigkeit." Diese kleine, dünne *Hostie* ist leicht zu übersehen wie dieser *kleine Schlüssel* hier. Aber wie groß kann die Wirkung sein! Ein kleiner Zündschlüssel ist Ursache, ein Auto mit zweihundert „Sachen" über die Autobahn rasen zu lassen. Ein kleiner Schlüssel kann eine wichtige Tür öffnen, durch die ich selbst mit einem Brecheisen nicht käme ... Von diesem kleinen Brot sagt Jesus, wenn es verwandelt ist: „Wer es ißt, wird leben in Ewigkeit!" Wer kann das verstehen? Das Begreifen beginnt damit, daß ich das Kleine nicht übersehe: Die kleinen Worte, die Herzen öffnen: „Du, ich mag dich!", „Ohne dich könnte ich mir das Leben nicht vorstellen." „Ich liebe dich." Mit Geld, Macht, Gewalt ..., all diesen protzigen Dingen, kann ich vielleicht alle Türen öffnen, nur nicht die zum Herzen. So ist auch das Gebet wie ein kleiner Schlüssel, ja jedes Wort in der Bibel! Mit seinem Leben, dem „Kreuz-Schlüssel", hat Jesus uns die letzte Tür aufgeschlossen, er, der „Schlüssel Davids". Und mit diesem kleinen, dünnen Stückchen Brot kann ich auf dem richtigen Weg bleiben ... (Der Friedensgruß vor der Kommunion ist übrigens ein kleiner Schlüssel zum Geheimnis der Gegenwart Christi in der Gemeinschaft der Versammelten.)
2. „Ich gebe mein Fleisch für das Leben der Welt." Eine *Herz-Jesu-Statue* in vertretbarem Stil. Sich ganz hingeben, mit offenem Herzen der Welt begegnen heißt auch, verletzlich sein („sie stritten untereinander"), heißt nicht nur an der Oberfläche leben, nicht nur das anonyme „Man", heißt auch bluten müssen. Doch wir sollen *dem* ähnlicher werden, der sich am Ende das Herz sichtbar aufbrechen ließ...
3. Das Brot des Himmels anbeten. In der *Monstranz,* die wie eine Sonne strahlt, sehen wir das Brot, das vom Himmel herabgekommen ist, die eigentliche Sonne – unscheinbar, von der so viel Kraft ausgeht. Wir knien davor und staunen und schauen. Wir beten es an. Es kann uns Kraft für unseren Weg schenken. (Jetzt eine der Kurzgeschichten unter A; danach kann die Meditation „Heiliges Brot" anschließen: Siehe mein Buch „Kommuniongeschichten", S. 65-67; nach Wilhelm Willms.)
4. Siehe in diesem Buch Fronleichnam, Symbol 1: *Paschalamm*; auch 4. Sonntag der Osterzeit, Symbol 2: *Pelikan*.

Kurzgeschichten

A: Brot zum Weiterleben

1. Die Seele in die Sonne halten: Bd. 1, Nr. 96;
2. Zum Weiterleben: Bd. 2, Nr. 71;
3. Nicht ohne Christus: Bd. 2, Nr. 72;
4. Nahrung aus dem Anschauen: Bd. 2, Nr. 73;
5. Kraft für das Opferleben: Bd. 2, Nr. 74;
6. Ich werde nie mehr Hunger haben: Bd. 2, Nr. 70.

B: Vom Verwandeln

1. Die Verwandlung des Brotes: Siehe mein Buch „Kommuniongeschichten", S. 72f;
2. „Du wirst in mich verwandelt": Siehe mein Buch „Kommuniongeschichten", S. 69-71.

C: Sonstiges

1. Tarzisius ging für dieses Brot in den Tod: Siehe mein Buch „Kommuniongeschichten", S. 78;
2. Der Hirt sieht alles mit den Augen des Glaubens: Bd. 2, Nr. 90;
3. Ohne Herrenmahl am Sonntag können wir nicht leben: Bd. 4, Nr. 69.

D: Sich hingeben

1. Siehe in diesem Buch, 5. Fastensonntag, Kurzgeschichten B;
2. Oschoo: Bd. 1, Nr. 60.

21. Sonntag im Jahreskreis

Die Entscheidung unter den Jüngern

Evangelium: Joh 6,60-69: Was er sagt, ist unerträglich. / Der Geist ist es, der lebendig macht. / Viele Jünger zogen sich zurück. / Petrusbekenntnis: Du hast Worte des ewigen Lebens.

(*L 1:* Jos 24,1-2a.15-17.18b: Wir wollen dem Herrn dienen; *L 2:* Eph 5,21-32: Liebt – wie Christus die Kirche liebt.)

Vorüberlegung: Jesu Worte fordern zur Entscheidung auf. Auch bei uns ist sie gefragt. Nachfolgen heißt auch bei Unbegreiflichem weitergehen.

Symbolpredigten

1. „Der Geist ist es, der lebendig macht" (Joh 6,63): Ein „Jünger" wird mit Fesseln gebunden (= Zweifel an Jesus; die Masse geht andere Wege; es gibt so viele bequeme Alternativen zur Kirche ...). Die Flammen (= Geist Gottes) verzehrten die Fesseln der drei Männer im Feuerofen (Dan 3,1-97: Das Feuer ist zunächst ein Vernichtungsfeuer, das ihnen aber nichts anhaben kann und dann positiv ihre Fesseln löst), wie wir auch im

Feuerofen unserer zunehmenden Diasporasituation brennen. Der „Jünger" entscheidet sich für Jesus, indem er seine Fesseln im Licht der *Osterkerze* (= Hl. Geist) verbrennen läßt. (Gründe dafür erarbeiten: Andere gehen mit; der schwierigere Weg befriedigt innerlich mehr; von Jesus überzeugt ...)

2. Wohin sollen wir gehen? Ein *Wegweiser* hat mehrere Richtungspfeile in verschiedenen Farben: *Schwarzer Pfeil:* Ich sehe für die Kirche schwarz, bin enttäuscht, will austreten ...; *grauer Pfeil:* Ich sehe alles grau in grau, stecke momentan in einer Sackgasse, bin depressiv, resigniert, denke manchmal an Selbstmord ...; *roter Pfeil:* Ich will weiter mit Jesus, mit der Kirche gehen, habe schon so viel Gutes dabei erlebt; wirkliche Alternativen fehlen ... Der rote Pfeil wird zum Altarkreuz gedreht. (Noch mehr Pfeilfarben suchen!) (Nach Familienmeßkreis St. Pankratius, Bergheim-Paffendorf; ausführlicher in „122", Nr. 65.)
3. Zu wem sollen wir gehen? *Ausgeschnittene Fußabdrücke* führen in Richtung Altar. Um auf den Schneefeldern im Hochgebirge den richtigen Weg zu finden, ist es eine große Erleichterung, wenn der Hüttenwirt im Frühjahr Fußspuren gelegt hat, an denen sich die Wanderer orientieren können. Ein Teil der Jünger folgte damals den Spuren Jesu. Auch wir müssen uns entscheiden!
4. Mit Jesus gehen. Ein *Bergsteigerseil* hilft uns zu überlegen, was Gemeinschaft für Bergsteiger bedeutet. In bestimmten Höhen gibt es nur die Alternative: Kameraden (= gemeinsam) oder Tod. Weitere Gesichtspunkte siehe „Bausteine A", letztes Kapitel „An *allen* Sonntagen", Nr. 4.

Kurzgeschichten

A: Das Wagnis des Glaubens

1. Spring doch!: Bd. 1, Nr. 91;
2. Habt ihr es gut, die ihr glauben könnt!: Bd. 1: Nr. 87;
3. Der tiefe Zweifel: Bd. 1, Nr. 76;
4. Christus veränderte mein Leben: Siehe mein Topos Taschenbuch „Firmgeschichten", S. 30-32.

B: Schwierigkeiten bei der Glaubenssuche

1. Sich erst tief bücken: Bd. 2, Nr. 88;
2. Wir sind alle blinde Bettler: Bd. 1, Nr. 106;
3. Den unfaßbaren Gott schauen?: Bd. 1, Nr. 72;
4. Der Adler auf dem Hühnerhof: Bd. 1, Nr. 89;
5. Auf der Spur bleiben: Bd. 2, Nr. 100 (Auch gebeugt weitergehen!);
6. Er hat mehr gelitten: Bd. 3, Nr. 44.

Spiel

Anspiel zum Evangelium: „Behnke 2", S. 44.

Bild
Zu Wagnis des Glaubens: Eine Postkarte, die einen Drachenflieger zeigt (oder gemalt): Beim Absprung (= Entscheidung) muß ich die Angst überwinden, das Wagnis eingehen, dann erst erfahre ich das herrliche Gefühl, getragen zu werden. Ich muß den Gegenwind (= Herausforderung, gegen den Trend der Masse ...) suchen. (Ausführlicher: „177“, Nr. 66 und in „FaJu“ Aug./Sept. 1989.)

Weitere Anregungen
1. Schriftliche Stellungnahmen: Warum ich nicht aus der Kirche aussteige! Einige Zeugnisse werden im Gottesdienst verlesen.
2. Profil des Christen: Auf den „Schattenriß“ einer Person wird eingetragen, was die wichtigsten Eigenschaften eines Christen sind. Vorlesen!
3. Ein schönes Lied zum Thema des Sonntags: GL 623 „Worauf sollen wir hören ...?“

22. Sonntag im Jahreskreis
Von Reinheit und Unreinheit

Evangelium: Mk 7,1-8.14-15.21-23: Warum halten sich deine Jünger nicht an die Überlieferung der Alten und essen mit unreinen Händen? / Nur was aus dem Menschen herauskommt, macht ihn unrein.
(*L 1:* Dtn 4,1-2.6-8: Achtet auf die Gebote des Herren; *L 2:* Jak 1, 17-18.21b-22.27: Hört das Wort nicht nur, handelt auch!)

Vorüberlegung: Es kommt Jesus nicht auf traditionsverhaftete Äußerlichkeiten an, sondern aufs Wesentliche: Gott liebt euch. Darum kehrt um, und gebt diese Liebe weiter! Es zählt bei allem mehr das Herz! Der schlimmste Schmutz kommt von innen!

Hinweis: Siehe auch in diesem Buch 9. Sonntag i.J.: Jesus stellt das Heilen über das Sabbatgebot.

Symbolpredigten
1. „Was aus dem Menschen herauskommt, macht ihn unrein.“ Ein *Herz, als Vulkan* gestaltet, schleudert Gesteinsbrocken (= Bosheit, Habgier, Verleumdung, Neid ...) heraus und vernichtet mit dieser kochenden Lava und den giftigen Gasen die ganze Umgebung. Jesus will unsere Umkehr: Er stieg in diesen Vulkan unserer Schuld und hat das Böse von innen her ausgeräumt. Wer sich an ihn hält, kann durch Freundlichkeit, „Herz“lichkeit, Verzeihen ... die heiße Asche in fruchtbare Erde umwandeln. Jetzt werden große Blumen über die Gesteinsbrocken geheftet. (Nach einer Idee von Stefanie Spendel.)
2. Das Gute stärker machen. Es gibt in unserem Herzen *Unkraut* (=

Wildkraut), das unversehens ein verborgenes Wurzelgeflecht wuchern läßt; es nimmt unter und besonders über der Erde den guten Pflanzen die Luft und die Nahrung weg. Jesus nennt

- die Habgier (= Machtgier, Geiz, Hartherzigkeit),
- die Ausschweifung (= Unmäßigkeit, die Triebe entfesselt und rücksichtslos macht),
- den Neid (= Gift der Schadenfreude, des schlechten Geredes, das auch noch traurig macht),
- den Hochmut (= falscher Stolz, der selbstgerecht, angeberisch, empfindlich macht),
- die Unzucht (= Unkeuschheit: das Sexuelle von der Ordnung durch die Liebe zu trennen);

er nennt also immerhin fünf der klassischen sieben Tod- oder Wurzelsünden. Dieses Giftkraut in unserem Herzen kann nur eingedämmt werden, wenn wir *Bäumchen pflanzen,* die dem Unkraut das Licht wegnehmen: Die Bäumchen

- „Reinheit" (= Mt 5,8: das reine Herz) gegen die Unzucht (und Boshaftigkeit),
- „Wohltätigkeit" (= Schenken, Geben) gegen Habgier,
- „Selbstbeherrschung" (= rechtes Maß) gegen Unmäßigkeit,
- „Liebe" („Liebt einander") gegen Neid und
- „Demut" (= Mut zum Dienen) gegen Hochmut.

Mit diesen „Bäumchen" können wir den Garten Gottes gesund halten. (Vgl. „122", Nr. 25.)

3. Mehr auf das Herz horchen als auf äußere Vorschriften: Um ein großes *Herz* sind viele *Paragraphenzeichen* (= §) gemalt, die durch Beispiele Farbe gewinnen: Ministranten schellen beim Dienst nach Vorschrift, aber ihr Herz ist ganz woanders als beim Gottesdienst; der Friedensgruß wird wegen Ansteckungsgefahr nicht ausgetauscht, die Herzlichkeit bleibt auf der Strecke; es wird sogar mit gefalteten Händen, Kniebeuge und dem Mund kommuniziert, aber das Herz regt sich über einen Kommunizierenden mit ungepflegten Haaren auf ... (Vgl. „PuK" 5/79, S. 682-684.)
   Überprüfen wir alte und neue Bräuche, ob sie von Herzen kommen und uns froher und freier machen!
4. Siehe auch *Kopfsalat:* Das Herz im Kopf haben und *Rose mit §* in diesem Buch, 9. Sonntag i.J., Symbole 1 und 2.

Kurzgeschichten

A: Gesetz oder Liebesgebot?

Siehe in diesem Buch 9. Sonntag i.J., Kurzgeschichten A.

B: Menschen mit Herz

1. Ein weiser Richter: Bd. 1, Nr. 130;
2. Dienen: Bd. 1, Nr. 114;

3. Nach außen stimmte alles: Bd. 1, Nr. 191;
4. Alle Menschen lieben: Bd. 3, Nr. 116;
5. Der Freundliche: Bd. 2, Nr. 107.

C: Die Welt „von innen“ heraus verwandeln
1. Jeder kann verwandeln: Bd. 1, Nr. 115;
2. Hier wohnen Christen: Bd. 2, Nr. 82;
3. Der Funke Liebe gibt den Ausschlag: Bd. 4, Nr. 226;
4. Antigeschichte: Die Schwarzbrote zählen, nicht der Bau des Krankenhauses: Bd. 3, Nr. 241.

D: Sonstiges
1. Hochmut macht den Menschen „unrein“: „122“, Nr. 119;
2. Man sieht das Innere nur mit dem Herzen gut: Bd. 1, Nr. 122;
3. Gegen Ursachen angehen: Beispiele in „PuK“ 5/88, S. 552f.

Spiele
1. Anspiel zum Evangelium „Auf die Gesinnung kommt es an“: „Behnke 2“, S. 53;
2. Auf das Herz kommt es an: „Schnegg 2“, Nr. 54;
3. Das Gesetz hat die Bibel (= Liebe) verdrängt: Siehe „Bausteine A“, 31. Sonntag i.J., Spiele 1: In *der* Gefahr steht jede Gesetzeskirche.

Weitere Anregung
In „Hallo, Mister Gott, hier spricht Anna“ läßt Fynn die kleine Anna einmal sagen: „Leute lieben von außen ..., und sie können von außen küssen, aber ... Gott liebt dich innen drin und kann dich innen küssen.“

23. Sonntag im Jahreskreis
Die Heilung des Taubstummen

Evangelium: Mk 7,31-37: Er legte ihm die Finger in die Ohren, / berührte die Zunge mit Speichel. / Und er konnte richtig reden. / Verbot, es weiterzusagen. / Er hat alles gut gemacht.
(*L 1:* Jes 35,4-7a: Ohren und Augen öffnen sich; *L 2:* Jak 2,1-5: Macht keine Unterschiede.)

Vorüberlegung: Die Zärtlichkeit Jesu geht atemberaubend nahe: Sein erlösendes Wort und seine heilende Kraft lassen alle Ängste schwinden, und der Taubstumme öffnet alle seine Sinne. – Mit Zuwendung, Vertrauen und Offenheit können Begegnungen in jeder Gemeinschaft heilen.

Symbolpredigten
1. Ganz nahe gehen *und* sich öffnen. *Auster mit einer Perle.* In jedem

Menschen liegen Perlen (= Fähigkeiten) verborgen, mit denen er unsere Gemeinschaft bereichern kann. Aber ein „Taubstummer" (Kranker, Ausgegrenzter ...) in unserer Gesellschaft muß in eine Atmosphäre eintauchen dürfen, in der er Mut hat, sich zu öffnen. Es kommt also auf eine Offenheit von beiden Seiten an: Wir gehen auf einen „Taubstummen" zu, und der hat genug Vertrauen, seine „Schätze" zu zeigen. Das Evangelium zeigt uns, wie es möglich wird. (Noch auf Auster eingehen.)

2. Heilung ist möglich. Drei Kinder tragen *Ohrschützer* (oder Walkman) = taub, ein *Pflaster auf dem Mund* = stumm und eine *dunkelgetönte Brille* (siehe 1. Lesung) = blind.
   Wie oft sind wir taub (= ständige Geräuschkulisse, Unangenehmes „überhören", auf Durchzug schalten)? Jesus holte aus den Ohren des Taubstummen die Vorurteile, die Bequemlichkeit ..., *und* der Kranke ließ es zu, machte mit! (Ohrschützer abnehmen!) Jetzt kann er die feinen „Untertöne" wieder hören.
   Wie oft sind wir stumm (= Sprachlosigkeit, „zur Schnecke machen", wie „unerwünscht" behandeln)? Jesus berührte die Zunge mit Speichel! Bah! Aber ist das schlimm zwischen Menschen, die sich lieben? Der Stumme ließ es zu, machte mit! (Pflaster abnehmen) Jetzt kann er wieder sprechen (danke sagen, loben, verzeihen)!
   Wie oft sind wir blind (= zuviel Video; mißtrauische, kalte Augen; schwarzsehen, Neid in den Augen)? Jesus bestrich die Augen des Blinden mit Speichel (Mk 8,23), und der ließ es zu, machte mit! (Brille abnehmen) Jetzt kann er wieder sehen (= die Wunder am Wege, die guten Seiten der Geschwister oder des Partners; „einsehen", „übersehen", wohlwollend schauen, mit dem Herzen sehen).
3. Hören können. Ein *Hörgerät* (oder altes Hörrohr oder übergroß gemaltes Ohr) ist oft notwendig, um noch lebendig in einer Gemeinschaft stehen zu können. Gut zuhören können ist ungeheuer wichtig (= Schule, Verständnis haben ...). Vielleicht hat deshalb der Künstler Salvador Dalí eine Krippe in ein riesiges Ohr gesetzt (= ganz Ohr sein für die Botschaft Gottes). König Salomo, der einen Wunsch freihatte, wünschte sich von Gott ein hörendes Herz (1 Kön 3,5-13): Damit heilen wir andere. (Vgl. „Kurzg. 3", Nr. 136: Momo verwandelt die Menschen durch gutes Zuhören. Ausführlicher: „122", Nr. 21, nach Peter Frowein.)
4. Heilen durch Berühren: In diesem Buch, 6. Sonntag i.J.:
   Symbol 1: Der *Aussätzige;* Symbol 2: *Opal* und Symbol 3: *Hand.*
5. „Auftauen" durch Berühren. *Eiswürfel* tauen auf ... Siehe „Bausteine A", 2. Sonntag der Osterzeit, Symbol 3, auf das heutige Evangelium übertragen.

Kurzgeschichten

A: Heilen durch Zuhören

1. Aufeinander hören: Bd. 4, Nr. 22;

2. Der Wüstenvater: Bd. 2, Nr. 116;
3. Momo: Bd. 3, Nr. 136 (siehe oben Symbol 3);
4. Die großen Ohren des Papstes: Bd. 3, Nr. 137;
5. Die Maus mit der großen Seele steht in Gefahr, taubstumm zu werden: Bd. 2, Nr. 163;
6. Sie wirft alles auf die Straße: Bd. 4, Nr. 121.

B: Heilen durch Berühren
Siehe in diesem Buch, 5. Sonntag i.J., Kurzgeschichten A.

C: Heilen durch Worte
1. Die kleinen Worte: Bd. 2, Nr. 109;
2. Das Mädchen mit dem Wolfsrachen hört ein befreiendes Wort der Lehrerin: „Stendebach 2", S. 224.

Antigeschichten: Verleumderische Zungen, die geheilt werden müssen:
1. Die Federn des Kopfkissens: Bd. 1, Nr. 146;
2. Alles durch drei Siebe: Bd. 1, Nr. 145.

D: Ohne Zuwendung verkümmern wir
1. Die Kinder verkümmerten: Bd. 2, Nr. 31;
2. „In ihrer Gegenwart", sagte Herr Keuner, „kriege ich kein Wort heraus." Siehe „PuK" 5/79, S. 687.

E: Heilung von der Blindheit (1. Lesung)
1. Er sieht seine Frau wieder: Bd. 2, Nr. 27;
2. Mit dem Herzen gut sehen: Bd. 1, Nr. 122.

Spiele
1. Hinführendes, schönes Märchen („Durch ein Zauberwort kann einer die Sprache der Menschenherzen verstehen"): „Behnke 2", S. 54f.
2. Experiment: Mit Lärmschutzwatte ein Kind „taub" machen: Wenn es nicht mehr hört, kann es auch nicht mehr sprechen: „Gehörlose" nennen sich die Taubstummen heute, weil das Nicht-hören-Können das Entscheidende ist.
3. Ein verpflastertes Kind: „Schnegg 2", Nr. 55.

Bild
Toni Zenz, Der Hörende, z.B. als Dia im Anhang von Ralph Sauer (Hg.), „Handbuch zum Lektionar für Gottesdienste mit Kindern", Bd. 1, Patmos Verlag, Düsseldorf / Kösel-Verlag, München.

Weitere Anregungen
1. Heute eine Taufe in den Gottesdienst legen, die den „Effata"-Ritus besonders betont.
2. Der „klassische" Willms-Text „Er holte auch die kirchlichen floskeln aus

den ohren“: der geerdete himmel, Verlag Butzon & Bercker, Kevelaer 1974, Nr. 5.5.

3. Ausspruch von Hitchcock: „Richtig verheiratet ist der, der jedes Wort versteht, das der andere nicht gesagt hat.“

24. Sonntag im Jahreskreis

Das Messiasbekenntnis des Petrus – Vom Weg der Nachfolge

Evangelium: Mk 8,27-35: Für wen halten mich die Menschen? / Petrus: Du bist der Messias! / Er redete offen über sein Leiden und Sterben. / Jesus zu Petrus: Weg mit dir, Satan! / Wer mein Jünger sein will, nehme sein Kreuz auf sich und folge mir nach!

(*L 1:* Jes 50,5-9a: Der Herr wird mir helfen; *L 2:* Jak 2,14-18: Ein Glaube ohne Werke ist tot.)

Vorüberlegung: Jesus geht seinen Weg mehr als leidender Gottesknecht (vgl. 1. Lesung) denn als glanzvoller Messias (= Absage an Petrus). Wer ihm folgen will, muß sich entscheiden: In schweren Stunden zeigt sich seine Treue.

Hinweise: Zum „Messias-Bekenntnis“ siehe auch „Bausteine A“, 21. Sonntag i.J. und „Bausteine C“, 12. Sonntag i.J.

Zu „Weg mit dir, Satan!“ siehe „Bausteine A“, 13. und 22. Sonntag i.J. und „Bausteine C“, 23. Sonntag i.J.

Zu „Mit seinem Kreuz folgen“ siehe „Bausteine C“, 23. Sonntag i.J.

Zu „Wer sein Leben retten will, wird es verlieren“ siehe „Bausteine A“, 22. Sonntag i.J.

Symbolpredigten

1. Jesus nachfolgen. Ein großer Irrgarten ist aufgebaut (evtl. als große Zeichnung). Nur *ein* Weg führt zur Mitte. Jesus ist der *rote Faden,* dem wir folgen. (Dazu „Kurzg. 4“, Nr. 149: Die Theseus-Sage; hier wird am besten das Wort Labyrinth durch „Irrgarten“ ersetzt; denn im Labyrinth von Chartres z. B. komme ich ja auch ohne „roten Faden“ zur Mitte, solange ich weitergehe.) Was es heißt, diesem „roten Faden“ zu folgen, sagt uns das Evangelium: Absage an glanzvolle Gottesreich-Vorstellungen, Demut, Dienen, Selbstverleugnung.
2. Eine neue Kirche. Kinder gestalten eine aus Legosteinen gebaute *„pompöse“ Kirche* in eine *einfache Kirche* um, über/neben der ein großes Kreuz sichtbar wird. Wenn wir eine Kirche nach dem heutigen Evangelium bauen, dann fällt sie „einfacher“ aus. Da diese Kirche aber aus uns besteht, den einzelnen lebendigen Bausteinen, müssen wir zunächst *unser* Denken überprüfen.

3. In der Diamantschleiferei des Lebens. Ein Roh-*Diamant* braucht viele Schliffe (= Krankheit, Prüfungen ...), bis er funkelt. Siehe „Bausteine A“, 2. Weihnachtstag, Symbol 2.
4. Schwere der Nachfolge. Ein *Nagel* erinnert an Leid und Schmerz. Das Kreuz Jesu hat alles durchkreuzt, auch diesen *Nagel umgebogen:* Siehe „Bausteine A“, 13. Sonntag i.J., Symbol 1.
5. Jesus nachfolgen: *Ausgeschnittene Fußabdrücke,* die zum Altar führen: Siehe „Bausteine A“, 4. Sonntag der Osterzeit, Symbol 2.

Kurzgeschichten

A: Im Leid nachfolgen

1. Siehe „Bausteine A“, 13. Sonntag i.J.;
2. Sein Schicksal annehmen: Bd. 2, Nr. 168;
3. Die Kugeln: Bd. 3, Nr. 177.

B: Leid als Erkennungszeichen

1. Siehe „Bausteine A“, 22. Sonntag i.J., Kurzgeschichten A;
2. Verzicht kann Gewinn sein: Bd. 2, Nr. 151.

C: Durch Leid zum Heil

1. Siehe „Bausteine A“, 22. Sonntag i.J., Kurzgeschichten B;
2. Das Kreuz rettet: Bd. 4, Nr. 63;
3. Die vollkommene Freude: Bd. 3, Nr. 173;
4. Die kleine Melodie: Bd. 3, Nr. 178.

D: Chance des Dienens

1. Siehe „Bausteine A“, 22. Sonntag i.J., Kurzgeschichten C;
2. Eine Frau dient: Bd. 1, Nr. 114;
3. Der Hirt verändert alles auf der Suche: Bd. 4, Nr. 148;
4. Die Prüfung durch Philipp Neri: Bd. 4, Nr. 205;
5. Im Dienst Erfüllung finden: Bd. 4, Nr. 159 (Der Meilenstein);
6. Der untere Weg: Bd. 1, Nr. 118 (ähnlich Bd. 1, Nr. 159);
7. Franziskus stieg ab: Bd. 3, Nr. 224;
8. Dienen heilt: Bd. 3, Nr. 124;
9. Der Dienst als Chance: Bd. 2, Nr. 104.

Spiel

Umfrage: Was bedeutet Jesus für Sie? Ergebnisse im Gottesdienst vorlesen. Interessantes in „PuK“ 5/79, S. 698f.

25. Sonntag im Jahreskreis

Jesus kündigt Leid und Auferstehung an – Der Rangstreit der Jünger

Evangelium: Mk 9,30-37: Die Menschen werden mich töten. / Nach drei Tagen werde ich auferstehen. / Wer ist der Größte?/ Der Erste soll der Diener aller sein. / Er stellte ein Kind in ihre Mitte. / Wer ein Kind um meinetwillen aufnimmt, nimmt mich und den Vater auf.

(*L 1:* Weish 2,1a.12.17-20: Wir wollen hart mit dir umspringen; *L 2:* Jak 3, 16-4,3: Die Saat der Gerechtigkeit.)

Vorüberlegung: Die Jünger träumen von Macht und guten Posten. Machtstreben und Rechthaberei zerstören jede Gemeinschaft. Jesus steht auf der Seite der „Kleinen“, der Ausgelieferten und Unterdrückten.

Hinweise: Zu „Den Weg des Leidens gehen“ siehe vorangegangener Sonntag. Zum „Dienen“ siehe „Bausteine A“, 22. Sonntag i.J., und in diesem Buch 29. Sonntag i.J.

Symbolpredigten

1. Der Größte soll dienen. Diese *Christophorusfigur* kann uns den Weg dahin verraten: Der Mächtige dient schließlich dem Mächtigsten. Siehe „Bausteine A“, 3. Advent, Symbol 1 (siehe auch „Kurzg. 1“, Nr. 6).
2. Einfach dienen. Selbst ein *Gänseblümchen* zeigt, wo es „langgeht“: So klein und zart es ist, blüht es mit den allerersten Blumen bis in den Schnee des Spätherbstes hinein. Es verschönert den eintönigen Rasen mit tausend Sternenaugen. Gänseblümchen sind nicht unterzukriegen: Kaum ist der „Rasenmäher“ (= Not, Gefahr) vorbei, lachen sie wieder aus frischen Blüten. Ihr gelber Blütenboden erinnert an die „Sonne“ (= Gott), von der sie die Kraft zum Blühen nehmen. (Siehe „Kurzg. 3“, Nr. 170.)
3. Vorsicht, zerbrechlich! *Zwei Tonschalen* (vielleicht für jeden eine): Ihr wißt, so eine Schale ist zerbrechlich (Pr läßt die Schale fallen). So mußten auch die großartigen Träume der Jünger vom Messiasreich erst einmal sterben: Jesus sprach vom Leiden und Tod! – An Pfingsten kittete der Hl. Geist ihren zerbrochenen Glauben wieder (Pr nimmt jetzt die zweite Schale): Er ist immer noch zerbrechlich in einer Verfolgung, in Leid und Zweifel. Aber die Jünger wußten: Sie brauchten nicht mehr das Große und Mächtige darin einzusammeln, denn Jesus hatte neue Maßstäbe gesetzt. – Nehmt die Schale mit nach Hause, und erinnert euch, daß wir aus einer Schale hier das Brot empfangen, das unseren verletzlichen Glauben stärken kann. (Verändert nach Stefanie Spendel, in „Spendel 2“, S. 245f.)
4. Einander dienen. Ein *Besen* vor einem Altar hat euch sicherlich überrascht! Aber er erinnert an die Haltung Jesu, der den Jüngern die Füße wusch und der heute davon spricht: Werdet erst ganz klein, um groß

sein zu können. Im Vertrauen auf die Worte Jesu bekommen wir die innere Ruhe und Sicherheit für den „Dienst nach unten".

5. Gott legt sein *Meßband* um das Herz: Die Welt – auch die Schule – legt ihr Meßband um den Kopf oder mißt die Größe (hier Kurzgeschichte Nr. 29, Bd. 1) – wie die Frauen am Brunnen. Jesus stellt ein Kind in die Mitte: Läßt du ein ausländisches Kind neben dir sitzen? Bleiben die „Flaschen" beim Wählen der Fußballmannschaft stehen? ... Jesus wird uns danach bemessen, ob wir das Kleine (= Unterdrückte, Ausgelieferte, Übersehene) groß gemacht haben; er legt sein Meßband ums Herz (Pr tut es jetzt auch!).
6. Er stellte ein Kind in ihre Mitte. So ein *Kind,* wenn es noch nicht verdorben wurde, ist „außen wie innen": ehrlich, anspruchslos, offen für alles, natürlich, ohne Verstellung, spontan, hat unerschöpfliche Phantasie; es will nicht scheinen, es ist; es lebt ganz den Augenblick; es kann spielen ohne Zweck und Nutzen; dabei seine Sorgen vergessen; es lacht und hat die Tränen noch im Gesicht; es schämt sich nicht, um ein Geschenk zu bitten; kann mit einfachen Dingen glücklich sein; kann ansteckend lachen, staunen; ist bereit, sich zu verändern; geht ohne Vorurteile auf andere Hautfarben, auf alte und kranke Menschen zu; es kann vertrauen, sich ganz geborgen fühlen ... Ein Kind ist ein Wunder, das wertvollste Geschenk Gottes an uns. Darum darf es auch keiner besitzen wollen. Es ist nur geliehen und zum Weiterschenken da. (Siehe auch „144", Nr. 16.)

Kurzgeschichten

A: Zum Thema „Dienen"

siehe „Bausteine A", 22. Sonntag i.J., Kurzgeschichten C.

B: Zum Thema „Sich bücken"

1. Die Legende vom Hufeisen: „KiBö" Nr. 91-1, S. 29;
2. Der „untere Weg": Bd. 1, Nr. 156 (Der eine Fuhrmann gibt nach);
3. Die kleine Leuchte: Bd. 4, Nr. 173;
4. Siehe oben Symbole 1 und 2;
5. Der Bambus: Bd. 1, Nr. 49;
6. Antigeschichte: Immer höher hinauf? Der Bär, der ganz oben in der Tanne „krepiert": „PuK" 5/85, S. 579;
7. Antigeschichte nach einem Zeichentrickfilm: Zwei Nachbarn schaukeln sich in ihrem Hausbau (immer höher hinaus!) in die Vernichtung: „PuK" 5/76, S. 679.

C: Von Kindern lernen: Er stellte ein Kind in ihre Mitte

1. Das Kind will den „unteren" Freund: Bd. 4, Nr. 119;
2. Das Mädchen gibt sich ganz hin: Bd. 1, Nr. 115;
3. Märchen von Andersen: Des Kaisers neue Kleider (Wir sind oft die Kaiser!);

4. Tistou mit den grünen Daumen, der einen Krieg verhindert. Geschichte und Predigt dazu: „Stendebach 2“, S. 233-235;
5. Siehe auch in diesem Buch, 27. Sonntag i.J., Kurzgeschichten B: „Wie die Kinder werden“.

Spiele

1. Symbolhaft mit Regen-„Schirmen“ das Evangelium nachspielen: „Spiele 2“, S. 50f.
2. Immer höher auf der Leiter?: „Schnegg 2“, Nr. 56.

Bilder

1. Die Postkarte 8685 im R. Kawohl-Verlag, Blumenkamper Weg 16, D-46485 Wesel, zeigt Gänseblümchen (siehe oben Symbol 2).
2. Das „Kleine“ schützen: Ein Kind in einer großen Hand. Postkarte Motiv K 81 von Dorothea Steigerwald im Brendow-Verlag, D-47402 Moers.

26. Sonntag im Jahreskreis

Der fremde Wundertäter – Warnung vor der Verführung

Evangelium: Mk 9,38-43.45.47-48: Wer nicht gegen uns ist, ist für uns. / Selbst ein Becher Wasser wird belohnt. / Wehe, wer ein Kind zum Bösen verführt! / Trenne dich von Hand, Fuß und Auge, wenn sie dich zum Bösen verführen.

(*L 1:* Num 11,25-29: Käme doch der Geist Gottes auf euch alle! *L 2:* Jak 5,1-6: Euer Reichtum verfault.)

Vorüberlegung: Jesus zeigt „christliche“ Toleranz: Jeden gelten lassen, der Gutes tut. – Jesus möchte nicht, daß wir uns selbst verstümmeln, sondern kompromißlos hinter ihm hergehen.

Symbolpredigten

1. Ein wenig Liebe zählt. Da kann uns der Atem stocken: Nur *ein Becher mit Wasser* – um Christi willen gegeben – wird von Gott belohnt. Nicht nur die großen Taten zählen! (Jetzt eventuell eine der Kurzgeschichten unten, z. B. A 1 oder 2 erzählen.) Die Lehre Jesu verkündet keine Leistung, sondern die Barmherzigkeit Gottes.
2. „Der ist für uns!" (Mk 9,40). So eine *Taufbescheinigung* muß ich oft ausstellen für ein Brautpaar, für eine Patenschaft ... Dabei sprechen wir gerne von „Taufscheinchristen", „Karteileichen". Aber Jesus weitet unseren Blick und ruft uns zur Toleranz auf! Es gibt „anonyme Christen", auch „außerhalb der Kirche Heil": Menschen, die Gutes tun, dürfen mit der Barmherzigkeit Gottes rechnen; auch wenn sie nicht an Christus glauben. Hier kann eine der Kurzgeschichten unter A erzählt werden.
3. Entscheidende Nachfolge. Was kann ich alles mit dieser *Axt* tun? ... (Hier eventuell Kurzgeschichte Nr. 51, Bd. 3, erzählen: Der Mann schlägt seine vergiftete Hand ab, um zu überleben. Oder: Ein Fuchs in der Falle beißt sich lieber die eingeklemmte Pfote ab, als vom Jäger totgeschlagen zu werden. – Ähnlich „Kurzg. 4", Nr. 82: Die gesegnete Stadt.) Jesus meint das im übertragenen Sinne. Er möchte nicht, daß wir uns selbst verstümmeln, sondern ihm kompromißlos folgen. (Er hat aber Geduld dabei: Siehe Lk 13,7-8: „Hau den Feigenbaum um, der keine Frucht bringt!" – „Laß ihn dieses Jahr noch stehen!")

Kurzgeschichten

A: Schon ein verschenkter Becher mit Wasser genügt

1. Ein Zwiebelchen hätte – wirklich geschenkt – genügt: Bd. 1, Nr. 249;
2. Mit einer Katze Erbarmen gehabt: Bd. 4, Nr. 226;
3. Alles, was aus Liebe geschieht, zählt: Bd. 1, Nr. 101;
4. Du hast mich zum Lachen gebracht!: Bd. 1, Nr. 246;
5. Clowns kommen in den Himmel: Bd. 3, Nr. 243;
6. Die sieben Schwarzbrote zählen: Bd. 3, Nr. 241.

B: Entschiedenheit in der Nachfolge

1. Die gesegnete Stadt: Bd. 4, Nr. 82;
2. Die Gefangene: Bd. 2, Nr. 64 (ähnlich Bd. 2, Nr. 65 und 66);
3. Glaubwürdig sein: Bd. 3, Nr. 67;
4. Beim Gehen predigen: Bd. 3, Nr. 70;
5. Begeisterung ist unbesiegbar: Bd. 4, Nr. 77;
6. Siehe Kapitel „Passion" in „Kurzg. 1 – 4";
7. Antigeschichte: Sie fliegen nicht: Bd. 3, Nr. 79.

C: Die Sinne beherrschen

1. Der Einsiedler und seine Menagerie: Bd. 2, Nr. 52;
2. Der Mönch trägt ein schönes Mädchen: Bd. 4, Nr. 129.

D: Toleranz gegenüber anderen Glaubensgemeinschaften oder Einstellungen

1. Die Gebetsteppiche: Bd. 1, Nr. 109;
2. Der Frosch im Brunnen: Bd. 1, Nr. 107;
3. Wir sind alle blinde Bettler: Bd. 1, Nr. 106;
4. Gegen den Stallgeruch: Bd. 2, Nr. 129;
5. Ein ungetauftes Mädchen hält am längsten im Engagement durch: „PuK" 5/85, S. 591.

Bild

Kein Ärgernis geben: Im Vertrauen aufwachsen lassen. Siehe vorangegangener Sonntag, Bild 2.

27. Sonntag im Jahreskreis

Von der Ehescheidung – Die Segnung der Kinder

Evangelium: Mk 10,2-16 (auch Kurzfassung): Was Gott verbunden hat, darf der Mensch nicht trennen. / Laßt die Kinder zu mir kommen. / Gottes Reich annehmen wie ein Kind. / Er nahm die Kinder in seine Arme.

(*L 1:* Gen 2,18-24: Mann und Frau werden *ein* Fleisch; *L 2:* Hebr 2,9-11: Der Urheber des Heils – durch Leiden vollendet.)

Vorüberlegung: Jesus sieht eine Ehescheidung nur als Zugeständnis. (Auch heute ist je nach dem konkreten Fall zu fragen: Was will Jesus von mir, dessen Hauptgebot die Liebe ist?) – Kinder, auch damals wie alles „Kleine" geringgeachtet, nimmt Jesus in seine Arme: „Kinder Gottes", die keine Leistung aufweisen und nur ihre leeren Hände hinhalten können.

Symbolpredigten

1. „Was Gott verbunden hat ..." Dieser *Trauring* – ohne Anfang und Ende – spricht von ewiger Treue. Das Abbild des Kreises weist auf Gott selbst, der auch ohne Anfang und Ende uns ewig treu bleibt. Wenn Gott in dieser Verbundenheit von Mann und Frau in der Ehe als erster mit im Bunde steht, dann ist die Treue der Eheleute gehalten in der Treue Gottes. – Der Ring weist auch auf den Ring des Vaters im Gleichnis hin, den er als Zeichen der neuen Annahme dem heimgekehrten, verloren geglaubten Sohn an den Finger steckt (Lk 15,22). Ein tröstliches Zeichen, das auch wir nach Irrwegen in der Treue dem Partner neu an die Hand stecken können. (Zum Ring eine Bußfeier in „3 x 7", Nr. 14.)
2. Von der Liebe und der Treue. Dieses *Blumengebinde* besteht aus einer Rose, einer Schlüsselblume (oder gelber Blume) und einem Vergißmeinnicht (oder blauer Blume, die an ein Vergißmeinnicht erinnert): Die *Rose* will an die Liebe erinnern, die bleiben soll, auch wenn ihre „Dornen" schmerzen. Die *Schlüsselblume* soll an die Schlüssel erinnern, die den „7. Himmel der Liebe" immer wieder aufschließen können (jetzt aus „Kurzg.

3“ die Nr. 115 erzählen: Der kann ihn aufschließen, der den Blick offenhält für die kleinen Blumen am Wege – wie für den Partner; der Rücksicht nimmt auf alle gefährdeten Geschöpfe und wer sich gegen Ungerechtigkeit engagiert). Das *Vergißmeinnicht* erinnert an die Treue bis in den Tod, die ihre Kraft auch aus dem „Blau“ des Glaubens nimmt. (Verkürzt aus meinem Buch „Vom Wein in den Krügen“, Herder Verlag, Freiburg ²1990, Nr. 19.) Das *Grün* im Blumengebinde erinnert an die Hoffnung, deren wir immer wieder bedürfen, wenn die großen Ziele in weite Ferne rücken.

3. Im Netz der verzeihenden Liebe auffangen. Dieses *Netz,* das vier Kinder halten, erinnert uns ... (jetzt aus „Kurzg. 4“ Nr. 24 erzählen): Ein Fischer rettet seine Frau, die ihre Ehe gebrochen hat und zum Tode verurteilt wurde, mit einem Netz aus starken Seilen, das er über den Felsabgrund gespannt hat. Die vielen Seile, die ein Netz bilden, sind auch ein symbolisches Zeichen für unsere Gemeinschaft hier, die nicht zum Richten, sondern zum Aufrichten und Retten da ist, wenn sie Jesus verstanden hat.
4. „Wie die Kinder werden.“ Ein *Kind* in die Mitte stellen: Siehe in diesem Buch 25. Sonntag i.J., Symbol 6.
5. „Er legte ihnen die Hände auf“: Zur *Hand* siehe in diesem Buch 6. Sonntag i.J., Symbol 3.

Kurzgeschichten

A: Eheliche Liebe

1. Treue: Bd. 2, Nr. 24;
2. Ich bin für meine Rose verantwortlich: Bd. 1, Nr. 122;
3. Mit Gott verbunden: Bd. 2, Nr. 20;
4. *Fast* gezweifelt: „Geschichten zum Sakrament der Ehe“, S. 58/61;
5. Siehe oben Symbol 3.

B: Wie die Kinder werden

1. So vertrauen können: Bd. 3, Nr. 96 und 99; Bd. 1, Nr. 92;
2. So beharrlich bitten: Bd. 3, Nr. 98;
3. So ausgeliefert sein: Bd. 1, Nr. 97;
4. So warten können: Bd. 4, Nr. 27;
5. Das Kind als Bürgermeister: Bd. 1, Nr. 186;
6. Antigeschichte: Kinder wenig gefragt: Bd. 3, Nr. 30 (Kinderlärm);
7. Siehe auch „Von Kindern lernen“ in diesem Buch, 25. Sonntag i.J., Kurzgeschichten C.

Antigeschichten:

1. Ehe mit Ausgang: In meinem Topos-Taschenbuch „Geschichten zum Sakrament der Ehe“, S. 63f und weitere;
2. Ich dachte, es wäre mein Mann: Bd. 4, Nr. 43.

Spiele

1. Ein Puzzlespiel, das zusammengelegt ein lachendes Mädchen ergibt: „Schnegg 1", Nr. 45;
2. Das Evangelium „Laßt die Kinder zu mir kommen" als Schattenspiel (Figuren auf Overheadprojektor legen): „Behnke 2", S. 62f.

Bilder

1. Kopiervorlage (= Kinder bei Jesus) zum Ausmalen: „Behnke 2", B 7.
2. Ein biblischer Wandfries von R. Herrmann „Jesus segnet die Kinder" im Christophorus-Verlag, Freiburg / Kaufmann-Verlag, Lahr o.J.

Weitere Anregungen

1. Heute eine Trauung während des Gottesdienstes.
2. Eine Taufe im Gottesdienst; dabei die „Handauflegung" herausstellen.
3. Antigeschichte: Das Reich Gottes ist Männersache. Nichts für Kinder!: „PuK" 6/88, S. 648f.

28. Sonntag im Jahreskreis

Vom Reichtum und der Nachfolge

Evangelium: Mk 10,17-30 (oder Kurzfassung): Was muß ich tun, um ewiges Leben zu gewinnen? / Die Gebote halten. / Verkaufe alles, und gib es den Armen. / Wie schwer ist es für Reiche, in Gottes Reich zu kommen. / Für Gott ist alles möglich. / Ihr werdet das Hundertfache empfangen.
(*L 1:* Weish 7,7-11: Reichtum ist nichts im Vergleich zur Weisheit; *L 2:* Hebr 4,12-13: Gottes Wort ist wie ein zweischneidiges Schwert.)

Vorüberlegung: Wer begriffen hat, daß Gott allein groß ist und alles andere vergeht, der sucht ihn entschiedener. Aber wie nicht jeder zum Martyrium berufen ist, so muß er auch nicht alles hergeben, was er besitzt; er muß vielmehr *seinen* Weg der Nachfolge finden. (Vgl. „Kurzg. 1", Nr. 175.)

Symbolpredigten

1. Wählen. Jagen wir lieber dem *„goldenen Fisch"* (= Mammon) nach, oder schwimmen wir hinter dem „Jesus-Fisch" (Swimmy) her? Siehe „Bausteine A", 8. Sonntag i.J., Symbol 1.
2. Einfacher leben. Dieser *wunderbare Teppich* erinnert an den „Zauberteppich", von dem ich erzählen möchte („Kurzg. 4", Nr. 187: Er ist symbolisches Zeichen für die Erde, die maßlos ausgeplündert wird). Der Appell Jesu ist heute eine Überlebensfrage der Menschheit geworden: Wenn die Reichen nicht spürbarer teilen, wird uns schon auf der Erde Gottes Gerechtigkeit einholen.
3. Einer, der ausstieg. Kein Heiliger ist Christus so nahegekommen wie

Franziskus, der auch der „zweite Christus“ genannt wird: Er war ein reicher, junger Mann, der das Wort Jesu „Gib alles den Armen“ wörtlich nahm und alles verschenkte, was er bekam. Mit drei Symbolen darf ich darstellen, was er nach seiner Berufung getan hat:
Dieses antike *Öllämpchen* soll daran erinnern, daß er überall in den umliegenden Kirchen vor den Altären wieder das ewige Licht entzündete, d. h., er hatte, weil er einfach lebte, mehr Zeit, *Gott ganz zu dienen.* Dieser *Verbandsstoff* führt uns vor Augen, daß er an keiner Not vorbeigehen konnte und unter Umständen das letzte Kleidungsstück hergab, um *Menschen zu helfen.* Dieser *Mauerstein* will sagen, daß Franziskus nicht nur die verfallenen Kirchen aufbaute, sondern durch sein Leben und seine Brüder (und Schwestern: Klara ...) auch die ganze damalige zusammenstürzende *Kirche rettete.* Männer und Frauen wie er können auch unsere Kirche heute glaubwürdiger machen und aufrichten. (Ausführlicher in „122“, Nr. 114.)

4. Eine neue Kirche. *Von der pompösen zur einfachen Kirche.* Siehe in diesem Buch 24. Sonntag i.J., Symbol 2.
5. Durch ein Nadelöhr? Manche interpretieren, das „Nadelöhr“ sei ein enges, niedriges Stadttor in Jerusalem gewesen: Einem Kamel habe sämtliches Gepäck abgenommen werden müssen, um es hindurchzuführen. Ein *enges Tor* steht im Altarraum, und *ein Kind* (= Kamel) wird übervoll bepackt (die Pakete genauer bezeichnen). Was kann alles abgeladen werden, was ist wirklich *not*wendig? Dazu kann auch die Geschichte vom „Kind mit den großen Händen“ vorgelesen werden: Siehe „Geschichten als Predigten“, S. 87-89. (Ähnlich „Behnke 2“, S. 65f.)
   Oder: Ein Reisender überlegt, was er mitnimmt, und braucht immer noch mehr, immer noch mehr. Mit zwei Koffern in jeder Hand, einem Rucksack auf dem Rücken und einer Umhängetasche kann er sich schließlich kaum noch bewegen (vgl. unten Spiele 3.). Armut ist größere Beweglichkeit; deswegen gehört sie zum Jünger. Der Reiche hängt an allem möglichen und kann deshalb so schwer in Gottes Reich(!) gelangen: Er hat die Hände nicht mehr frei, ist besetzt.
6. Es böte sich an, auch das eine oder andere der aufgezählten Gebote zum Gegenstand der Verkündigung zu machen, z. B.: Ehre Vater und Mutter; du sollst nicht stehlen ...

Kurzgeschichten

A: Gefahr des Reichtums

1. Ein bißchen Silber und schon ...: Bd. 1, Nr. 133;
2. Geld ist seine Gottheit: Bd. 3, Nr. 131;
3. Der habgierige Kaufmann: Bd. 3, Nr. 225;
4. Was uns am „Fliegen“ hindert: Bd. 4, Nr. 157;
5. Das Känguruh, das sich übernahm: Bd. 4, Nr. 2;

6. Der Weitsprung: „Geschichten als Predigten", S. 46-48 (dazu ein Gottesdienst in „FaJu" Okt. 91: „Der sichere Weg ...");
7. Die Brote werden zu Stein, wenn wir sie nicht verschenken: Bd. 1, Nr. 63;
8. Nicht helfen: Bd. 1, Nr. 135 (ähnlich Nr. 235);
9. Märchen „Der Frauensand": „Geschichten als Predigten", S. 109-112;
10. Der Hamster mit zu vielen Körnern: Bd. 1, Nr. 190;
11. Der Schuster singt nicht mehr: Bd. 2, Nr. 165 (ähnlich Bd. 1, Nr. 193);
12. Wieviel Erde braucht der Mensch?: Bd. 3, Nr. 198;
13. Die sieben Krüge: Bd. 3, Nr. 199;
14. Geld kann arm machen: Bd. 1, Nr. 191;
15. Die verlorene Hütte (= „Dritte Welt"): Bd. 4, Nr. 166.

B: Was für das Abgeben (Teilen) spricht

1. Wir sind nur auf der Durchreise: Bd. 1, Nr. 201;
2. Wir sind nur Verwalter: Bd. 1, Nr. 238;
3. Am Ende zählt nur, was du verschenkt hast: Bd. 1, Nr. 250;
4. Reich oder arm?: Bd. 3, Nr. 204;
5. Dummheit?: Bd. 3, Nr. 146;
6. Schenken macht nicht ärmer: Bd. 1, Nr. 15 (ähnlich Nr. 13);
7. Arme teilen wie selbstverständlich: Bd. 2, Nr. 114 (ähnlich Bd. 1, Nr. 126; Bd. 3, Nr. 221);
8. Märchen der Brüder Grimm, Der Arme und der Reiche, gekürzt: „PuK" 6/85, S. 659f;
9. Hans im Glück: Bd. 1, Nr. 200 (ähnlich Franziskus).

C: Der Lohn der Nachfolge in Armut, der sich jetzt schon zeigt

1. Ich möchte mit ihnen nicht tauschen: Bd. 4, Nr. 93;
2. Interview mit einer Schwester aus Afrika: „Behnke 2", S. 66f (= das erfülltere Leben!);
3. Leben eines(r) Heiligen, der/die den entschiedeneren, einfachen Weg gegangen ist (geht) und dabei glücklich war (ist).

D: Für Gott ist alles möglich

1. Das Himmelstor öffnet sich aus Gnade, nicht aufgrund von Leistung: Bd. 4, Nr. 134;
2. Ein Einsiedler schaut hinter die Kulissen eines Gauklers: „122", Nr. 17; ähnlich „Stendebach 2", mit Predigt, S. 245-249.

Spiele

1. Zum Evangelium: Das Stilmittel „Ein Augenzeuge berichtet" einsetzen;
2. Laß alles hinter dir: „Schnegg 2", Nr. 57;
3. Reichtum fesselt: Ein Kind will alles haben, was da an schönen Sachen an einem langen Seil festgebunden ist. Als es alles besitzt, ist es bewegungsunfähig geworden (nach M. Schnegg);
4. Interview: Siehe oben „Kurzgeschichten C", Nr. 2 oder 3.

29. Sonntag im Jahreskreis

Vom Herrschen und vom Dienen

Evangelium: Mk 10,35-45 (auch Kurzfassung): Könnt ihr den Kelch trinken?/ Den Platz zu meiner Rechten und meiner Linken habe ich nicht zu vergeben. / Die zehn anderen wurden ärgerlich. / Wer bei euch groß sein will, sei euer Diener. / Auch ich bin gekommen, um zu dienen.

(*L 1:* Jes 53,10-11: Nach Leid Heil; *L 2:* Hebr 4,14-16: Voll Zuversicht zum Thron der Gnade gehen.)

Vorüberlegung: Der Mutter geht es um Machtgewinn für die Familie. Jesus ist aber gegen ein Karrieredenken: Nur die können Verantwortung übernehmen, die bereit sind, den Leidensweg mitzugehen.

Hinweis: Siehe auch in diesem Buch 25. Sonntag i.J.: „Rangstreit der Jünger" und zum Thema „Dienen/Leid": „Bausteine A", 22. Sonntag i.J.

Symbolpredigten

1. Immer höher wollten die Zebedäussöhne auf der Karriereleiter. Jesus sprach vom „immer tiefer" (= den Leidenskelch trinken) und lebte es auch vor. Er stieg auf der *Leiter* (= eine Haushaltsleiter) immer tiefer, um einmal „ganz oben" zu stehen. Weiter siehe „Bausteine A", „Taufe Jesu", Symbol 2.
2. Die großartigen Träume der Jünger von einem Reich mit mächtigen Ministern mußten erst einmal zerbrechen. Gedanken zu einer *Tonschale:* Siehe in diesem Buch 25. Sonntag i.J., Symbol 3.
3. Dienst nach unten. Ein einfacher *Kugelschreiber* kann uns eine wesentliche Haltung zeigen, die es „bringt": Er schreibt auf Dauer nur, wenn er nach unten gehalten wird. Gott möchte uns halten – wie wir den Kugelschreiber. Wenn wir uns vom Vorbild Jesu (Fußwaschung, Kreuztragen) „erfüllen" lassen, dann trocknet unsere „Mine" nicht aus. (Ausführlicher nach Gerhard Bruns in „144", Nr. 101.)
4. Ein *Besen* vor dem Altar erinnert ans Dienen: Siehe in diesem Buch 25. Sonntag i.J., Symbol 4; dort auch noch *Christophorus, Gänseblümchen, Meßband.* Siehe auch „Bausteine A", 22. Sonntag i.J., Symbole *Raupe, Violine, Diamant, Perle, Dornenkrone, Opferlicht, Kreuz.*

Kurzgeschichten

A: Über das Leid als „Erkennungszeichen" für den richtigen Weg

Siehe „Bausteine A", 22. Sonntag i.J., Kurzgeschichten A und B.

B: Haltung des Dienens

1. Der Papyrusfetzen: Bd. 1, Nr. 113;
2. Der Weg zum Bruder ist wichtiger als demutsvolles Fasten: Bd. 4, Nr. 52;
3. Der Blick der Liebe: „Geschichten als Predigten", S. 93-95;

4. Der Heilige und der Sünder: Bd. 4, Nr. 51;
5. Der Papst beichtet beim sündigen Mitbruder: Bd. 3, Nr. 121;
6. Die Teekanne: Bd. 4, Nr. 53;
7. Frage am Friedhof: Bd. 2, Nr. 179;
8. Der Meilenstein: Bd. 4, Nr. 159;
9. Die Dienenden dürfen an die Krippe: Bd. 2, Nr. 12;
10. Sich erniedrigen: Bd. 3, Nr. 59;
11. Die offenen Einrichtungen der Mutter Teresa: Bd. 3, Nr. 117;
12. Prüfung der Klosterfrau: Bd. 4, Nr. 205;
13. Zwei Söhne imponieren, nur einer dient: Bd. 1, Nr. 29 (dazu eine Predigt in „Stendebach 2", S. 250-252);
14. Siehe auch „Bausteine A", 22. Sonntag i.J., Kurzgeschichten C;
15. Märchen „König Drosselbart", Brüder Grimm: Erst als ihr Stolz gebrochen war, wurde sie Königin.

C: Die Größte
Die Bienen ereiferten sich, wer von ihnen wohl die größten und besten seien, und bald waren sie in großem Streit. Natürlich wollten die Bienen mit den Pollenhöschen die wichtigsten sein. Die Honigbienen schrieen, daß das wohl großes Unrecht sei, schließlich käme es doch auf den Honig an. Die Wasserträgerinnen wurden ausgelacht, als sie auch Besitzansprüche anmeldeten. Dann setzten diese einfach den Dienst aus. So mußte die Brut verschmachten, und Honigzellen blieben leer. „Na, seht ihr!" schrieen sie, „da haben wir es doch!" Aber die weise Königin entschied: „Nicht der Unterschied in der Stellung macht den Vorzug, sondern wer dem Volk am treuesten dient, ist die bessere Biene." (Matthias Utters, genaue Quelle unbekannt.)

Spiele
1. Wer gehört neben Jesus?: „Schnegg 1", Nr. 46;
2. Der Narr (= Jesus) fiel „aus dem Rahmen": „Laarmann" Nr. 22.

30. Sonntag im Jahreskreis
Heilung des Blinden bei Jericho

Evangelium: Mk 10,46-52: Sohn Davids, erbarme dich meiner! / Er warf seinen Mantel weg. / Ich möchte wieder sehen können. / Er folgte Jesus auf seinem Weg.
(*L 1:* Jer 31,7-9: Tröstend geleite ich Blinde und Lahme heim; *L 2:* Hebr 5, 1-6: Du bist Priester auf ewig.)

Vorüberlegung: Der Blinde wurde sehend und folgt Jesus. / Die Jünger aber, die immer noch von Machtpositionen träumen (siehe vorangegangener Sonntag), verstehen den Weg Jesu nicht, sind noch blind: Es gibt eine Blindheit der Augen und eine des Herzens.

Hinweise:

1. Heute kann auch auf das Thema „Weltmission" eingegangen werden. Siehe dazu 31. Sonntag i.J., Symbol 6.
2. Siehe auch „Bausteine A", 4. Fastensonntag, „Die Heilung eines Blinden".

Symbolpredigten

1. Mit den Augen Jesu sehen. Manchmal sind wir auch wie blind oder sehen alles schwarz in schwarz oder zu rosa: *Gefärbte Brillen* tragen diese drei Kinder. Ich will sie sehend machen, wenn sie das – wie Bartimäus – wirklich wollen. Dann können sie in Jesus die Sonne sehen, die unsere Welt in helles, freundliches Licht taucht; in seinem Licht dürfen wir alles anders sehen. Das hier ist ein *Schwarzseher:* „Die Welt geht morgen unter, weil die Jugend so schlecht ist und die Sitten verwildern ..." Weg damit! Hier die *rosarote* Brille (= zu leichtgläubig; es wird schon alles wieder – aber wie von selbst?) und diese *gelbe* (= neidisch auf alles, was jünger, schöner, reicher ist; das macht traurig und verbissen). Vielleicht fallen dem Vorbereitungsteam noch andere Farben ein, die sich Christen nicht leisten dürfen! Und wie gefärbt ist die christliche Brille?
2. „Heilung" des Kindes mit einer *dunkelgetönten Brille* (= blind): Siehe in diesem Buch 23. Sonntag i.J., Symbol 2.
3. Jesus als *Rettungsring* für den Blinden: Siehe in diesem Buch 12. Sonntag i.J., Symbol 5.
4. „Er folgte Jesus auf seinem Weg": Eigentlich eine exemplarische Geschichte vom Glauben: Bartimäus vertraut Jesus, wird geheilt und folgt nach. Zu *ausgeschnittenen Fußabdrücken* siehe „Bausteine A", 4. Sonntag der Osterzeit, Symbol 2.
5. *Blindenstock* und *Blindenschrift:* Siehe „Bausteine A", 4. Fastensonntag, Symbole 1 und 2.

Kurzgeschichten

A: Wieder sehend werden

Siehe „Bausteine A", 4. Fastensonntag, Kurzgeschichten.

B: Verschiedene Seh-Behinderungen

1. Die Brille der Verdächtigung: Bd. 1, Nr. 141;
2. Das Wesentliche ist für Augen unsichtbar: Bd. 1, Nr. 122;
3. Die schönsten Dinge, Glück und Liebe, konnte er nicht sehen: Bd. 4, Nr. 23 (dazu „Laarmann", Nr. 9);
4. Sie sahen erst viel später, daß Hannes Sommersprossen hat: „Hannes fehlt" in U. Wölfel, Die grauen und die grünen Felder, Anrich Verlag, Kevelaer 1970, S. 29ff; (gekürzt in „PuK" 6/82, S. 676);
5. Antigeschichte: Der wohlwollende Blick: Bd. 4, Nr. 128.

C: Zum Vertrauen
Siehe in diesem Buch 12. Sonntag i.J., Kurzgeschichten.

Spiele

1. Pantomimisch das Evangelium spielen: Hier können alle mitspielen. Wer will, hält sich selbst eine Zeitlang die Augen zu und öffnet sie bei der Wiederholung des Jesuswortes. Es können auch einige Kinder eingeladen werden, einmal „blind" Gehversuche zu machen;
2. Szenische Darstellung zum Evangelium (dabei Jesus = Osterkerze): „KiBö" Nr. 88-2, S. 28f;
3. Evangelienspiel zu „Wer glaubt, wird sehend" in „Laarmann", Nr. 17;
4. Etwas muß sein mit meinen Augen (sehr gutes Spiel zur „Blindheit"): „Spiele 2", S. 51-53.

Bilder

1. Missio-Leuchtboxfolie F 7: Heilung des Bartimäus; eine Besprechung dazu in „Spendel 2", S. 267.
2. Siehe „Blindenheilung" von Beate Heinen 1989 in „Bausteine A", 4. Fastensonntag, Bild 1 (dort auch abgebildet).

Weitere Anregungen

1. (Meine) allegorische Predigt zum Bittgebet anhand des Evangeliums: „PuK" 6/88, S. 675f.
2. Ein Rätsel, das den Zusammenhang zwischen Glauben und Heilung aufzeigt: „Behnke 2" als Kopiervorlage B 8.

31. Sonntag im Jahreskreis

Das Hauptgebot

Evangelium: Mk 12,28b-34: Das Hauptgebot der Gottes- und Nächstenliebe.
(*L 1:* Dtn 6,2-6: Liebe Gott mit ganzem Herzen; *L 2:* Hebr 7,23-28: Jesus hat ein unvergängliches Priestertum.)

Vorüberlegung: Der fromme Jude verspricht jeden Tag im Glaubensbekenntnis, Gott an die erste Stelle zu setzen und sich von seiner Liebe erfassen zu lassen, um sie an die Mitmenschen weiterzugeben.

Hinweis: Siehe auch „Bausteine A", 30. Sonntag i.J., und „Bausteine C", 15. Sonntag i.J. (hier mit dem Samaritergleichnis).

Symbolpredigten

1. Das Hauptgebot. In einen *durchsichtigen Schlauch,* in U-Form gehalten, wird etwas *rotgefärbtes Wasser* gegossen: Auf beiden Seiten des Schlauches steigt das Wasser nach dem Prinzip der kommunizierenden Röhren *gleich hoch:* „Gottes"- und „Nächstenliebe" könnte an jeder Röhre stehen.

Ein Mensch, der sich keine Zeit für den Gottesdienst nimmt, mir aber in der Nächstenliebe etwas vormacht, liebt Gott vielleicht mehr als ich. Umgekehrt kann eine Nächstenliebe, die nicht immer aus der Gottesliebe neu gespeist wird, auf zu kurzen Beinen (= resignieren) stehen. Jedenfalls: Wo *echte* Gottesliebe ist, müßte sich das auch in der Nächstenliebe zeigen und umgekehrt. (Nach einer Idee von Lothar Schneider.)

2. Nicht ohne Öl! Das Gleichnis von den 10 Mädchen (Mt 25,1-13), die auf dem Weg zum himmlischen Hochzeitsmahl sind, erzählt von dem folgenschweren Fehler: Fünfen fehlt das *Öl in den Krügen!* Sie alle zeigen Gottesliebe, denn sie haben die Einladung zum Fest mit dem Bräutigam (= Christus) angenommen und sind auch alle aufgebrochen. Aber ohne Öl (= die Taten der Nächstenliebe, Geduld, Treue ...) in den Lebenskrügen können sie nicht mitfeiern. Also Gottes- *und* Nächstenliebe sind gefragt. Für manche Exegeten ist diese Deutung des Öls auf Nächstenliebe zu einseitig. Sie plädieren für die Interpretation: Ein genügend großer Ölvorrat ist Zeichen der Bereitschaft, der Wachsamkeit; mangelndes Öl ist Zeichen mangelnder Vorsorge, mangelnder Wachsamkeit. Prof. Georg Baudler, Aachen, deutet das Öl auf die „Sehnsucht nach dem Reiche Gottes", die vielen Juden erloschen war, obwohl sie die Lampen des Glaubens hatten.
   Auf die Nachfrage mancher Kinder, warum die fünf mit dem Öl im Krug nicht geteilt haben, kann man sich mit dem Hinweis auf Batterien oder Wachslichter retten, die auch nicht geteilt werden können, ohne sie zu zerstören.
3. Mit der Gottes- und Nächstenliebe ist es wie mit einem *Paar Skiern:* Um schnell vorwärtszukommen, brauche ich *beide* Bretter: die Gottes- *und* die Nächstenliebe. Je nach den Kurven, die ich im Leben nehmen muß, wird mal das eine, mal das andere Brett mehr belastet. Aber beide müssen immer nebeneinander liegen. Wenn sie auseinanderdriften, stürze ich! (Nach Albert Hopmann.)
4. Am Ende des Lebens bekommen wir *ein Zeugnis,* in dem nicht mehr die Leistung und das Erreichte an sich gefragt sind. In dem Zeugnis stehen nur noch zwei Noten. Die Prüfungszeit, über die das Zeugnis Auskunft gibt: das ganze Leben. Die beiden Fächer heißen:
   1. Hast du Gott an die erste Stelle gesetzt, deinen Schöpfer und Erlöser, der dir letztlich alles geschenkt hat? Hast du ihm gedankt, an ihn gedacht, mit ihm gesprochen, auf ihn gehört? Kurz, das erste Fach: Hast du Gott geliebt?
   2. Hast du den Menschen neben dir, besonders den in Not, geliebt? – Eigentlich braucht nur *ein* „Fach" auf dem Lebenszeugnis zu stehen: Hast du geliebt? Die Leistung im Leben ist wichtig, aber es zählt die Gesinnung, in der ich sie verrichtet habe.
   (Alle Kinder sollten ein möglichst zeugnisähnliches Papier in die Hand

bekommen, auf dem einfach die Fächer „Gottesliebe“ und „Nächstenliebe“ stehen.)

5. Die „Liebe“ hat *zwei Arme:* Der eine ist ausgestreckt, um sich von Gott halten zu lassen, der andere ist ausgestreckt, um Mitmenschen Halt zu geben = Gottes- und Nächstenliebe. Siehe „PuK“ 6/82, S. 683.
6. Zusammenwachsen über die Liebe: Eine *muslimische Gebetskette* (bei einem Schüler ausleihen!). Sie hat 33 oder 99 Perlen; die Schlußperle sieht wie ein Minarett aus: hier wird der Name Allahs ausgesprochen. – Unsere Welt hat genug Probleme zu lösen: die Überbevölkerung, die Umweltbedrohung ..., da dürfen wir uns keine „heiligen“ Kriege mehr leisten. Aber tatsächlich schwelen viele Konflikte aus religiösen Gründen. Grundsätzlich sind wir uns aber einig, daß die Menschen sich in zwei Richtungen ausstrecken müssen: in Richtung *Gottesliebe* (darum zählt der Muslim an jeder Perle zur Verherrlichung Gottes eine seiner Eigenschaften auf: der Heilige, der Gewaltige, der Verborgene ...) und *Nächstenliebe:* In seinen „5 Pflichten“ (ähnlich unseren Zehn Geboten) steht klar als 4. Pflicht: „Sozialabgaben an die Glaubensgemeinschaft, besonders an die Armen und Waisen.“ Über das Hauptgebot der Liebe, das alle Weltreligionen – wie auch immer – an die erste Stelle setzen, mehr ins Gespräch kommen! (Vgl. „122“, Nr. 61.)

Kurzgeschichten

1. Liebe steht höher als ein Befehl: Bd. 4, Nr. 113 (ähnlich Bd. 1, Nr. 18);
2. Liebe steht höher als das Gesetz: Bd. 4, Nr. 24;
3. Liebe hält uns zusammen: Bd. 3, Nr. 190 (Wagenrad);
4. Die Liebe der Ureinwohner ist gottgefälliger als die der Mönche: Bd. 3, Nr. 110;
5. Ich glaube zuwenig – Sie lieben zuwenig!: Bd. 4, Nr. 105;
6. Die Unterlassung klagt uns an: Bd. 4, Nr. 228;
7. Liebe kann Versteinertes durchbluten: „Geschichten als Predigten“, S. 91-93;
8. Wenn die Liebe nicht ausreicht: Bd. 1, Nr. 249 (Das Zwiebelchen);
9. Siehe auch „Bausteine A“, 30. Sonntag i.J.: alle Kurzgeschichten;
10. Franz von Sales: Ein Heiliger „rund um die Uhr“: „PuK“ 6/82, S. 685;

11. Akiba lächelt trotz Todesqualen, als er sein „Höre, Israel" spricht: „Stendebach 2", S. 259f (und Predigt).

Weitere Anregung
Wenn die Liebe fehlt: Mutter Erde, überfallen und fast ausgeblutet, weint: „Laarmann", Nr. 23.

32. Sonntag im Jahreskreis

Worte gegen die Schriftgelehrten – Das Opfer der Witwe

Evangelium: Mk 12,38-44 (Kurzfassung möglich): Nehmt euch in acht vor den Schriftgelehrten. / Die arme Witwe warf nur zwei kleine Münzen hinein. / Die Reichen gaben etwas vom Überfluß; sie gab alles.
(*L 1:* 1 Kön 17,10-16: Weil die Witwe teilte, versiegten die Vorräte nicht; *L 2:* Hebr 9,24-28: Ein einziges Mal geopfert, um die Sünden zu tilgen.)

Vorüberlegung: Jesus warnt nicht allgemein vor Priestern, sondern nur vor den Heuchlern und Ehrgeizigen, die den Beifall der Masse brauchen. – Gott mißt nach der Hingabebereitschaft! Jesus stellt das Beispiel der Witwe gegen die Habgier der Schriftgelehrten. – Wieviel müßten wir im gerechten Verhältnis zu Armen spenden?

Symbolpredigten
1. Nur ein bißchen Silber. Priester, wie damals die Schriftgelehrten, sind für die Menschen bestellt und sollen als „Bodenpersonal Gottes" die Wege auf Gott hin „durchsichtiger" machen. Es ist wie mit dieser *Glasscheibe:* Ein Priester muß durch sie hindurch auf die Menschen schauen, er ist ja für sie da; umgekehrt muß er aber auch sichtbar sein und „durchsichtig" bleiben auf Gott hin. Sobald aber etwas *Silber* (= zuviel Lob, Beifall der Leute, Hab- und Machtgier) dazwischenkommt (Pr hält Silberpapier hinter die Scheibe), sieht er nur noch sich selbst und ist auch nicht mehr „durchsichtig" für die anderen (vgl. „Kurzg. 1", Nr. 133). So war das auch damals: Die Witwen trugen dazu bei, daß die Schriftgelehrten aus dem Tempelschatz ihren Lebensunterhalt bezahlten; dafür sollten diese stellvertretend beten. Aber dann kamen Heuchelei und Habgier dazwischen; darum sind schon manche Propheten zu „Antiklerikalen" geworden. – *Alle* Menschen stehen in Gefahr, durch ein „bißchen Silber" „undurchsichtig" zu werden und sich selbst zu bespiegeln.
2. Es kommt auf die Gesinnung an. Ein *durchgeschnittener Kopfsalat* zeigt uns das richtige Verhältnis: Herz im Kopf haben. Jesus greift die Schriftgelehrten an, weil mittlerweile anderes in ihren Herzen war. Weiter siehe „Bausteine A", 31. Sonntag i.J., Symbol 1.

3. „Er rief seine Jünger zu sich“ und stellte die arme Witwe praktisch in ihre Mitte. Das erinnert an die Szene, in der Jesus ein Kind in ihre Mitte stellt (Mk 9,36). Und richtig: Diese Frau hat das kindliche, einfache Herz behalten. Sie kann – wie ein Kind – alles geben. (Weitere Bezugspunkte siehe in diesem Buch 25. Sonntag i.J., Symbolpredigt 6: ein Kind.) Hier kann eine *alte Frau* als „Mutter Teresa“ interviewt werden; denn diese Frau hat sich, obwohl ehemalige Direktorin einer Schule, die Herzenseinfalt erhalten. Fernab aller hohen Theologie hört sie auf ihr Herz und macht genau das Richtige, ist „außen wie innen“. Ein Interview mit ihr in „FaJu“ Juli 88 „Mutter Teresa“. – Was wären wir in der Pfarrei ohne die vielen hilfsbereiten Frauen!
4. Gerechtes Geben. Ein *Zehnmarkschein* und ein *Hunderter* im Kollektenkorb für Misereor unterhalten sich miteinander: Die 10 DM hatte sich der Spender ziemlich abgezwackt (kleine Rente!), der Hunderter wurde aus einer vollen Brieftasche fast gedankenlos herausgeblättert und tat nicht weh. (Kindgemäßeres Beispiel in „PuK“ 6/76, S. 797-799, oder „Behnke 2“, S. 72.) Wenn das Spenden eigentlich mit gerechtem Teilen zu tun hat, wie müßten „wir Reichen“ dann teilen? Jedenfalls nicht so wie in „Kurzg. 1“, Nr. 232!

Kurzgeschichten

A: Gott schaut aufs Herz
1. Legende von den singenden Mönchen: „Geschichten als Predigten“, S. 44f;
2. Die Marmortafel am Dom: Bd. 1, Nr. 18;
3. Der Clown betet: Bd. 1, Nr. 101;
4. Sein Herz geben: Bd. 1, Nr. 17;
5. Nur die Liebe zählt: Bd. 1, Nr. 250;
6. Die Sterntaler: Bd. 1, Nr. 14;
7. Welche Geschenke sind am kostbarsten?: In meinem Buch „Wir wagen den Glauben“, S. 101f.

B: Weniges ist oft mehr
1. Nur ein Strohhalm: Bd. 3, Nr. 9;
2. Das Große liegt im Kleinen: Bd. 4, Nr. 226;
3. Der König braucht Tölpel: Bd. 4, Nr. 14.

C: Reich ist oft ärmer als arm
1. Reich oder arm?: Bd. 3, Nr. 204;
2. Die reiche Dame: Bd. 1, Nr. 248;
3. Geld kann arm machen: Bd. 1, Nr. 191.

Spiel

Das Evangelium spielen oder als Pantomime.

Bild

Die Kunstkarte Nr. 5560 im Kunstverlag D-56653 Maria Laach zeigt „Die Gabe der armen Witwe“ (Evangeliar Otto III., Ende 10. Jh., München, Bayer. Staatsbibliothek, Clm 4453, fol. 192r).

Zum Bild: Der Tempel ist in den oberen Teil des Bildes gerückt, um ganz die Begegnung Jesu mit der Witwe herauszuarbeiten. Jesus, der neue Mose, der Sohn Davids, sitzt schon lehrend und richtend auf dem Thron, sein Kreuznimbus zeigt bereits den Auferstandenen, der durch den Tod gegangen ist. Die Apostel sind nur Zeugen (anders als im Evangelium; hier also mehr an Lk 21,1-4 orientiert), sie stehen außerhalb der Säulen; auch die Witwe gehört nur mit ihrer Hand und ihrer Gabe in die neue Wirklichkeit, in die Jesus schon eingegangen ist. Und diese neue Wirklichkeit sagt: Gott schaut auf das Herz, nicht auf das Äußere. Gott übersieht nicht das Geringste, das geschieht: Es ist kostbar in seinen Augen.

Weitere Anregung

Ein „Antitext“ zur Spendenszene in „Roos“, S. 66f.

33. Sonntag im Jahreskreis

In den Tagen der großen Not

Evangelium: Mk 13,24-32: Die Sonne wird sich verfinstern. / Der Menschensohn wird auf den Wolken kommen. / Engel werden die Auserwählten zusammenführen. / Lernt vom Feigenbaum. / Meine Worte werden nicht vergehen. / Jesu Stunde kennt niemand.

(*L 1:* Dan 12,1-3: Dein Volk wird in jener Zeit gerettet; *L 2:* Hebr 10, 11-14.18: Durch ein einziges Opfer gerettet.)

Vorüberlegung: Sekten machen aus den Endzeit-Bibelstellen eine Drohbotschaft und sagen den Tag des Weltunterganges voraus. Für uns können die Tage nach der „großen Not“, die den Untergang des Tempels meinte, Frohbotschaft werden: Wenn wir den wiederkommenden Christus sehen, ist die Zeit der Ernte. Im Vertrauen auf ihn können wir in der Zeit des Wachsens und Reifens alles wagen.

Symbolpredigten

1. Wenn der himmlische Richter wie auf einer *Schiedsrichterpfeife* mit einem langen auf- und abschwellenden Pfiff unser Lebensspiel (und eventuell die ganze Welt) abpfeift, dann ist nicht wiedergutzumachen, wenn wir vorher wertvolle Zeit vertrödelt haben. – Das Leben ist noch in anderer Hinsicht wie ein Fußballspiel: Wenn wir glauben, auf dem richtigen Weg zu sein, dann dürfen uns die Pfiffe feindlich gesinnter Zuschauer nichts ausmachen. – Es ist leichter, wenn wir in einer Mannschaft kämpfen, die *eines* Sinnes untereinander ist. – Mit Hoffnungslosigkeit ist nichts zu gewinnen, oft kommt in den letzten Sekunden des Spiels noch eine Wende. – Es ist besser, Fouls einzustecken, als zurückzutreten. – Noch ist Zeit genug, alles zu wagen, damit wir beim Abpfiff den Siegespreis des Lebens empfangen dürfen.
2. Das erste und zweite Kommen Christi = armselige Krippe und reichgeschmückter Christbaum. Siehe „Bausteine A“, 1. Weihnachtstag, Symbol 1. (Zu weihnachtlich?)
3. Zu „Seid wachsam“ siehe in diesem Buch 1. Advent, Symbole 2 bis 4: *Metronom, Tannenzapfen* und *offene Tür*. Siehe auch „Bausteine A“, 1. Advent, Symbol 1, der *Wecker*.
4. „Über den Horizont hinaus“ auf die Wiederkunft Christi schauen: Siehe „Bausteine A“, 1. Advent, Symbol 3: *Fernglas*.
5. Auf den Wolken. Das Symbol *Wolke* bedeutet die Anwesenheit Gottes (= Jahwe zog dem Volk Israel in einer Wolken- und Feuersäule voraus. Die Wolke über der Bundeslade bedeutet: Er ist gegenwärtig). So wie wir einander nicht sehen könnten, wenn eine „Wolke“ zwischen uns wäre, so können wir auch Christus jetzt nicht sehen, obwohl er ja mitten unter uns ist. Wenn er einmal *auf* den „Wolken“ kommen wird, sind sie wie weggezogen.
6. Gott läßt dich nicht fallen. Wie ein Baldachin hängt ein *Sprungtuch* der Feuerwehr im Altarraum oder über dem Altar: Gott fängt uns mit seinen ausgebreiteten Armen so auf wie das Sprungtuch, wenn wir im Tod „abstürzen“. (Vgl. unten Kurzgeschichten A 5.)
   Auch unsere Gemeinschaft hier sollte uns auffangen wie ein Sprungtuch, denn mitten im Leben gibt es manchmal „Abstürze“.
7. An Fronleichnam begegnet Jesus uns verborgen in der Gestalt des Brotes unter dem *Baldachin*. Einmal kommt er für alle offenbar unter dem Baldachin über dem „Throne“ Gottes als des Vaters „rechte Hand“.

Kurzgeschichten

A: Im Vertrauen auf Jesus keine Panik

1. Ruhig bleiben: Bd. 1, Nr. 242;
2. Er würde weiterarbeiten: Bd. 1, Nr. 243;
3. Sein Apfelbäumchen pflanzen: Bd. 1, Nr. 244;

4. Das Fest ruhig feiern: Bd. 3, Nr. 231;
5. Wagnis des Glaubens: Bd. 1, Nr. 91.

B: Wachsam sein
Siehe „Bausteine A“, 1. Advent, Kurzgeschichten A.

C: Kostet die Zeit aus
Siehe „Bausteine A“, 1. Advent, Kurzgeschichten B.

D: Die Tür offenhalten
In diesem Buch 1. Advent, Kurzgeschichten B.

Bild
Dia „Der Hörende“ von Toni Zenz: Siehe Ralph Sauer (Hg.), Handbuch zum Lektionar für Gottesdienste mit Kindern, Bd 1, hinten eingelegt.

Weitere Anregungen
1. Eine Vorlage vom Kirchenjahr zum Ausmalen: „Behnke 2“, B 9.
2. Antitext von B. Brecht: Es kommt nichts nachher: „Stendebach 2“, S. 264f.

Christkönigssonntag

Mein Königtum ist nicht von dieser Welt

Evangelium: Joh 18,33b-37: Mein Königtum ist nicht von dieser Welt. / Ich bin ein König. / Ich lege für die Wahrheit Zeugnis ab. / Wer aus der Wahrheit ist, hört auf meine Stimme.
(*L 1:* Dan 7,2a.13b-14: Sein Reich geht nie unter; *L 2:* Offb 1,5b-8: Er hat uns zu Königen und Priestern gemacht.)

Vorüberlegung: Jesus zeigt sich als König nicht von dieser Welt, aber für diese Welt: Er verabscheut die Macht und bezeugt die Wahrheit, denn Gott ist Wahrheit, Leben, Licht. Auf seine noch verborgene Herrschaft setzen auch wir unsere Hoffnung.

Hinweis: Siehe auch „Bausteine C“, Christkönigssonntag.

Symbolpredigten
1. Wählen. Wir würden wohl zu dieser *Königskrone* (= Bewunderung, Reichtum) greifen, wenn wir zu wählen hätten – wie die Jünger damals. Jesus nahm die *Dornenkrone* und zeigte seine Macht oft in der Ohnmacht. Wer hinter Jesus hergeht, dem ist die Krone des ewigen Lebens versprochen (2 Tim 4,7-8; Offb 4,1-4); Zeichen für ein gelungenes Leben, weil Wahrheit und Gerechtigkeit darin vorkommen.
2. Nach unten! Woran erinnert euch (die Zacken nach oben halten) diese *goldene Zackenkrone?* (An Gold, Geld, Schmuck, Ansehen ...) Und woran

erinnert (Pr hält die ausgeschnittene, nicht zusammengeklebte Krone jetzt mit den Zacken nach unten und hat sie von außen nach innen gekehrt, so daß die *rote* Seite sichtbar wird) sie euch jetzt? (= An die Dornenkrone, Leiden und Sterben, Dienst „nach unten“, Fußwaschung.) „Nach unten“ zu dienen erfordert übrigens viel mehr Mut, als nach unten zu treten. Wer von Jesus einmal die Krone des Lebens empfangen will, muß erst den oft dornigen unteren Weg gehen. (Nach Udo Casel, Kürten-Dürscheid.)

3. Ein König „von unten“. An einer *Haushaltsleiter* ist gut zu demonstrieren, wie Jesus im Leben jeweils „nach unten“ stieg, wo wir immer höher hinauswollen. Siehe „Bausteine A“, Taufe Jesu, Symbol 2.
4. Mit der *bifokalen Brille* kann ich nah und fern sehen: Mitten in manchen Dornen den Weitblick für den Christuskönig nicht verlieren. Siehe auch in diesem Buch 2. Fastensonntag, Symbol 2.
5. Dieser *Esel* (von der Weihnachtskrippe) konnte uns vorher schon alles verraten: Er diente dem König der Welt bereits auf dem Weg nach Jerusalem, auf der Flucht nach Ägypten und trug beim Einzug in Jerusalem den „Sohn Davids“, der ihn und kein Pferd dazu wählte – wie es einem König gebührt hätte. Immer nur „Dienst nach unten“. Wer zu diesem König gehören will, muß zu tragen bereit sein – wie ein Esel. Ausführlicher in diesem Buch 1. Weihnachtstag, Symbol 3.
6. Der König der Welt. Ein *Globus:* Siehe in diesem Buch Christi Himmelfahrt, Symbol 1.

Kurzgeschichten

A: Dienst „nach unten“

Siehe „Bausteine A“, 22. Sonntag i.J. sowie 31. Sonntag i.J., jeweils Kurzgeschichten C.

B: Für die Wahrheit Zeugnis ablegen

Siehe „Bausteine A“, 5. Sonntag der Osterzeit, Kurzgeschichten B.

C: Der König

1. Zweimal ein König: Mein Buch „Wir wagen den Glauben“, S. 93-95;
2. Unter dem Kreuz findet er: Bd. 1, Nr. 12 (der 4. König);
3. Ein Christus ohne Wunden: Bd. 2, Nr. 57;
4. Sehnsucht nach dem eigentlichen König: Bd. 4, Nr. 221.

D: Ein in seiner Ohnmacht noch verborgener König

1. Ein neuer König will die wirkliche Gesinnung seiner Untertanen kennenlernen und reist zum angekündigten Termin in drei wichtigen Städten als Bettler verkleidet an: Die erste nimmt ihn als Witzbold auf, die zweite verspottet ihn, die dritte wirft mit Steinen. Eine ältere Frau zieht ihn auf der Flucht in ihr Haus und rettet ihn. Als der große Empfang im Schloß stattfindet, kommt der neue König zunächst im Bettlergewand, das er dann abwirft, um seinen Königsmantel sichtbar zu machen. Durch

die Flügeltür, die sich hinter ihm schließt, nimmt er nur die Frau mit, die ihm geholfen hat. Als Predigt in „Höntges“, S. 124-126.

2. (Nach dem Film „Die Parabel“.) Ein „König“ hat sich als Clown in einen Zirkus eingeschlichen. Es war ein anderer Clown als die, die Späße treiben. Er half z. B. einer Artistenfamilie, die der Direktor arg bedrängte, allein durch seine Gegenwart. Sie durfte schließlich gehen, aber seitdem war der Direktor wütend auf ihn. Überall, wo der Clown hinkam, veränderte er, was nicht richtig war: Er rettete durch Späße ein gehänseltes Kind aus den Händen unbarmherziger Spielkameraden; er stellte sich statt des Farbigen, auf dessen Gesicht alle zielten, in die Wurfbude; er setzte sich neben einen einsam essenden Mann und sprach mit ihm ... Immer bewirkte er, daß die Menschen umdachten – bis ihn der Direktor bei einer Aussprache in der Manege des Zirkus wie eine Marionette in vielen Seilen zu Tode quälte. Aber der Direktor war nach der Untat nicht glücklich. Und als er schließlich in seinem Wohnwagen in den Spiegel schaute, sah er sein Gesicht als das des Clowns: Der sonderbare Mann hatte auch ihn verändert. – Welcher König ist mächtiger: Der König, der Macht hat, oder einer, der Menschen zum Guten verändern kann? (Als Handpuppenspiel bei „Schnegg 1“, Nr. 56.)
3. Ähnlich wie 2.: Der „Hirt“, der alles zum Guten verändert, wohin er auch kommt. Jesus war *der* Hirt und König Israels. Diese Geschichte gibt aber mehr *unsere* Rolle in diesem Prozeß wieder: Bd. 4, Nr. 148.

Spiele
1. Was ist Wahrheit?: „77“, Nr. 38;
2. Siehe oben: Kurzgeschichte D 2.

Bild
1. Bild und Meditation zu „Der König am Rande“ (schwarzweiß, Linolschnitt des afrikanischen Künstlers A. Mbatha in „PuK“ 6/90, S. 747f).
2. Thomas Zacharias, Jesus vor Pilatus. Dia und Folie beim Kösel-Verlag, München.
3. Zur Kurzgeschichte D 2. oben paßt gut das Bild von Rouault, der Christus im Clownsgewand am Kreuz angenagelt malte, oder das Clowngemälde von Buffet; ähnlich Litzenburgers „Christus, der Narr“.

Weitere Anregungen
1. Eine Kopiervorlage zum Ausmalen in „Behnke 2“, B 10.
2. Die Kinder tragen ihren *Dornenzweig* (Gewissenserforschung: Wo habe ich nach unten getreten statt gedient?) nach vorne und legen ihn zu einer großen Dornenkrone zusammen. Wer jetzt etwas nennt, was mit „Dienst nach unten“ zu tun hat (Kranke besuchen, mit Außenseitern spielen, Ausländer in der Klasse neben sich sitzen lassen), darf eine *Rose* in die Dornenkrone stecken. (Nach Anton Kalteyer.)

3. Das Lied von Alois Albrecht und Hans Florenz „Unsere Hoffnung bezwingt die schwarze Angst“ als Collage gestalten: Um einen großen, grünen Anker gruppieren wir Regenbogen, Blüten, Bäche, Ähren, Totenkopf ...

WEITERE HOCHFESTE

Dreifaltigkeitssonntag

Ich bin bei euch alle Tage

Evangelium: Mt 28,16-20: Taufbefehl. / Ich bin bei euch alle Tage.
(*L 1:* Dtn 4,32-34.39-40: Jahwe ist der Gott droben und hier unten; *L 2:* Röm 8,14-17: Wir dürfen „Abba, Vater!" rufen.)

Vorüberlegung: Dem Auferstandenen ist alle Macht übertragen. Er fordert uns auf, alle Menschen in die Gemeinschaft des dreifaltigen Gottes einzutauchen. Er verheißt uns seine bleibende Nähe.

Hinweis: Siehe „Bausteine A" und „C" Dreifaltigkeitssonntag.

Symbolpredigten

1. Taufbefehl. Eine *große Glocke,* auf der viele abnehmbare *Glöckchen* hängen. Die große Glocke, so erzählt eine Geschichte, fand ein russischer Bauer beim Pflügen und hängte sie auf. Wenn sie läutete, war es, als vergesse jeder seinen Kummer; den Kranken wurde die Krankheit leichter, die Traurigen faßten Mut; die Reichen erinnerten sich an die Armen ... Der Zar wollte die Glocke haben; aber da auch noch so viele Ochsen die Glocke nicht wegzuziehen vermochten, ließ er sie in tausend Stücke schlagen. Am nächsten Tag lagen tausend Glöckchen auf dem Feld, die die Leute ins Geschirr ihrer Pferde hängten und die alle heilten, die sie hörten. (Ausführlicher in „122", Nr. 42.) Eine schöne Umschreibung: Die Glocke der Heilsbotschaft Jesu, die alle aufrichtet, die sie hören, kann durch Verfolgungen (= Zerschlagen) nicht aufgehalten werden. Wir alle besitzen seit der Taufe ein Glöckchen (austeilen!) und sollen die Botschaft Jesu weitertragen.
2. Weitere Symbolpredigten zum Taufbefehl: Siehe „Bausteine A", Christi Himmelfahrt, Symbole 2 bis 4: *Stab ..., Taufwasser, Brief*.
3. Geheimnis der Dreifaltigkeit. Die *Osterkerze:* Wir machen *dreifaltige Erfahrungen* mit Gott, wir glauben nicht an drei Götter! Wir sehen in der Osterkerze die *Kerze* (Vater) selbst, die aus ihr leuchtende *Flamme* (Sohn) und erfahren die *Wärme* (Hl. Geist), die von ihr ausstrahlt.
   Ähnlich eine *Kerze mit drei Dochten:* Wir können etwas vom Vater, Sohn und Hl. Geist aussagen, es ist aber *ein* Gott!
   Oder die drei Erfahrungen mit *Wasser:* Wasser, Eis-Schnee, Wasserdampf. Aber immer geht es um das Wasser.
   Letztlich fällt jeder Vergleich mit dem Geheimnis des dreifaltigen Gottes armselig aus. (Zwei Symbolpredigten mit einem *Buch:* „KiBö" Nr. 88-1, S. 19f = ein *vielseitiger* Gott; vgl. „122", Nr. 48.)

4. „Ich bin bei euch alle Tage." Wir bewegen uns in Ihm: Siehe in diesem Buch 5. Sonntag der Osterzeit, Symbol 3: *Mobile*.
   Fürchtet euch nicht, weil er uns hält: Der *Poller:* Siehe „Bausteine A", 12. Sonntag i.J., Symbol 1. Gott hält uns wie der *Stift* die Schallplatte: Siehe „Bausteine A", 30. Sonntag i.J., Symbol 4; dazu die Kurzgeschichte Nr. 96, Bd. 4.
5. Im Gleichnis der Kerzen. *Drei Kerzen* (= Vater, Sohn und Hl. Geist) werden angezündet und so ineinandergehalten, daß die Flammen zu *einer* großen Flamme (= *ein* Gott) werden. Ausführlicher in „KiBö" 93-1, S. 22.
6. Gott hat viele Namen. Jeder Name, jede Anrede, jede Weltreligion erfaßt nur einen Teil Gottes. Es ist wie in der Geschichte Nr. 106, Bd. 1: Die „Blinden" erfassen vom „Elefanten" alle nur etwas (Rüssel, Ohr, Fuß, Schwanz) und meinen, schon das Ganze zu kennen. Jetzt wird eine große *Sonne* aufgeheftet, in der steht: „Gott hat viele Namen". Die Kinder zeichnen nun verschiedene Umschreibungen Gottes (= Hirt, Arzt, Retter, König, Licht, Vater ...) und heften sie um die Sonne. (Nach Pfarrei St. Peter und St. Paul, Siegen)

Kurzgeschichten
1. Wir leben in Ihm wie ein Fisch im Wasser: Bd. 1, Nr. 95;
2. Die Seele in die Gegenwart Gottes halten: Bd. 1, Nr. 96;
3. Vertrauen auf den Vater: Bd. 3, Nr. 96;
4. Spring doch in seine Arme: Bd. 1, Nr. 91 (ähnlich Bd. 3, Nr. 99);
5. Gott nimmt die Angst: Bd. 1, Nr. 92;
6. Auf Gott bauen: Bd. 2, Nr. 98.

Spiel
Interview zum Thema Dreifaltigkeit: „KiBö" Nr. 89-1, S. 18.

Weitere Anregungen
Scotland Yard und der dreifaltige Gott: Die Bibel ist ein Sammelband von Detektivgeschichten: „KiBö" Nr. 92-1, S. 19f.

Fronleichnam
Hochfest des Leibes und Blutes Christi

Evangelium: Mk 14,12-16.22-26: Sie bereiteten das Paschamahl vor. / Nehmt das Brot, mein Leib. / Das ist das Blut des Bundes.
(*L 1:* Ex 24,3-8: Das Blut des Bundes; *L 2:* Hebr 9,11-15: Das Blut Christi reinigt noch mehr.)

Vorüberlegung: Brot und Wein sind die großartigen Zeichen für den geopferten Leib Christi und für sein Blut, mit dem er den Neuen Bund besiegelt hat.

Hinweis: Siehe auch „Bausteine A“ und „C“, Fronleichnam, sowie „Bausteine A“ bis „C“, Gründonnerstag.

Symbolpredigten

1. Das Blut des neuen Lammes: Bild eines *Paschalamms,* das zum Verzehr bereitsteht, und *Christus am Kreuz,* das Lamm des Neuen Bundes. Die meisten zutreffenden Gedanken stehen in diesem Buch unter dem Motiv *Keltertreter* im Fastenzyklus Nr. V. Zum Lamm weiter der Pelikan, der sein Herzblut gibt, mit den Kurzgeschichten Nr. 51 und Nr. 60 (= Oschoo) in Bd. 1. Auch der *Kelch* kann Gegenstand der Überlegungen sein: Siehe in diesem Buch Gründonnerstag, Symbol 2.
2. Das *Brot,* Christi Leib, erheben wir in der Fronleichnamsprozession über alle anderen Brotsorten, weil es ein Brot ist, das uns in der bittersten Not unsichtbare Kraft verleihen kann. Solange dieses Brot, diese Liebe, unter uns ist, brauchen wir keine Angst zu haben! – Diese Gedanken werden durch die Kurzgeschichte Nr. 71, Bd. 4, veranschaulicht: Als die Söhne das Erbe des verstorbenen Vaters aufteilen, stoßen sie auf ein steinhart gewordenes halbes Brot. Die Haushälterin erzählt ihnen: Der alte Herr war in der Notzeit des Weltkrieges schwer krank geworden; nur kräftige Nahrung konnte noch helfen. Da bekamen sie ein halbes Brot geschenkt. Aber der alte Arzt gab es weiter an bedürftige Lehrersleute; die wiederum schenkten es einer armen Witwe, die es ihrer Tochter mit zwei kleinen Kindern gab. Diese erinnerte sich an den kranken, alten Arzt, der eines ihrer Kinder kürzlich kostenlos behandelt hatte. Als der Herr Professor das Stück Brot wieder in seinen Händen hielt, sagte er bewegt: „Solange noch diese Liebe unter uns ist, habe ich keine Furcht um uns. Wir wollen es gut aufheben und anschauen, wenn wir einmal kleinmütig werden.“ Die drei Brüder teilen es untereinander zum Andenken an die verborgene Kraft, die Menschen auch in bitterster Not nicht verlassen muß. – Heute schauen wir auch auf ein Stück Brot – zur Erinnerung an damals. Es hat eine verborgene Kraft. Wir können aus ihr leben, wenn wir kleinmütig werden ...
3. Frucht des *Weinstocks* (Mk 14,25): Siehe in diesem Buch 5. Sonntag in der Osterzeit, Symbol 2.

Kurzgeschichten

1. Siehe oben Symbol 2;
2. Brot als Andenken, bis der Vater wiederkommt, um seine Familie zu holen: Bd. 4, Nr. 72;
3. Ein gebrochenes Brot gibt in der „Hungerzeit“ der Ehe einen neuen Anfang: Bd. 2, Nr. 70;
4. Brot legt die innerste Gesinnung frei: Mein Topos Taschenbuch „Kommuniongeschichten“, S. 11-13;
5. Brot teilen: Bd. 3, Nr. 221.

Spiel
Sprechspiel an Fronleichnam mit einem Stück Brot, das weitergereicht wird: „KiBö“ Nr. 92-1, S. 20.

Bilder
1. Kunstkarte Nr. 2391, Emil Fink Verlag, Stuttgart: Isenheimer Altar: Der Täufer Johannes, zu seinen Füßen das Lamm mit dem Kreuz, zeigt auf das Lamm des Neuen Bundes am Kreuz. Mehr zur Abbildung siehe „Bausteine A“, 2. Sonntag i.J., Bild Nr. 1.
2. Thomas Zacharias, Das Abendmahl, Farbholzschnitte zur Bibel, Bild Nr. 22, Kösel-Verlag, München.

Allerheiligen (Allerseelen)
Miteinander verbunden

Evangelium: Mt 5,1-12a: Die acht Seligpreisungen.
(*L 1:* Offb 7,2-4.9-14: Ich sah eine große Schar; *L 2:* 1 Joh 3,1-3: Wir werden Gott sehen.)

Vorüberlegung: An Allerheiligen dürfen wir auf das große Erntefest schauen. Wir sind zwar noch im Wachstumsprozeß des Weizenkorns, dessen Frucht manchmal unter Seufzern reift, aber wir sind getragen von der Gemeinschaft derer, die ans Ziel kamen, und wir besitzen schon den Heiligen Geist. Die Seligpreisungen sehen wie Glückwünsche aus, nennen aber auch die Bedingungen für das Ziel unserer Hoffnungen: Wer unterwegs bleibt, erfährt die Kraft Gottes in seiner Schwachheit und wird Christus immer ähnlicher.

Hinweise:
1. Weil bereits an Allerheiligen viele zu den Gräbern ihrer Verstorbenen gehen, finden Sie auch Vorschläge für Allerseelen. (Evangelien an Allerseelen: Joh 11,17-27: Erweckung des Lazarus; Joh 14,1-6: Verheißung der himmlischen Wohnungen; Lk 7,11-17: Erweckung des jungen Mannes von Nain.)
2. Siehe auch „Bausteine A“ und „C“, Allerheiligen.
3. Siehe auch „Bausteine A“, 4. Sonntag i.J., mit dem Evangelium von Allerheiligen.

Symbolpredigten
A: Zu Allerheiligen
1. Heiligenquiz. Die Kirchenbesucher werden gebeten, ihre *geschnitzten Heiligenfiguren,* die sie zu Hause haben, in die Kirche *mitzubringen* und in den Altarraum, Mittelgang ... zu stellen. Alle Kinder, die beim Quiz mitmachen wollen, stellen sich am Ambo auf. Pr zeigt immer wieder eine

Heiligenfigur (mit sehr bekannten anfangen) und fragt nach deren Namen. Wer ihn nicht kennt (hier kann jeweils etwas zum betreffenden Heiligen gesagt werden), muß sich wieder hinsetzen (Ehrlichkeit!). Zuletzt lichtet sich der Kreis der Kinder, wenn seltenere Heilige gezeigt werden. Die übriggebliebenen sind Sieger und erhalten ein Heiligenbild.

2. Viele Heilige, die Märtyrer wurden, halten auf Bildern, Fenstern, Fahnen und geschnitzten Figuren solch einen *Palmzweig* in Händen. Dieser Zweig wächst aus einer *Kokosnuß*. Obwohl sie eigentlich eine Steinfrucht ist, hielt die alte Menschheit sie für die härteste Frucht. Und die „härteste Nuß", die die Menschen seit jeher zu knacken haben, ist der Tod. Der Palmzweig sollte (übrigens auch auf nichtchristlichen Grabmälern) als Zeichen für ewiges Leben sagen: „Du hast gesiegt! Du erhältst den Siegespreis, den du nach gutem Lebenskampf verdient hast" (Offb 7,9). Jesus hat uns die harte Schale des Todes aufgebrochen. Die Palmzweige, mit denen die Menschen ihm beim Einzug in Jerusalem zujubelten, dürfen auch auf diesem Hintergrund gesehen werden. (Vgl. „99", Nr. 94.)
3. Heilige waren Menschen, die die *Glocke* der heilenden Botschaft Christi weitergegeben haben. Weiter siehe in diesem Buch Dreifaltigkeitssonntag, Symbol 1.

B: Zu Allerseelen

1. Hinter die Blätter dieser Welt schauen. An diesem *Kastanienzweig* hängen zwar noch ein, zwei bunte Blätter, die aber bald abfallen werden und uns an den Tod erinnern. Doch schaut genau hin: Es zeigen sich schon deutlich die Knospen des neuen Lebens, die nach dem Winterschlaf (= Tod; vom Töchterchen des Jairus sagt Jesus: Es ist nicht gestorben, es schläft nur, siehe Mk 5,39) aufbrechen. Christen sehen weiter: Wo andere nur auf den Tod starren, richten wir unsere Augen auf den, der neues Leben gibt.
2. Der Stein ist weggewälzt. Stück eines *alten Grabsteins*. Die Tränen der Angehörigen haben diesen Stein nicht erweichen können und wenn sie noch sooft „Warum?" gerufen haben. Da mußte ein Stärkerer kommen: Wir feiern in jeder hl. Messe den, der den größten Steinbrocken der Welt, den Tod, weggewälzt hat. Der Weg in die Zukunft ist frei! Wenn aber der größte Brocken weg ist, sollten wir dann nicht auch einige Stolpersteine (= Zweifel, Unversöhnlichkeit in der Verwandtschaft, Angst vor der Zukunft ...) beiseite schieben? Sogar aus den Bruchstücken unseres Lebens kann Gott noch etwas bauen, wenn wir sie ihm überlassen. (Verändert nach Alfons Schäfer.)
3. Gemeinschaft am Grab spürbar machen. *Vier Seile:* Siehe in diesem Buch 7. Sonntag i.J., Symbol 1.

Kurzgeschichten

A: Zu Allerheiligen

1. Zeit in Ewigkeit verwandeln: Bd. 2, Nr. 147;

2. Der Himmel ist nicht viel anders: Bd. 1, Nr. 255;
3. Wie werde ich ein Heiliger?: Mein Buch „Wir wagen den Glauben“, S. 75f;
4. Wir sind nur Pilger: Bd. 2, Nr. 216;
5. Der „gute“ Mensch am Höllentor: Bd. 4, Nr. 228;
6. Der Ire im Himmel: Bd. 1, Nr. 246.

B: Zu Allerseelen
1. Schon vor dem Tod besuchen: Bd. 3, Nr. 234;
2. Heiter in den Tod: Bd. 1, Nr. 239;
3. Der Engel mit dem goldenen Schlüssel: Bd. 1, Nr. 240;
4. Franziskus stirbt froh: Bd. 3, Nr. 229;
5. Die Koffer bereits gepackt: Bd. 3, Nr. 238;
6. Das Tränenkrüglein: Bd. 4, Nr. 216.

Spiele
A: Allerheiligen
Zwiegespräch über Allerheiligen: „KiBö“ Nr. 87-2, S. 8f.

B: Allerseelen
1. Die Tochter des Jairus (Auferstehung): „77“, Nr. 77;
2. Angst vor dem Tod: „77“, Nr. 75.

Bilder
1. Dia-Meditation Nr. 3 „Lieben – Sterben – Leben“ von Elmar Gruber, Impuls-Studio, Ottweiler Str. 3, D-81737 München: Am Weizenkorn wird gezeigt, daß „Tod“ ein Verwandeln ist.
2. Dia-Meditation Nr. 4 „Alter und Krankheit – ein Wendepunkt“ von Fritz Fischer: Wenn der Löwenzahn verwelkt ist, entfaltet er als Pusteblume seine ganze Pracht, an der wir Gefallen finden. Adresse wie unter 1.

Weitere Anregungen
Zu „Allerheiligen“ Beispiele heiligmäßiger Menschen oder Heiliger unserer Tage durchleuchten, z. B. Bischof Romero. Oder: In China wurden fünf Priester ins Wassergefängnis geworfen: 40 Tage und Nächte in hüfthohem, fauligem Wasser festgekerkert, in endloser Dunkelheit; jeder von ihnen zusammen mit einem Schwerverbrecher. Als die Zellen nach 40 Tagen wieder aufgeschlossen wurden, hatten sich alle Schwerverbrecher – taufen lassen. (Aus einem Missionsheft.)
Oder weitere Beispiele aus der Zeitung. Ein ausformulierter Gottesdienst „Heilige aus der Zeitung“ in „FaJu“ Nov. 92.

Vorschläge, die sich für alle Sonntage eignen

Dieses letzte Kapitel ist für alle gedacht, denen an einem Sonntag einfach noch eine Idee fehlt. (Siehe dieses Kapitel auch in „Bausteine A“ und „C“.)

1. Unsere sonntägliche Gemeinschaft muß stimmen
Bezüglich „Gemeinschaft im Gottesdienst“ sind viele Christen unterentwickelt: „Ja, wenn ich mal Bedürfnis habe.“ „Am liebsten setze ich mich ganz still hinten in eine Kirche, wenn keiner da ist!“ Dabei läuft in der Kirche alles auf Gemeinschaft hin: Taufe als Aufnahme in eine Gemeinschaft (jeder könnte in richtiger Absicht sein Kind auch selbst gültig zu Hause taufen); Kommunionkinder werden in die volle Mitfeier der hl. Messe, in die „Kommunion“ (= Gemeinschaft) geführt; das Ja in der Trauung vor dem Priester, dem Stellvertreter der Gemeinschaft; eine Beerdigung inmitten der Gemeinde, die auch dann trägt ... Um das etwas klarer zu machen: Viele Kinder und Jugendliche kommen mit je einem Seil (Springseile ausleihen) und legen sie zu einem *Netz* zusammen. Jedesmal sagen sie etwas, was sie sich von einer Gemeinschaft wünschen (= hier möchte ich Freundlichkeit erfahren; Frieden; daß ich akzeptiert werde, auch wenn ich anders bin; ein Aufeinanderzugehen von jung und alt ...). Vielleicht legt sich zum Schluß ein Kind auf das „Netz“, und die anderen heben es hoch. Aufpassen – jetzt und immer: Es soll in dieser Gemeinschaft keiner durch die Maschen fallen.

2. Das Kreuz als letzter Halt
(Ein ca. 5 cm breiter Bilderrahmen ist in der Diagonalen auseinandernehmbar, so daß die beiden rechtwinkligen Teile durch Gegeneinanderschieben zum Kreuz werden können)
(Pr schaut durch den Bilderrahmen.) Wir alle brauchen im Leben einen Rahmen, einen festen Standpunkt – als Orientierung, als Halt. Wenn uns aber Unvorhergesehenes überfällt (= Krankheit, Arbeitslosigkeit, üble Nachrede, Tod eines lieben Menschen ...), dann fallen viele regelrecht „aus dem Rahmen“. (Pr nimmt den Rahmen auseinander und fügt die beiden Teile zum Kreuz:) Jetzt können wir uns am Kreuz noch festhalten – wie an einem Anker, wenn sonst kein Mensch zum Festhalten da ist. Hoffentlich haben wir aus allen Niederlagen noch genügend Vertrauen zu diesem Balken hinübergerettet, oder es ist einer da, der uns sagt, aus diesem zerschlagenen Lebensrahmen hast du jetzt den Blick frei für das Kreuz. Wer glauben kann, hat es deshalb leichter. (Vgl. „Kurzg. 1“, Nr. 87: „Mensch, hast du es gut!“ und „Kurzg. 4“, Nr. 96: Halt von außen.) Wer aber vom Kreuz nichts weiß oder nicht diese Chance als letzten Rettungsanker sieht, der kann ins Nichts (= Selbstmord, Verzweiflung, Süchte) fallen. Sein Kreuz steht da als Haltegriff, als Hoffnung ohne Ende. – Wir kommen hier sonntäglich zusammen, auch um zu beten, daß Menschen, die ein Ende ohne Hoffnung vor Augen haben, dieses Kreuz wieder in den Blick bekommen. (Idee Ernst Sieber; Gedanken nach Renate John.)

3. Versöhnung läßt aufatmen

Ein großer *Regenbogen* steht im Altarraum. Er soll unsere Gemeinschaft symbolisieren: Sieben Farben müssen zusammenkommen, damit es ein richtiger Regenbogen wird. So sind auch wir ganz unterschiedlich: aber jeder einzelne ist wichtig; jeder soll sich in seiner Farbe und Einmaligkeit einbringen. Damit es unter uns stimmt und wir uns hier wohlfühlen, sagen wir mit den Farben, was jeder in diese Gemeinschaft hineingeben kann (die Regenbogenfarben von außen nach innen):

Rot = Liebe, Phantasie (= Hl. Geist), Rückgrat (= Bekennertum), damit wir auch abfällige Bemerkungen wegstecken können;

Orange = die (Vor-)Freude auf das Zusammensein und den Gottesdienst;

Gelb = Freundlichkeit, Wärme, Güte („wie eine kleine Sonne");

Grün = Hoffnung darauf, daß wir einmal die „Gemeinschaft der Heiligen" erfahren dürfen;

Blau = naja – jedenfalls soll niemand darauf warten, hier sein „blaues Wunder" zu erleben, oder besser: in Treue sich sonntags das Stelldichein in der Kirche zu geben – denn wenn zu viele fehlen, kommt nicht die richtige Atmosphäre auf. Oder: Den „Himmel" offen sehen; der Blick „nach oben" bringt Klarheit.

Indigo, das dunklere Blau = den Glauben an Jesus Christus ...;

Violett = die Bereitschaft zum Vergeben.

Vor dem Empfang der hl. Kommunion, die uns untereinander und mit Gott verbinden will, geben wir uns im Angesicht des Regenbogens heute um so bewußter die Hand als Zeichen der Versöhnung und des Friedens – denn deshalb steht der Regenbogen immer in den Wolken.

4. Das Angebot der Sakramente

Wenn ein Mensch in Not ist und jemand mit *Arzttasche* auftaucht, dann wissen wir, Hilfe für den Verletzten ist nahe. – Die „Kirche" hat in ihre „Arzttasche" auch eine Menge eingepackt, um Menschen die innere Not zu erleichtern (Pr packt jetzt aus einer Arzttasche folgendes aus): Da ist die *Bibel*, das Wort Gottes. Der Zuspruch des Arztes, das Gespräch mit ihm, bewirken oft mehr als Medikamente. So kann das Gespräch mit Gott, das Hören auf das Wort Gottes, der mit uns sein will, oft das wichtigste Heilmittel sein.

Hier diese *goldene Dose* (= Pyxis), aus der Kranken das Manna für den Weg durch manche Wüste des Lebens gereicht wird.

Diese *Stola,* die geschmückt ist mit dem Zeichen Christi – innen ist sie weiß, bindet der Priester um die Hände der Brautleute, damit sie einander nie mehr loslassen; außen ist die Stola violett, um im Sakrament der Buße Sünder, die umkehren, in die Arme zu schließen wie der barmherzige Vater den verlorenen Sohn ... (Bitte selbst weitersuchen: Krankenöl, Chrisam, Wasser für die Taufe ...)

5. Sonnenstrahlen einfangen
(Eventuell eine riesige Sonne im Altarraum oder vor dem Altar, andernfalls schauen alle auf das Altarkreuz)
Wir kommen hier sonntags zusammen, um (wie „Frederick“ in der kleinen Mausgeschichte von Leo Lionni) in der *Sonne* Jesus Christus Strahlen für die „kalten Tage“ (= Gleichgültigkeit, Zweifel, Krankheit) einzufangen. In dieser Sonne dürfen wir auch unsere Schatten (= Versagen, Schuld) hinter uns fallen lassen; ja, sie wird sogar einmal stärker sein als die Schatten des Todes. Auch wenn ab und zu Wolken (= Bequemlichkeit, Schicksalsschläge) diese Sonne verhüllen, wissen wir doch, daß sie hinter diesen Wolken immer für uns da ist. Eine Bedingung ist daran geknüpft: Wenn wir hier „aufgewärmt“ sind, dürfen wir die Strahlkraft der Sonne nicht für uns allein behalten, sondern geben sie weiter an andere ... Wir singen GL 644 „Sonne der Gerechtigkeit“ als Glaubensbekenntnis.

Schriftstellenregister zu den Evangelien der Sonn- und Feiertagen im Lesejahr B

(Die Parallelstellen der Synoptiker sind *nicht* angegeben)

Matthäus

1,1-25	Am Heiligen Abend
2,1-12	Erscheinung des Herrn
5,1-12a	Allerheiligen
6,1-6.16ff	Aschermittwoch
10,17-22	2. Weihnachtstag
28,8-15	Ostermontag
28,16-20	Dreifaltigkeitssonntag

Markus

1,1-8	2. Advent
1,7-11	1. So. i.J.
1,12-15	1. Fastensonntag
1,14-20	3. So. i.J.
1,21-28	4. So. i.J.
1,29-39	5. So. i.J.
1,40-45	6. So. i.J.
2,1-12	7. So. i.J.
2,18-22	8. So. i.J.
2,23-3,6	9. So. i.J.
3,20-35	10. So. i.J.
4,26-34	11. So. i.J.
4,35-41	12. So. i.J.
5,21-43	13. So. i.J.
6,1b-6	14. So. i.J.
6,7-13	15. So. i.J.
6,30-34	16. So. i.J.
7,1-8.14-15.21ff	22. So. i.J.
7,31-37	23. So. i.J.
8,27-35	24. So. i.J.
9,2-10	2. Fastensonntag
9,30-37	25. So. i.J.
9,38-43.45.47f	26. So. i.J.
10,2-16	27. So. i.J.
10,17-30	28. So. i.J.
10,35-45	29. So. i.J.
10,46-52	30. So. i.J.
11,1-10	Palmsonntag, Einzug
12,28b-34	31. So. i.J.
12,38-44	32. So. i.J.
13,24-37	1. Advent; 33. So. i.J.
14,1-15,47	Palmsonntag
14,12-16.22-26	Fronleichnam
16,1-7	Osternacht
16,15-20	Christi Himmelfahrt

Lukas

1,26-38	4. Advent
2,1-14	In der Heiligen Nacht
2,15-21	Am Weihnachtsmorgen; Neujahr
2,22-40	Sonntag in der Weihnachtsoktav
10,21-24	Pfingstmontag
24,13-35	Ostermontag
24,35-48	3. Sonntag der Osterzeit

Johannes

1,1-18	1. Weihnachtstag; 2. Sonntag nach Weihnachten
1,6-8.19-28	3. Advent
1,35-42	2. So. i.J.
2,13-25	3. Fastensonntag
3,14-21	4. Fastensonntag
6,1-15	17. So. i.J.
6,24-35	18. So. i.J.
6,41-51	19. So. i.J.
6,51-58	20. So. i.J.
6,60-69	21. So. i.J.
7,37-39	Pfingsten, Vorabend
10,11-18	4. Sonntag der Osterzeit
12,20-33	5. Fastensonntag
13,1-15	Gründonnerstag
15,1-8	5. Sonntag der Osterzeit
15,9-17	6. Sonntag der Osterzeit
15,26-27	Pfingstsonntag
16,12-15	Pfingstsonntag

17,6a.11b-19	7. Sonntag der Osterzeit
18,1-19,42	Karfreitag
18,33b-37	Christkönigssonntag
20,1-18	Ostersonntag
20,19-31	2. Sonntag der Osterzeit; Pfingstsonntag

Schriftstellen der evangelischen Leseordnung

I – VI = Lesejahre der evangelischen Leseordnung
Par = Parallelstelle ähnlichen Inhalts bei den Synoptikern
A = „Bausteine A“ = 1. Band
B = „Bausteine B“ = 2. Band
C = „Bausteine C“ = 3. Band (erscheint im Herbst 1994)
Schriftstellen, die hier fehlen, haben keine Berührungspunkte in „Bausteine A“ – „C“

1. Sonntag im Advent
I Mt 21,1-9: Palmsonntag A – C

2. Sonntag im Advent
I Lk 21,25-33: 1. Advent C; Par 1. Advent B; 33. So i.J. B
III Mt 24,1-14: Par 33. Sonntag i.J. C

3. Sonntag im Advent
I Mt 11,2-10: 3. Advent A
III Lk 3,1-14: 2. + 3. Advent C

4. Sonntag im Advent
I Lk 1,39-56: 4. Advent C
III Lk 1,26-38: 4. Advent B
V Joh 1,19-28: 3. Advent B

Christvesper
I Lk 2,1-20: Heilige Nacht A – C
III Joh 3,16-21: Dreifaltigkeitssonntag A; 4. Fastensonntag B; Pfingstmontag C

Christnacht
I Mt 1,1-25: Am Hl. Abend A – C; 4. Advent A

Christfest I
I Lk 2,1-20: Hl. Nacht A – C; Weihnachtsmorgen A – C; Neujahr A – C

Christfest II
I Joh 1,1-14: 1. Weihnachtstag A – C; 2. Sonntag nach Weihnachten A – C

Tag des Erzmärtyrers Stephanus
I Mt 10,16-22: 2. Weihnachtstag A – C

1. Sonntag nach dem Christfest
I Lk 2,22-40: Sonntag in der Weihnachtsoktav B
III Mt 2,13-23: Hl. Familie A

Altjahrsabend
I Lk 12,35-40: 19. Sonntag i.J. C

Neujahrstag
I Lk 4,16-21: 3. Sonntag i.J. C
III Joh 14,1-6: 5. Sonntag der Osterzeit A

2. Sonntag nach dem Christfest
I Lk 2,41-52: Hl. Familie C

Fest der Erscheinung des Herrn
I Mt 2,1-12: Erscheinung des Herrn A – C
III Joh 1,15-18: 1. Weihnachtstag A – C; 2. Sonntag nach Weihnachten A – C

1. Sonntag nach Epiphanias
I Mt 3,13-17: Taufe des Herrn (= 1. So i.J.) A
III Mt 4,12-17: 3. Sonntag i.J. A
V Joh 1,29-34: 2. Sonntag i.J. A

2. Sonntag nach Epiphanias
I Joh 2,1-11: 2. Sonntag i.J. C
V Mk 2,18-22: 8. Sonntag i.J. B

3. Sonntag nach Epiphanias
I Mt 8,5-13: Par 9. Sonntag i.J. C
III Joh 4,46-54: Par 9. Sonntag i.J. C
V Joh 4,5-14: 3. Fastensonntag A

4. Sonntag nach Epiphanias
I Mk 4,35-41: 12. Sonntag i.J. B
III Mt 14,22-33: 19. Sonntag i.J. A

5. Sonntag nach Epiphanias
I Mt 13,24-30: 16. Sonntag i.J. A

Letzter Sonntag nach Epiphanias
I Mt 17,1-9: 2. Fastensonntag A

3. Sonntag vor der Passionszeit
(Septuagesimä)
I Mt 20,1-16a: 25. Sonntag i.J. A
III Lk 17,7-10: 27. Sonntag i.J. C
V Mt 9,9-13: 10. Sonntag i.J. A

2. Sonntag vor der Passionszeit
(Sexagesimä)
I Lk 8,4-15: Par 15. Sonntag i.J. A
III Mk 4,26-29: 11. Sonntag i.J. B

Sonntag vor der Passionszeit
(Estomihi)
I Mk 8,31-38: 24. Sonntag i.J. B
III Lk 10,38-42: 16. Sonntag i.J. C
V Lk 18,31-43: Par 30. Sonntag i.J. B

Aschermittwoch
I Mt 6,16-21: Aschermittwoch A – C
V Mt 7,21-23: 9. Sonntag i.J. A

1. Sonntag der Passionszeit
(Invokavit)
I Mt 4,1-11: 1. Fastensonntag A
V Lk 22,31-34: Palmsonntag C

2. Sonntag der Passionszeit
(Reminiszere)
I Mk 12,1-12: Par 27. Sonntag i.J. A

3. Sonntag der Passionszeit
(Okuli)
I Lk 9,57-62: 13. Sonntag i.J. C
III Mk 12,41-44: 32. Sonntag i.J. B

4. Sonntag der Passionszeit
(Lätare)
I Joh 12,20-26: 5. Fastensonntag B
III Joh 6,55-65: 20. und 21. Sonntag i.J. B; auch Fronleichnam A
V Joh 6,47-51: 19. Sonntag i.J. B

5. Sonntag der Passionszeit
(Judika)
I Mk 10,35-45: 29. Sonntag i.J. B

6. Sonntag der Passionszeit
(Palmsonntag)
I Joh 12,12-19: Par Palmsonntag B + C
III Mk 14,3-9: Palmsonntag B

Gründonnerstag
I Joh 13,1-5.34-35: Gründonnerstag A – C
III Mk 14,17-26: Palmsonntag B; Fronleichnam B

Karfreitag
I Joh 19,16-30: Karfreitag A – C
III Lk 23,33-49: Christkönigssonntag C
V Mt 27,33-54: Palmsonntag A

Karsamstag
I Mt 27,57-66: Palmsonntag A;
V Joh 19,31-42: Karfreitag A – C

Osternacht
I Mt 28,1-10: Ostersonntag A; Ostermontag A – C

Ostersonntag
I Mk 16,1-8: Osternacht B
III Mt 28,1-10: Ostersonntag A; Ostermontag A – C
V Joh 20,11-18: Ostersonntag B

Ostermontag
I Lk 24,13-35: Ostermontag C
III Lk 24,36-45: 3. Sonntag der Osterzeit B

1. Sonntag nach Ostern (Quasimodogeniti)
I Joh 20,19-29: Weißer Sonntag A + C; Pfingsten A; Pfingstmontag C; 2. Sonntag der Osterzeit B; Pfingstsonntag B
III Joh 21,1-14: 3. Sonntag der Osterzeit A; 3. Sonntag der Osterzeit C
V Mk 16,9-20: Christi Himmelfahrt B

2. Sonntag nach Ostern (Miserikordias Domini)
I Joh 10,11-16.27-30: 4. Sonntag der Osterzeit B + C
V Joh 21,15-19: 3. Sonntag der Osterzeit C

3. Sonntag nach Ostern (Jubilate)
I Joh 15,1-8: 5. Sonntag der Osterzeit B

4. Sonntag nach Ostern (Kantate)
I Mt 11,25-30: 14. Sonntag i.J. A

5. Sonntag nach Ostern (Rogate)
III Lk 11,5-13: 17. Sonntag i.J. C
V Mt 6,5-15: Par 17. Sonntag i.J. C

Christi Himmelfahrt
I Lk 24,44-53: Christi Himmelfahrt C; auch 3. Sonntag der Osterzeit B
V Joh 17,20-26: 7. Sonntag der Osterzeit C

6. Sonntag nach Ostern (Exaudi)
I Joh 15,26-16,4: Pfingstmontag A; Pfingstsonntag B
III Joh 7,37-39: Pfingsten A + C; Vorabend Pfingsten B
V Joh 14,15-19: 6. Sonntag der Osterzeit A

Pfingstsonntag
I Joh 14,23-27: 6. Sonntag der Osterzeit C
III Joh 16,5-15: Pfingstmontag A; Pfingstsonntag B; Dreifaltigkeitssonntag C

Pfingstmontag
I Mt 16,13-19: 21. Sonntag i.J. A
V Joh 4,19.26: 3. Fastensonntag A

Hl. Dreifaltigkeit (Trinitatis)
I Joh 3,1-15: 4. Fastensonntag B

1. Sonntag nach Trinitatis
I Lk 16,19-31: 26. Sonntag i.J. C
V Mt 9,35-38: 11. Sonntag i.J. A

2. Sonntag nach Trinitatis
I Lk 14,15-24: Par 28. Sonntag i.J. A
III Mt 22,1-14: 28. Sonntag i.J. A

3. Sonntag nach Trinitatis
I Lk 15,1-10: 4. Fastensonntag C; 24. Sonntag i.J. C
III Lk 15,1-3.11b-32: 4. Fastensonntag C; 24. Sonntag i.J. C
V Lk 19,1-10: 31. Sonntag i.J. C

4. Sonntag nach Trinitatis
I Lk 6,36-42: 7. + 8. Sonntag i.J. C
V Joh 8,3-11: 5. Fastensonntag C

5. Sonntag nach Trinitatis
I Lk 5,1-11: 5. Sonntag i.J. C
III Joh 1,35-42: 2. Sonntag i.J. B
V Lk 14,25-33: 23. Sonntag i.J. C

6. Sonntag nach Trinitatis
I Mt 28,16-20: Christi Himmelfahrt A; Dreifaltigkeitssonntag B

7. Sonntag nach Trinitatis
I Joh 6,1-15: 17. Sonntag i.J. B
III Joh 6,30-35: 18. Sonntag i.J. B
V Lk 9,10-17: Fronleichnam C

8. Sonntag nach Trinitatis
I Mt 5,13-16: 5. Sonntag i.J. A
V Joh 9,1-7: 4. Fastensonntag A

9. Sonntag nach Trinitatis
I Mt 25,14-30: 33. Sonntag i.J. A
III Mt 7,24-27: 9. Sonntag i.J. A
V Mt 13,44-46: 17. Sonntag i.J. A

10. Sonntag nach Trinitatis
I Lk 19,41-48: Par 3. Fastensonntag B
III Joh 2,13-22: 3. Fastensonntag B

11. Sonntag nach Trinitatis
I Lk 18,9-14: 30. Sonntag i.J. C
III Mt 21,28-32: 26. Sonntag i.J. A
V Lk 7,36-50: 11. Sonntag i.J. C

12. Sonntag nach Trinitatis
I Mk 7,31-37: 23. Sonntag i.J. B

13. Sonntag nach Trinitatis
I Lk 10,25-37: 15. Sonntag i.J. C
III Mk 3,31-35: 10. Sonntag i.J. B
V Mt 6,1-4: Aschermittwoch A – C

14. Sonntag nach Trinitatis
I Lk 17,11-19: 28. Sonntag i.J. C
III Mk 1,40-45: 6. Sonntag i.J. B

15. Sonntag nach Trinitatis
I Mt 6,25-34: 8. Sonntag i.J. A
III Lk 18,28-30: Par 28. Sonntag i.J. B
V Lk 17,5-6: 27. Sonntag i.J. C

16. Sonntag nach Trinitatis
I Joh 11,1-45: 5. Fastensonntag A
V Lk 7,11-16: 10. Sonntag i.J. C

17. Sonntag nach Trinitatis
I Mt 15,21-28: 20. Sonntag i.J. A
V Joh 9,35-41: 4. Fastensonntag A

18. Sonntag nach Trinitatis
I Mk 12,28-34: 31. Sonntag i.J. B
III Mk 10,17-27: 28. Sonntag i.J. B

19. Sonntag nach Trinitatis
I Mk 2,1-12: 7. Sonntag i.J. B
III Mk 1,32-39: 5. Sonntag i.J. B

20. Sonntag nach Trinitatis
I Mk 10,2-16: 27. Sonntag i.J. B
V Mk 2,23-28: 9. Sonntag i.J. B

21. Sonntag nach Trinitatis
I Mt 5,38-48: 7. Sonntag i.J. A
III Mt 10,34-39: 13. Sonntag i.J. A
V Joh 15,9-17: 6. Sonntag der Osterzeit B

22. Sonntag nach Trinitatis
I Mt 18,21-35: 24. Sonntag i.J. A
III Mt 18,15-20: 23. Sonntag i.J. A

23. Sonntag nach Trinitatis
I Mt 22,15-22: 29. Sonntag i.J. A
III Joh 15,18-21: Par 8. Sonntag i.J. C; 33. Sonntag i.J. C
V Mt 5,33-37: 6. Sonntag i.J. A

24. Sonntag nach Trinitatis
I Mt 9,18-26: Par 13. Sonntag i.J. B

Drittletzter Sonntag des Kirchenjahres
III Lk 11,14-23: Par 10. Sonntag i.J. B
V Lk 18,1-8: 29. Sonntag i.J. C

Vorletzter Sonntag des Kirchenjahres
I Mt 25,31-46: Christkönig A
III Lk 16,1-9: 25. Sonntag i.J. C

Letzter Sonntag des Kirchenjahres (Ewigkeitssonntag)
I Mt 25,1-13: 32. Sonntag i.J. A
III Lk 12,42-48: 19. Sonntag i.J. C
V Mk 13,31-37: 1. Advent B; 33. Sonntag i.J. B

Gottesdienstideen Lesejahr A

Willi Hoffsümmer
Bausteine für Familiengottesdienste – Lesejahr A
Die Evangelien der Sonn- und Feiertage in Symbolen, Geschichten, Spielen und Bildern
2. Auflage 1993. 160 Seiten.
Kartoniert

Die Perle im Acker, Samenkörner und Brote, das Salz der Erde, die Schlüssel zum Himmelreich – welcher Prediger und Katechet hat sich nicht schon über diese und viele andere Symbole der Bibel den Kopf zerbrochen.
Da hat man irgendwann einmal eine Kurzgeschichte zum Thema des Sonntagsevangeliums gelesen, ein schönes Bild gefunden, Spielvorschläge ausprobiert, aber wenn man in der Predigt- und Gottesdienstvorbereitung sitzt, dann kann man sich einfach nicht mehr erinnern, wo genau der zündende Funke zu finden ist. Abhilfe aus diesem Dilemma schafft der Bergheimer Pfarrer Willi Hoffsümmer mit seinem Buch „Bausteine für Familiengottesdienste“.
Er hat die gängigen Bücher und Zeitschriften für die religiöse Arbeit mit Familien und Kindern nach Symbolen, Geschichten, Spielen und Bildern für das Lesejahr A durchforstet und zu den entsprechenden Evangelien aufgelistet.
Um diese praktische Arbeitshilfe in einem handlichen und preiswerten Umfang zu erhalten, verweist er auf die Werke, in denen die Anregungen zu finden sind. Darüber hinaus gibt er kurze Skizzen zu verschiedenen Predigten, die sich aus den Evangelien ergeben könnten. Als Nachschlagewerk zur Gottesdienstvorbereitung wird das Buch allen Praktikern unentbehrlich werden.

Kirchenzeitung Köln

Matthias-Grünewald-Verlag • Mainz